国家社会科学基金一般项目
《我国城市污水处理业PPP模式的法律制度完善研究》（17BFX042）的最终成果

我国城市污水处理业
PPP模式的
法律制度完善研究

薛　亮◎著

法律出版社
LAW PRESS·CHINA
北京

图书在版编目(CIP)数据

我国城市污水处理业PPP模式的法律制度完善研究 / 薛亮著. -- 北京 : 法律出版社, 2024
ISBN 978-7-5197-8544-4

Ⅰ. ①我… Ⅱ. ①薛… Ⅲ. ①政府投资-合作-社会资本-应用-城市污水处理-环境保护法-研究-中国 Ⅳ. ①D922.680.4

中国国家版本馆CIP数据核字(2023)第219731号

我国城市污水处理业PPP模式的法律制度完善研究 **WOGUO CHENGSHI WUSHUI CHULIYE PPP MOSHI DE FALÜ ZHIDU WANSHAN YANJIU**	薛 亮 著	策划编辑 徐 菲 责任编辑 徐 菲 装帧设计 贾丹丹

出版发行 法律出版社
编辑统筹 法律出版社
责任校对 晁明慧
责任印制 胡晓雅
经　　销 新华书店

开本 710毫米×1000毫米 1/16
印张 17.75　**字数** 260千
版本 2024年3月第1版
印次 2024年3月第1次印刷
印刷 北京虎彩文化传播有限公司

地址:北京市丰台区莲花池西里7号(100073)
网址:www.lawpress.com.cn
投稿邮箱:info@lawpress.com.cn
举报盗版邮箱:jbwq@lawpress.com.cn
销售电话:010-83938349
客服电话:010-83938350
咨询电话:010-63939796

书号:ISBN 978-7-5197-8544-4
定价:72.00元
凡购买本社图书,如有印装错误,我社负责退换。电话:010-83938349

序　言

癸卯冬日，收到西北政法大学薛亮博士的邀请，请我为他的力作《城市污水处理业 PPP 模式的法律制度完善研究》写几句话，作为薛亮在北京大学的博士生导师，我深感荣幸与欣慰。

众所周知，水环境问题是困扰我国社会与经济发展的顽疾。虽然经过几代人的努力成绩斐然，但仍然不容乐观。掩卷沉思，水环境问题不仅是一个单纯的技术与资金问题，更是一个政策与法律问题。然而，在资金、技术、政策和法律均齐备的当下，我国还是有很多水环境问题悬而未决，为什么？从我们在环境领域耕耘几十年的经验和教训来看，问题的重要症结在于“我国的很多水环境相关法律条文缺乏必要的针对性和可操作性”。

实际上，制定出具有针对性和可操作性的法律法规绝非易事，需要跨学科的知识积淀、深入的现场调研、运用定性与定量相结合的分析方法梳理问题的成因，并进一步将其汇总升华为法律法规。举目神州，受过这样跨学科专业培养的法律人才寥寥无几。

为此，我们招收有法学本科和硕士背景的薛亮来北京大学攻读环境科学博士学位。在当时来看，无论于我于他，都极具挑战。然而，风物长宜放眼量，从十多年后的今天来看，结果是喜人的。之所以称之为挑战，是因为薛亮在攻读博士学位之前缺乏环境科学的专业基础。我作为他的导师,既要指导他夯实基础、建立定量的思维和逻辑推理方式,又要引导他产出创新性成果。为此,薛亮不畏艰辛,经过在燕园近六年的潜心修炼,结合理工科以实验、调研和汇总数据为基础的实证研究方法和法学的阅读、分析和归纳的方法,顺利取得了环境科学的博士学位。更为可喜的是,薛亮博士在 2017 年初毕业后仍然持续在这一领域耕耘,主持了国家社科基金等各级纵向科研项目 9 项,在 CSSCI 核心期刊上发表学术论文 10 余篇,出版学术专著 2 部,获得政府类科研奖励 5 项。本书就是他主持的国家社科基金项目的终期成果,也是他的第三部学术专著,可谓厚积薄发。交叉学科背景、长年的潜心耕耘已经使他成长为国内环境法相关研究领域的佼佼者。

本书最大的特色在于,从法律制度完善的基点——“可运营性”出发,分析了如何通过加强利益调节制度和责任分配制度,促进污水 PPP 项目经济绩效和环境绩效的兼顾与优化。在适当兼顾社会资本经济利益的同时,最大限度地实现社会公共环境利益。既有对基本理论问题的审视,又有从法律实务的视角对现行法律制度如何完善的解析。

我相信本书的出版能在相当程度上促进中国水环境问题的进一步解决,也相信本书对水环境相关的法律研究和法律条文的修订均具有重要的参考和借鉴作用。

邱国玉*

2023 年 12 月

---

* 邱国玉,北京大学环境与能源学院原创院常务副院长,北京大学教授。

前　言

近30年来,城市污水处理业呈现政府和社会资本合作PPP模式(Public-Private Partnership)逐步替代传统政府主导模式的趋势。人口规模的快速增长、城镇化进程的不断推进,以及第二产业在产业结构中的比重持续增加,导致用水量与排污量的飙升,水污染物成分日益复杂。在此背景下,仍然依赖政府主导的公用事业,既无法满足社会公众对污水治理的需求,也难以提升环境治理绩效。PPP模式在资金、技术、人力、管理等方面的优势可以弥补政府主导的公用事业的短板,可以实现环境绩效与经济绩效的双赢。

虽然PPP模式的引入能够在一定程度上克服传统政府主导公用事业的诸多弊端,但是,社会资本的营利性与公共事业的公益性之间如何协调与平衡成为其始终难以回避的问题之一。不可否认,政府出台的系列政策中或多或少对上述问题有所回应,但受利益相关方参与程度的限制,效果往往十分有限。较之于政策,法律能够借助"权利(权力)—义务(职责)"规范结构,从财政、税收、金融、环境责任分配等维度对上述问题做出全面综合的回应。因此,城市污水处理业PPP模式的发展与完善不仅是政策问题,也是法律问题。对于城市污水处理业PPP模式法律制度的研究,不仅能补强专门领域PPP法律制度的理论研究,还能为立法、执法和司法提供有益的借鉴和参考,助力城市污水处理法治实现善治。

近年来,PPP 已成为学术界热门话题之一,尤其是管理学、经济学领域产生了一批影响深远的研究成果。相比其他学科,法学研究一直未能充分发挥在定性分析上的自身优势。如何将管理学、经济学领域的优秀成果所蕴含的定量分析思路与法学研究特有的定性分析结构充分结合,形成城市污水处理业 PPP 法律制度的中国式现代化是一个亟待研究的问题。

通过分析,我们发现城市污水处理业 PPP 模式所围绕的核心是可运营性,因为城市污水处理业 PPP 模式的法律纠纷大多产生于运营环节,政府与社会资本方的合作能否行稳致远也维系于此。在运营环节,社会资本方关注的是以投入产出比为表现的经济绩效,追求的是个体经济利益的最大化。政府方作为社会公众的代表,关注的是以达标排放为表现的环境绩效,追求的是社会公共环境利益的最大化。因此,本研究在收集和分析运营数据的基础上,从对环境绩效与经济绩效的特征分析与归纳出发,建立绩效分析结果与法律制度完善之间的关联关系。

结果显示,支撑可运营性、衡平个体经济利益与社会公共环境利益、实现环境绩效与经济绩效的双赢、兼顾公平与效率有赖于两点:一是能否给予社会资本方以必要的激励和诱导,使其愿意采用 PPP 模式进入城市污水处理业实现保本微利,需要构建相应的利益调节机制,涉及价格、税收优惠和项目融资三个方面。有了合理的定(调)价机制和项目收入分配作为基础,社会资本就可获得运营污水处理 PPP 项目稳定的现金流。有了充足稳定且有相当利润空间的现金流作为还款来源,社会资本就可顺畅、便利地得到融资方的支持和帮助。社会资本能否最大限度地享受现金流带来的红利,有赖于其能否减轻运营成本并扩大利润空间。如若社会资本能够在部分受让依据基准税制取得的税收利益中获得利益,则此目标不难达成。二是由社会资本方运营的采用 PPP 模式的污水处理企业能否依法达标排放,关系到能否持续运营而不被政府以危及社会公共利益为理由临时接管,因此,需要构建相应的责任分配机制。对责任分配机制的探讨,涉及污水处理、污泥处理处置和再生水利用三个 PPP 项目的运营环节。在以上环节中,政府为了追求环境绩效实现社会公共环境利益,主要关注的是“达标处理”问题。

城市污水处理业 PPP 模式的利益调节和责任分配现实图景中横亘着诸多

窒碍,成为建构和完善相关法律制度的绊脚石,具体包括以下几个方面的内容:

利益调节制度的基础在于价格调节与项目收入分配。在城市污水处理和污泥处理处置中,定(调)价机制还不甚合理,主要表现在依据、标准、基础和信息公开上。项目收入分配运行不畅,有时会发生减少或拖延城市污水处理服务费的情况。在城市污水再生利用中,再生水价格管理所依托的基础不牢、由政府主导的定(调)价利弊并存。

利益调节制度的关键在于项目融资。贷款融资中存在的法律问题是:污水处理收益权的"弱增信"属性难以满足金融机构的风险偏好;金融机构的风险规避偏好造就了贷款融资的困局;污水处理收益质押权的实现途径不畅。融资租赁中存在的法律问题是:融资租赁法律关系建立的基础是特许经营权还是所有权有待明确;融资租赁合同的性质与效力亟待明晰;融资租赁中对社会公共利益的保护不足。

利益调节制度的辅助在于税收优惠。税收优惠中存在的实体问题是:环保行政处罚与增值税优惠相挂钩;企业所得税优惠不符合污水处理行业特点且认定困难。税收优惠中存在的程序问题是:税收优惠制定权的配置存在失范;税收优惠制定权载体的性质不明、总量控制机制存在缺失、审查评估机制存在不足。产生的后果是,社会资本无法真正享受到税收优惠带来的红利。

责任分配的核心在于应然层面的法律关系情形与实然层面的实际运行情形之间存在的规制错配。从城市污水处理来看,建构在"分流制+管网配套+监测数据互联互通+排污、排水许可精细化管理"基础上的法律关系情形,无法匹配"合流制+管网配套不足+监测数据孤岛+排污、排水许可粗放式管理"的实际运行情形。从城市污泥处理处置来看,建构在"污水、污泥达标处理链条闭环运行+满足污泥处理处置需求的设施场所"基础上的法律关系情形,无法匹配"污水、污泥达标处理链条非闭环运行+污泥处理处置设施场所无法满足需求"的实际运行情形。从城市污水再生利用来看,在实际运行情形和法律关系情形之间存在规制的"先天不足"和"能力缺失"问题,即法律关系情形本身就没有建构在再生水利用闭环运行的基础之上。

上述利益调节、责任分配方面诸多问题的化解思路是以经济学的定量分析既有成果为依托,借助法学研究在价格法律制度、财税法律制度、金融法律制度、环境保护法律制度的规范分析框架,形成一个契合中国现实语境的解决方案。

目录

导论

第一章 城市污水处理业 PPP 模式法律制度的理论基点与实践检视

导 论

第一节　研究背景、概念界定与研究意义

一、研究背景

（一）党中央、国务院高度重视城市污水处理业发展

党的十八大以来，以习近平同志为核心的党中央全面加强了对生态文明建设和生态环境保护的领导，开展了一系列根本性、开创性、长远性工作。在推动城市污水处理业发展方面，无论是措施、力度还是成效都是前所未有的。2018 年 6 月 16 日发布的《中共中央、国务院关于全面加强生态环境保护坚决打好污染防治攻坚战的意见》中指出："七、着力打好碧水保卫战……（二）打好城市黑臭水体治理攻坚战。实施城镇污水处理'提质增效'三年行动，加快补齐城镇污水收集和处理设施短板，尽快实现污水管网全覆盖、全收集、全处理。完善污水处理收费政策，各地要按规定将污水处理收费标准尽快调整到位，原则上应补偿到污水处理和污泥处置设施正常运营并合理盈利……"2021 年 11 月 2 日发布的《中共中央、国务院关于深入打好污染防治攻坚战的意见》中指出："一、总体要求　（一）指导思想……以精准治污、科学治污、依法治污为工作方针……

四、深入打好碧水保卫战 （十五）持续打好城市黑臭水体治理攻坚战……推进城镇污水管网全覆盖，对进水情况出现明显异常的污水处理厂，开展片区管网系统化整治……（十六）持续打好长江保护修复攻坚战。推动长江全流域按单元精细化分区管控。狠抓突出生态环境问题整改，扎实推进城镇污水垃圾处理……（十七）着力打好黄河生态保护治理攻坚战……加强沿黄河城镇污水处理设施及配套管网建设……七、提高生态环境治理现代化水平……（三十五）实施环境基础设施补短板行动。构建集污水、垃圾、固体废物、危险废物、医疗废物处理处置设施和监测监管能力于一体的环境基础设施体系，形成由城市向建制镇和乡村延伸覆盖的环境基础设施网络。开展污水处理厂差别化精准提标……"习近平总书记在主持召开的中央财经委员会第十一次会议上强调："……加强城市防洪排涝、污水和垃圾收集处理体系建设……"[1]习近平总书记在党的二十大报告第十部分"推动绿色发展，促进人与自然和谐共生"中明确提出："……提升环境基础设施建设水平……"[2]

以上纲领性文件的出台，不仅昭示了党中央、国务院对城市污水处理业发展的高度重视，而且释放了强烈的政策导向信号。具体而言，这些信号体现在以下几个方面：其一，明确了开展城市污水处理的指导思想，即精准治污、科学治污、依法治污。精准治污、科学治污意味着城市污水处理监督管理工作要迈入精细化管理阶段，借助先进科学技术的加持，实现对城市污水处理全链条的精准管控，做到"摸清底数、防控风险、治理污染、管住全局"。依法治污意味着要进一步提高城市污水处理工作的法治化水平，综合运用利益调节、责任分配等多种手段，以此提升污水治理体系和治理能力的现代化水平。其二，明晰了"厂网协同"是城市污水处理的重要抓手。没有污水管网的全覆盖、全收集、全处理，就无法保证污水处理厂的设施运行负荷。没有满足设施运行负荷的足够数量的城市污水处理厂，整个城市污水处理业将成为"无根之木、无源之水"。因此，抓住了污水管网就等于打牢了城市污水处理厂赖以运行的基础。在此基

[1] 《习近平主持召开中央财经委员会第十一次会议》，载中华人民共和国中央人民政府网，https://www.gov.cn/xinwen/2022-04/26/content_5687372.htm?eqid=d9160df10003997c000000036479af1c。

[2] 习近平：《高举中国特色社会主义伟大旗帜 为全面建设社会主义现代化国家而团结奋斗——在中国共产党第二十次全国代表大会上的报告》，载新华网，http://www.news.cn/politics/cpc20/2022-10/25/c_1129079429.htm。

础上,党中央、国务院还特别强调和突出了厂网之间的“协同”。此处的“协同”,既指针对城市污水处理厂的污水管网配套,比如要加强长江、黄河等重点流域的“厂网协同”,又指针对进水水质异常的城市污水处理厂开展片区管网系统化整治以找到原因精准施策。其三,基础设施赋能是未来推进城市污水处理业发展的重点。传统的城市污水处理设施的补短板集中于数量的补充,即填补城市污水处理厂和污水管网数量上的缺口。在5G、大数据、智慧城市等新技术、新治理模式横空出世的今天,要实现精准治污、科学治污就必须通过基础设施赋能实现补短板质的提升。

(二)城市污水处理的急迫性

国家统计局发布的2019年国民经济和社会发展统计公报显示,我国的户籍人口城镇化率为44.38%,仍远低于发达国家近80%的平均水平。中国的城镇化在未来5年内仍将处于快速发展阶段。水作为支撑城市可持续发展的重要控制性要素,对于处于快速发展期的中国城市的重要性不言自明。近年来,有关城市发展与水资源利用的相关研究表明,城市化进程对于水资源的胁迫作用[1]和水资源对于城市发展的约束作用[2]日益明显。然而,中国城市面临的是水量型缺水和水质型缺水的双重叠加,即在水资源短缺和水环境污染方面均存在突出问题。

首先,水资源短缺频仍。据统计,2019年,我国的水资源总量为29,041.0亿立方米(见表0-1),居世界第6位,但人均水资源量只有2077.7立方米(见表0-2),为世界平均水平的1/4。我国被联合国列为13个贫水国家之一。一方面,按照人均水资源低于500立方米即为“极度缺水”的标准,2017年我国有10个省、自治区、直辖市(河北、山东、山西、辽宁、河南、江苏、宁夏、天津、北京、上海)属于“极度缺水”省级行政区。总体来看,我国水资源供给情况不容乐观。另一方面,我国用水总量在逐年上升。2019年,我国用水总量为5991.0亿立方米,在2009~2015年基本呈现逐年递增趋势,从2016年开始缓慢下

[1] 参见尹默雪、赵先贵:《基于水足迹理论的内蒙古1990~2016年水资源评价》,载《干旱区资源与环境》2018年第6期。

[2] 参见海霞、李伟峰等:《京津冀城市群用水效率及其与城市化水平的关系》,载《生态学报》2018年第12期。

降。就用水结构而言,在 2009 ~ 2015 年,农业用水在用水总量中的占比常年维持在 60% 以上,工业用水在用水总量中的占比常年维持在 20% 以上,生活用水在用水总量中的占比则呈现出逐年上升的趋势(见表 0 - 3)。

表 0 - 1　全国水资源总量　　单位:亿立方米

年份	水资源总量
2014	27,266.9
2015	27,962.6
2016	32,466.4
2017	28,761.2
2018	27,462.5
2019	29,041.0

注:年均递增 1.27%。

表 0 - 2　全国人均水资源量　　单位:立方米

年份	人均水资源量
2014	1998.6
2015	2039.2
2016	2354.9
2017	2074.5
2018	1971.8
2019	2077.7

注:年均递增 0.78%。

表0-3 2009~2019年全国用水总量及行业分布

年份	用水总量/亿立方米	农业用水		工业用水		生活用水	
		用水量/亿立方米	占用水总量比重/%	用水量/亿立方米	占用水总量比重/%	用水量/亿立方米	占用水总量比重/%
2009	5965.2	3723.1	62.4	1390.9	23.3	748.2	12.5
2010	6022.0	3689.1	61.3	1447.3	24.0	765.8	12.7
2011	6107.2	3743.6	61.3	1461.8	23.9	789.9	12.9
2012	6131.2	3902.5	63.6	1380.7	22.5	739.7	12.1
2013	6183.4	3921.5	63.4	1406.4	22.7	750.1	12.1
2014	6094.9	3869.0	63.5	1356.1	22.2	766.6	12.6
2015	6103.2	3852.2	63.1	1334.8	21.9	793.5	13.0
2016	6040.2	3768.0	62.4	1308.0	21.7	821.6	13.6
2017	6043.4	3766.4	62.3	1277.0	21.1	838.1	13.9
2018	6015.5	3693.1	61.4	1261.3	21.0	859.9	14.3
2019	5991.0	3674.6	61.3	1234.8	20.6	876.2	14.6

其次，水环境污染问题依然严峻。随着我国近年来经济的高速增长、城市化进程的加快和工业化的加速发展，对于城市污水处理厂和排水管网等环境基础设施配套的需求越来越大，但出于种种原因，以上环境基础设施的配套存在短板，造成一些城市的水环境污染问题依然严峻，这一点可以在部分中央生态环境保护督察结果通报中得到印证（见表0-4）。

表0-4 部分中央生态环境保护督察关于城市水环境污染的结果通报

中央生态环境保护督察轮次	通报内容节录
第一轮	四川省乐山市城市污水处理能力不足，多余污水直排江河。
第二轮	河北省、西藏自治区存在生活污水集中收集率低等问题。我国西南地区污水处理设施等环境基础设施缺口大问题突出。
第二轮	云南省保山市主城区隆阳区污水处理能力严重不足，每天约4.5万吨污水直排“母亲河”东河，致使东河成为纳污河，自2018年以来水质持续恶化为劣Ⅴ类。
第二轮	上海的污水处理能力建设总体推进缓慢，污水溢流直排情况日趋突出。

续表

中央生态环境保护督察轮次	通报内容节录
第二轮	福建福清市江阴港城经济区治污不力,周边部分海域水质严重恶化。
第二轮	重庆大足区工作打折扣,玉滩湖水质不升反降。
第二轮	崇左市黑臭水体治理一填了之,污水集中收集率之低极为罕见。
第二轮	铁岭市委市政府长期不作为慢作为,凡河新区水环境污染问题突出。
第二轮	山西省太原市清徐县为达标而达标,南白石河污染问题仍未根本解决。
第二轮	云南玉溪杞麓湖污染治理治标不治本,水质长期得不到改善。
第二轮	广东茂名治水工作不力,污水直排问题突出。
第二轮	吉林省长春市建成区部分水体返黑返臭,群众反映强烈。
第二轮	山东省菏泽市黑臭水体整治不力,水体返黑返臭问题突出。

(三)城市污水处理业引入 PPP 模式喜忧参半

一方面,在频仍的水资源短缺和频发的水环境污染面前,快速城市化中增长的人口和频繁的经济活动对于清洁水资源的需求与日俱增;另一方面,面对与日俱增的污水排放量(见表 0 – 5),需要大规模投资兴建和改善污水处理基础设施以妥善应对。自 20 世纪 90 年代中期开始在城市污水处理业中引入 PPP 模式以来,我国的城市污水处理业市场化改革取得了长足的进步,也呈现出两方面的鲜明特征:

表 0 – 5　全国城市污水年排放量　　单位:万立方米

年份	污水年排放量
2014	445, 348
2015	466, 620
2016	480, 309
2017	492, 385
2018	521, 129
2019	554, 644

注:年均递增 4.49%。

第一,城市污水处理业的投资大幅增长,社会资金贡献率显著。2010~2017年,排水行业污染治理总投资从901.6亿元增长到1727.5亿元(见表0-6),8年间几乎实现了投资的翻番。从水的生产和供应业的整体来看(见表0-7),使用外资和自筹资金两项加起来在总投资中所占的比例从统计年份来看均已超过60%(见表0-8)。这些数据都说明PPP充分地发挥了其本身融资工具的作用,对于推动城市污水处理业的市场化进程贡献显著。

表0-6 2010~2017年排水行业污染治理总投资 单位:亿元

项目	2010年	2011年	2012年	2013年	2014年	2015年	2016年	2017年
总投资	901.6	770.1	—	1055.0	1196.1	1248.5	1485.5	1727.5

表0-7 2011~2015年水的生产和供应业的投资来源构成 单位:亿元

年份	总数	国家预算内资金	国内贷款	使用外资	自筹	其他
2011	1816.22	270.83	213.97	13.08	1194.26	124.08
2012	2134.14	388.51	190.17	14.38	1422.43	118.65
2013	2676.09	476.94	190.57	10.18	1820.11	178.29
2014	2919.07	596.63	269.33	10.63	2042.48	—
2015	3744.70	736.26	263.84	6.31	2738.29	—

表0-8 设市城市污水处理厂的建设情况和处理能力

年份	城市污水处理厂/座	城市污水处理厂日处理量/万立方米	城市污水年处理量/万立方米	污水处理率/%
2007	883	7146	2,269,847	62.87
2008	1018	8106	2,560,041	70.16
2009	1214	9052	2,793,457	75.25
2010	1444	10,436	3,117,032	82.31
2011	1588	11,303	3,376,104	83.63
2012	1670	11,733	3,437,868	87.30

续表

年份	城市污水处理厂/座	城市污水处理厂日处理量/万立方米	城市污水年处理量/万立方米	污水处理率/%
2013	1736	12,454	3,818,948	89.34
2014	1807	13,087	4,016,198	90.18
2015	1944	14,038	4,288,251	91.90
2016	2039	14,910	4,487,944	93.44
2017	2209	15,743	4,654,910	94.54
2018	2321	16,881	4,976,126	95.49
2019	2471	17,863	5,369,283	96.81
2020	2618	19,267	5,572,782	97.53

第二,城市污水处理设施数量大幅增长,污水处理能力节节攀升。2007~2020年,全国城市污水处理厂已由883座上升到2618座,增幅达66.27%。日处理量由7146万立方米上升到19,267万立方米,增幅达62.91%。年处理量由2,269,847万立方米上升到5,572,782万立方米,增幅达59.27%。污水处理率由62.87%上升到97.53%(见表0-8)。根据在云南省生态环境厅官方网站上发布的原载于中国环境网的《行业述评:水污染治理行业2016年发展综述》中披露的数据显示,综合污水处理(包括已建污水处理厂的提标改造、新建污水处理厂、污水收集管网和厂网一体化等)PPP项目数量达789个、投资额为1927.4亿元,工业集聚区污水处理PPP项目数量达211个、投资额为394.45亿元。可见在污水处理设施数量大幅增长、污水处理能力节节攀升的进程中,PPP模式扮演着十分重要的角色并贡献良多。

城市污水处理业引入PPP模式后,除了取得上述可喜成绩之外,也潜藏着一系列影响该模式发展行稳致远的问题:

首先,政府和社会资本需要面对价格、项目融资和税收优惠等利益调节问题。其中,供水公司等代征代缴单位从单位和个人处所收取的是城市污水处理费,而政府有关主管部门根据污水处理设施的运营绩效向社会资本核拨的是城市污水处理服务费。现在的问题是,城市污水处理收费标准较低,难以覆盖城市污水处理设施配套管网的运行维护和设施运营等成本，两种价格之间的不匹配导致社会资本在运营城市污水处理设施中难以实现"保本微利"。项目融资是以项目的未来收益或资产为融资基础，以项目运营产生的现金流为还款来源，为项目建设或运营筹措资金。虽然我国目前关于城市污水处理业PPP项目[1]的融资工具涵盖了股权融资和债权融资，但污水处理PPP项目仍普遍深陷融资困局而难以有效筹措资金。税收优惠是将依据基准税制取得的税收利益部分让与纳税人的课税要素。虽然我国目前在增值税和企业所得税方面都规定了针对城市污水处理业的税收优惠措施，但社会资本难以真正享受税收优惠红利的情况仍时有发生。以上这些利益调节问题迫切需要法律制度的优化和完善，以防止污水处理PPP项目"胎死腹中"或"功亏一篑"。

其次，政府与社会资本需要面对因运营模式的变化带来的责任分配问题。在引入PPP模式进行市场化改革以前，城市污水处理业采用的是"厂网合一"的运营模式。随着技术的发展和市场要素的引入，城市污水处理业已经逐步形成了"排水—污水处理—污泥处理处置—再生水利用"的垂直一体的产业链条。除排水具有较强的公共物品属性之外，污水处理、污泥处理处置、再生水利用等业务领域均具有较强的竞争性。因此，城市污水处理业的市场化改革是通过"接入管制"[2]和"结构分离"[3]以实现"厂网分离"的改革目标的。然而，鉴于"厂网分离"下严重的信息偏在，"吃不饱"[4]、"晒太阳"[5]、"兜底式担责"[6]等现象严重影响了城市污水处理业的经济绩效与环境绩效的实现，迫切需要对相关法律关系主体之间的权利义务进行调整，以实现科学合理的责任分配，保障污水处理PPP项目行稳致远。

从既往研究来看，有关城市污水处理业PPP模式的研究成果可谓汗牛充栋，尤其是在环境科学、经济学、管理学等相关领域成果更多，但对于城市污水处理业PPP模式与完善相关法律制度的关联思考还非常少见，系统研究更显不

---

[1] 下文中均简称为污水处理PPP项目。

[2] 通过PPP模式引入的社会资本负责新建设施的运营，在位污水处理企业负责已有排水管网的运营。

[3] 通过PPP模式引入社会资本运营已建污水处理厂，排水管网由政府自营或国有企业运营。

[4] 排水管网运营者无法根据污水处理厂的设施运行情况合理调度污水。

[5] 污水处理厂的运行负荷与排水当量和实际严重脱节导致设施停摆。

[6] 污水处理厂在进水水质超标时无法进行有效的污染源回溯而担责。

足。这也是需要关注的重要研究背景。

二、概念界定

(一)城市污水处理业

城市污水处理业是从属于环保产业的一个细分领域。根据世界经济合作与发展组织(Organization for Economic Co-operation and Development,OECD)的界定,环保产业是为环境污染控制与减排、污染清理以及废弃物处理等方面提供设备和服务的行业。[1] 城市污水处理业是为生活和工业污水污染控制与减排、污染清理、污泥处理处置以及再生水利用等方面提供设备和服务的行业。作为公用事业的一个重要组成部分,城市污水处理业具有鲜明的自然垄断属性,即提供服务依赖基础管网、规模经济效应和范围经济效应明显、提供的污水处理服务具有鲜明的"准公共物品"性质等。

在引入市场化机制以前,我国的城市污水处理业在运营中存在诸多问题:一是城市污水处理业的经济绩效不彰。作为国有企业甚至是事业单位模式管理的城市污水处理业缺乏竞争激励机制,效率低下,因此,城市污水处理业运营绩效低、服务质量差,企业亏损经营,财政补贴包袱沉重。二是城市污水处理业的环境绩效不彰。城市污水处理业产权单一,缺乏稳定、规范的资金渠道。城市污水处理业的发展严重滞后于中国快速城市化的进程,水资源短缺和水环境污染的局面无法被有效扭转。鉴于此,从20世纪90年代中期开始,为了缓解政府建设资金短缺和经济绩效低下之间的矛盾,为了缓解快速城市化下污水排放量的与日俱增与污水处理设施供给严重不足之间的矛盾,加快城市污水处理行业的市场化进程,通过市场化的方式进行城市污水处理设施的建设、维护和运营就成为我国城市污水处理业发展的必由之路。因此,从20世纪90年代中期开始,PPP模式在我国城市污水处理业中被逐渐推广使用,城市污水处理业的市场化改革大幕就此拉开。

---

[1] 参见董家友、杜乐其:《环保产业PPP:理论与项目操作实务》,法律出版社2017年版,第29页。

(二)城市污水处理业 PPP 模式

PPP 内涵的表述,被引用最多的是被誉为“世界民营化大师”的 E. S. 萨瓦斯(E. S. Savas)的界定,即 PPP 在宏观上是指公共和私人部门共同参与生产和提供物品、服务的任何安排;在中观上是指一些复杂的、多方参与并被民营化了的基础设施项目;在微观上是指企业、社会贤达和地方政府官员为改善城市状况而进行的一种正式合作。[1] 作为一种政府治理工具,PPP 发轫于 20 世纪 70 年代的英美法系国家。由石油危机所引发的财政危机、西方国家在福利和税收方面的左右为难、以科层制为代表的传统公共行政模式与后工业社会发展的不匹配性、科技革命和经济全球化的推动等多重因素共同推动了席卷西方国家的新公共管理运动,这场运动的实质就是放松政府规制建立 PPP,其表现就是在原本具有强烈自然垄断属性的基础设施和公用事业领域引入市场竞争机制,通过多元主体的参与提升运营绩效。

PPP 模式是在实践中公私伙伴关系展开合作的具体形式,根据私有化程度的强弱可以分为外包、特许经营和私有化三类。外包类是指公共部门付费给私人部门,由其负责项目的施工或维护。此类项目一般由公共部门全权投资并承担大部分风险。特许经营类是指公共部门和私人部门共同投资、共担风险、共享收益,提供某种公共产品或服务。私有化类是指项目资金全部由私人部门提供,由其负责项目运营、向消费者收费并承担大部分风险,公共部门只负责监管和督导(见表 0-9)。从城市污水处理业的运营实践来看,BOT、TOT、O&M、ROT、DBFO 等 PPP 模式均较为常见。其中,ROT 常与 BOT 配套使用于“厂网一体化”污水处理 PPP 项目(污水处理设施 + 管网设施),DBFO 常见于整区(县)生活污水处理捆绑 PPP 项目,BOOT 和 BOO 常见于“两园一区”(工业园、产业园和经济开发区)的城市污水处理 PPP 项目。

---

[1] 参见[美]E. S. 萨瓦斯:《民营化与公私部门的伙伴关系》,周志忍等译,中国人民大学出版社 2002 年版,第 105 页。

表 0－9　PPP 模式的分类

一级分类	二级分类	三级分类
外包类	模块化外包	服务外包
		管理外包
	整体式外包	DB(设计/建造)
		O & M(运营/维护)
		DBO(设计/建造/运营)
		DBMM(设计/建造/主要维护)
特许经营类	TOT(移交/运营/移交)	PUOT(购买/更新/运营/移交)
		LUOT(租赁/更新/运营/移交)
	BOT(建设/运营/移交)	BLOT(建设/租赁/运营/移交)
		BOOT(建设/拥有/运营/移交)
	其他	DBTO(设计/建造/移交/运营)
		DBFO(设计/建造/投资/运营)
		ROT(重整/运营/移交)
私有化类	完全私有化	BOO(建设/拥有/运营)
		PUO(购买/更新/运营)
	部分私有化	股权转让
		其他

(三)城市污水处理业 PPP 模式的法律制度

现行法律体系中并不存在专门针对城市污水处理业 PPP 模式的法律制度，因为城市污水处理业是作为采行 PPP 模式的基础设施和公用事业领域的组成部分而存在的。我国目前关于 PPP 的立法具有以下特征：首先，缺乏有关 PPP 的统一立法。虽然原国务院法制办已于 2017 年 7 月 21 日就《基础设施和公共服务领域政府和社会资本合作条例(征求意见稿)》公开征求意见，有关部门也多次表示拟将其列入立法规划，但时至今日未见其进入实质立法程序。其次，现行的 PPP 立法以“特许经营”命名且效力位阶较低。从 2004 年 2 月 24 日由原建设部颁布的《市政公用事业特许经营管理办法》到 2015 年 4 月 25 日由国家发展改革委、财政部等六部委颁布的《基础设施和公用事业特许经营管理办法》(以下简称《基础设施特许办法》),我国现行的 PPP 立法均停留于部门规章层级,效力位阶较低。

当然,城市污水处理业 PPP 模式所涉及的法律制度绝不仅限于 PPP 统一立法。鉴于城市污水处理业 PPP 项目的全生命周期包括城市排水、城市污水处理、城市污泥处理处置和再生水利用等环节,涉及这些环节的专门性立法自然是城市污水处理业 PPP 模式法律制度的组成部分。又鉴于"市场准入—企业运营—市场退出"这一逻辑主线贯穿城市污水处理业 PPP 项目的始终,PPP 合同是此逻辑主线中各方法律关系主体之间法律关系的交汇点,对于合同纠纷的争议必然需要相应的解决机制。因此,城市污水处理业 PPP 法律制度在实体层面必然包括以合同法律制度为主体涵盖城市污水处理质量、价格、税收、补贴等在内的实体法律制度。由于作为环保产业重要组成部分的城市污水处理业带有鲜明的"公益性"特征,在程序层面必然包括以环境民事公益诉讼和环境行政公益诉讼为代表的程序法律制度。

三、研究意义

(一)研究的理论意义

1. 从交叉学科视角开展法律制度完善研究

美国哥伦比亚大学心理学家伍德沃斯(Woodworth)于 1926 年首创"交叉学科"一词,20 世纪 60 年代以来,国际上交叉学科研究日趋繁荣。国内学术界对交叉学科至今没有统一界定。不少学者认为,最初的学科交叉属于学科的"内部"交叉或学科间的"近距离"交叉,以此为基础,学科交叉的范围不断扩大为学科间的"远距离"交叉乃至学科的"界"交叉。[1] 城市污水处理业 PPP 模式运营的法律制度研究,恰好兼具"近距离"和"远距离"两种交叉。具体地说,其一,城市污水处理本身的科学技术性明显,作为环境科学与环境工程的研究对象,可以被纳入自然科学的研究范畴。其二,城市污水处理业兼有公用事业和

[1] 参见郑晓瑛:《交叉学科的重要性及其发展》,载《北京大学学报(哲学社会科学版)》2007 年第 3 期。

环境基础设施的双重身份属性,引入 PPP 模式是为了提高运营的经济绩效,但环境绩效的实现更是不可或缺。对于经济绩效和环境绩效的特征识别,都可以被纳入社会科学中经济学、管理学的研究范畴。其三,经济绩效与环境绩效不彰的原因,可以从法律制度上找寻。因此,城市污水处理业 PPP 模式的运营可以被纳入法学的研究范畴。运营中出现的具体法律问题,又可纳入民法、行政法、经济法、环境法等法学分支学科的研究范畴。

2. 补强了专门领域 PPP 法律制度理论研究

目前,PPP 法律制度的理论研究主要集中于属性、法益目标和 PPP 合同等基础理论问题上,对于污水处理、垃圾处理处置、天然气、热力等专门领域的探索还显单薄。尤其是在国家全力打赢污染防治攻坚战的背景下,环境基础设施在污染治理方面的作用不容小觑。如何兼顾环境绩效与经济绩效,如何处理好政府与社会资本之间的合作关系,不仅需要将在 PPP 法律制度基础理论研究上取得的成果加以具体应用,更需要关照到城市污水处理业的行业特点,从完整体系架构的高度对具体的法律制度予以完善。本研究正是出于以上考虑展开理论研究,补强了在城市污水处理领域 PPP 法律制度理论研究。

(二)研究的实践意义

本研究的实践意义主要体现在立法、执法和司法层面:其一,在立法方面,本研究从问题出发,针对不同问题的法域归属,以司法判例和行政执法案例的分析为验证,以法律基本原则为指引,提出完善相关法律制度的意见和建议,以期最大限度地纠正现有制度设计中的"缺位"和"越位"问题。其二,在执法层面和司法方面,现有的司法判例和行政执法案例大多数在法理和法律依据方面存在值得思考和商榷的地方。本研究以对司法判例和行政执法案例的分析为基础,希望完善后的法律制度能够反作用于法院司法和行政执法,打通原来制度设计中的"堵点"、"难点"和"痛点"。通过法院司法和行政执法传递出相关法律关系主体之间权利义务责任公平分担的信号,最终达至 PPP 作为治理工具实现对城市污水处理业"善治"的终极目标。

第二节 研究对象与主要内容

从总体上说,本书要集中研究的是城市污水处理业PPP模式与相应的法律制度完善问题。具体而言,需要研究利益调节问题和责任分配问题,探讨如何通过法律、政策等诸多手段,解决、防范和化解各类纠纷争议,从而从整体上构建一个保障污水处理PPP项目行稳致远的法律制度体系,实现经济绩效与环境绩效的双赢。

之所以将研究内容聚焦于利益调节问题和责任分配问题,是因为研究对象的客观需要。对于PPP模式及其法律制度的研究,通常以PPP合同为主线展开,涉及合同性质、争议解决等理论问题。这些问题属于基本理论研究范畴,无法关照到城市污水处理业的自身特点。本研究通过大量实证调研发现,污水处理PPP项目的核心是可运营性,原因是城市污水处理业PPP模式的法律纠纷大多产生于运营环节。政府与社会资本的合作能否行稳致远,也维系于此。在运营环节中,社会资本关注的是自身经济的最大化,追求的是经济绩效的实现。如若经济绩效不彰,则社会资本方无法实现"保本微利",缺乏持续运营污水处理PPP项目的动力。作为社会公众的代表,政府关注的是社会公共环境利益的最大化,追求的是环境绩效的实现。如若环境绩效不彰,则污水处理PPP项目将面临停摆直至被政府临时接管。鉴于此,本书着重选取利益调节问题和责任分配问题展开研讨。

一、利益调节问题

本书所关注的利益调节,是指能够对社会资本形成激励并满足其追求经济绩效的具体手段和方式。首先,社会资本运营污水处理PPP项目,看重的是政府对其提供的准公共物品所支付的对价是否合理,即定(调)价机制和项目收入分配问题。有了合理的价格作为基础,社会资本就可初步获得运营污水处理PPP项目稳定的现金流。其次,社会资本能否最大限度地享受现金流带来的红利,有赖于其能否减轻运营成本并扩大利润空间。如若社会资本能够在部分受让依据基准税制取得的税收利益中获得利益,则此目标不难达成,这就是税收优惠问题。最后,鉴于污水处理 PPP 项目的“重资产”属性,其建设乃至日后的运营需要筹措大量资金,仅仅依靠社会资本自身的力量难以为继。只有充足稳定且有相当利润空间的现金流作为还款来源,社会资本才能通过相应的融资渠道,顺畅、便利地得到融资方的支持和帮助,这就是项目融资问题。因此,价格与项目收入分配、税收优惠以及项目融资构成了本书所关注的利益调节问题。

利益调节对于城市污水处理业 PPP 模式及其法律制度的研究至关重要。首先,“利益”是在城市污水处理业中引入 PPP 模式的根源。社会资本与政府在经济绩效和环境绩效的追求中均有自身的利益诉求,何况在两种绩效的追求中又天然地存在着各种矛盾和冲突,需要法律制度妥为调整、善加引导。因此,利益对法具有决定作用。〔1〕 其次,法对利益也有反向作用。其一,法对利益具有确认和界分作用,即法可以“确认利益主体,确认主体地位和利益,确认利益目标所指向的对象,通过相关主体的义务(职权职责)的确认来界定利益范围。通过对某些弱者利益给予倾斜性政策纠偏,以求实际的利益公平”。〔2〕 其二,法对利益冲突具有平衡作用,正如赫克所说:“立法者必须保护利益,他要平衡相互竞争的生活利益。”〔3〕其三,法具有保障利益实现的作用。多元利益主体之间的妥协注定法必须兼顾不同利益主体间的不同利益诉求,并且最大可能地予以实现。其四,法具有促进新生利益形成的作用。法可以引导利益关系朝预定方向发展,通过权利义务关系的设定促使新生利益的形成。其五,法具有对利益格局重整的作用。法正是在利益格局不断被打破和重整过程中逐步向前发展的。鉴于此,利益调节中探讨价格调节与项目收入分配、项目融资、税收优惠问题。

(一)价格调节与项目收入分配

价格调节与项目收入分配会牵涉到两种价格,即城市污水处理费与城市污

〔1〕 参见金晓丹:《国家级精品课程吉林大学法理学课程教学参考资料:第二十九章法与利益》,载中国理论法学研究信息网 2008 年 1 月 2 日,https://www.legal-theory.org/?mod=info&act=view&id=11063。

〔2〕 张文显主编:《法理学》,高等教育出版社 1999 年版,第 219 页。

〔3〕 张文显:《当代西方法学思潮》,辽宁人民出版社 1988 年版,第 77 页。

水处理服务费。根据《污水处理费征收使用管理办法》第3条、第4条的规定，污水处理费是按照“污染者付费”原则，由排水单位和个人缴纳并专项用于城镇污水处理设施建设、运行和污泥处理处置的资金。污水处理费属于政府非税收入，全额上缴地方国库，纳入地方政府性基金预算管理，实行专款专用。从实践来看，征收上来的城市污水处理费并不是直接拨付给采取PPP模式的城市污水处理企业[1]，而是由PPP污企所在地的住建部门和环保部门根据法律规定和污水处理PPP项目合同约定，对包括“水质”和“水量”等在内的运营绩效进行核定后予以拨付，此时PPP污企收到的是“城市污水处理服务费”。城市污水处理费牵涉的是定(调)价机制的构建，而城市污水处理服务费牵涉的是项目收入分配的完善。原因在于，只有定(调)价机制兼具“合法性”与“合理性”，“资金池”的体量才能足够支撑社会资本代位政府履行公共产品的供给任务。除此之外，只有政府与社会资本妥善履行污水处理PPP合同项下的价格条款，社会资本才能实现“保本微利”，利益调节的基础才能真正得以夯实。从法律关系角度进一步对定(调)价机制和项目收入分配进行分析可知，在定(调)价机制中，政府有关主管部门、PPP污企和社会公众之间所形成的是纵向的价格行政监督管理法律关系；在项目收入分配中，政府有关主管部门与PPP污企之间所形成的是价格民事合同法律关系。

价格行政监督管理关系的核心是围绕定(调)价机制，政府有关主管部门的行政监督管理是否兼具合法性与合理性。要对该法律关系进行研究，首先，应对城市污水处理费能否覆盖城市污水治理全部运营成本进行考察，以夯实探讨合法性与合理性的前提和基础。其次，应该对城市污水处理费的定价原则、定价标准和定价程序等问题展开研究，因为这些问题既关乎PPP污企能否实现保本微利，也关乎社会公众能否以合理的价格获得优质的准公共物品，更关乎城市污水处理业PPP模式能否实现环境绩效与经济绩效的双赢。

价格民事合同法律关系的核心是围绕项目收入分配，政府与社会资本如何在合作中实现共赢。要对该法律关系进行研究，首先，应对城市污水处理服务费的核定与支付运转是否正常进行考察，以夯实探讨相关法律问题的前提和基础。其次，应对影响项目收入分配运行的因素进行识别。由污水处理PPP项目

---

[1] 下文中均简称为PPP污企。

合同“公私兼有”的特殊性质所决定,这些问题答案的找寻不宜局限于横向的民事合同关系,而应将纵向的行政监管关系对双方合作的影响也纳入予以综合考虑。

此外,鉴于城市污水处理业 PPP 模式运营的全生命周期不仅包括污水处理和污泥处理处置,而且涵盖再生水利用,因此,无论是对第一种法律关系还是第二种法律关系的研究,都应该对污水处理、污泥处理处置和再生水利用三者之间的关系予以考量,即在定(调)价机制和项目收入分配中,应考虑以下问题:一是,在对污水处理设定的定(调)价机制中是否考虑了污泥处理处置;二是再生水是否应执行与污水处理一样的定(调)价机制和项目收入分配。

(二)项目融资

污水处理 PPP 项目融资具有投资体量巨大、重资产比例大等特点,这就决定了污水处理 PPP 项目融资与其他项目融资一样,需要借助股权融资和债务融资这两种主流融资工具,但污水处理 PPP 项目融资必然会呈现出不同于其他项目融资的特点。因此,首先,应对污水处理 PPP 项目融资的运行现状进行考察,摸清污水处理 PPP 项目惯常采取的融资模式。其次,应针对污水处理 PPP 项目惯常采取的融资模式,深入考察其所引发的纠纷争议,并对其间的法律关系进行深入解构。

污水处理 PPP 项目融资法律关系的性质是民事合同关系。从广义上讲,融资合同可能包括项目贷款合同、担保合同、介入协议等多个合同种类。在这些合同种类中,项目贷款合同是最主要的融资合同。出于贷款安全性的考虑,融资方往往要求项目公司(Special Purpose Vehicle,以下简称 SPV 公司)以其财产或其他权益为抵押或质押,或由其母公司提供某种形式的担保或由政府做出某种承诺,这些融资保障措施往往会出现在担保合同、直接介入协议中。因此,纠纷争议的源头实际上逐步汇聚于融资机构的介入权问题上,即当社会资本方或者 SPV 公司违约导致污水处理 PPP 项目合同面临终止的情况下,融资机构的贷款资金及利息无法得到全额偿还,且贷款债权利益受到或者即将受到侵害时,融资机构能否通过主张介入权以维护其权益。此外,当违约事件同时触发融资机构的介入权和政府的介入权时,应对何者优先的问题进行研究,特别是应对融资机构介入权和政府介入权的行使条件分别予以明确界定,方可平衡各方利益。

此外,鉴于城市污水处理业自身具有投资大、回收投资的周期长、收益率低等特征,融资机构出于对资金安全和规避风险等因素的考量,是否愿意将资金投入城市污水处理业有待观察。因此,除了完善融资机构的介入权和政府的介入权以构建更为科学合理的融资保障法律制度外,创新融资渠道和产品也应纳入研究视野,特别是应对容易引致纠纷争议的法律风险点给予高度关注,在法律和政策的协同共治中,为城市污水处理业营造良好的融资环境。

(三)税收优惠

税收优惠是对承担了准公共物品供给的社会资本方的一种激励性或照顾性措施,旨在降低社会资本方的成本并扩大其利润空间,助力其实现保本微利的经济绩效目标。因此,首先,应对城市污水处理业 PPP 模式的税收优惠现状进行考察,摸清在税种、税率和条件上污水处理 PPP 项目能够享受的优惠的实然情况。其次,应通过对纠纷争议的深入考察,对立法和执法层面的税收优惠现状进行逆向反思,并对其间的法律关系进行深入解构。

污水处理 PPP 项目税收优惠法律关系的性质是税收征管关系,其实质是考虑到城市污水处理业本身的“公益性”和“自然垄断属性”,国家通过税务机关将本应依据基准税制取得的税收利益部分返还给纳税人,以实现对该行业的倾斜性扶助。鉴于税收征管关系是国家和税务机关对纳税人的纵向行政管理关系,行政管理在实体和程序上是否兼具合法性与合理性,关乎税收征管的效果。因此,在研究中就应对以下问题给予关注:其一,税收优惠制定权的配置问题,即对污水处理 PPP 项目给予税收优惠的权力,在立法机关和行政机关以及中央和地方之间应该如何配置,才能实现税收优惠的严谨性和规范性。其二,税收优惠是否符合税式支出预算的要求,即作为程序意义上的事前控制措施,税收优惠理应受到预算法的严格限制,才能避免随意性和不稳定性。其三,税收优惠是否符合程序正义要求,即为了关照到税收优惠的专业性和时效性,需要通过事中与事后的程序制约来促进政府调控行为的经济理性。

二、责任分配问题

本书所关注的责任分配问题，是污水处理 PPP 项目所提供的准公共物品是否符合环境保护的标准和要求的问题。换句话说，能否实现代表社会公众的政府对环境绩效的追求。在对责任分配问题进行研究之前，首先应该明晰一个完整的污水处理 PPP 项目运营的全生命周期构成（见图 0－1）。这个周期可分为四个阶段：第一阶段可称为“排水阶段”，即工业污水、生活污水、降雨径流经市政排水管网输送至 PPP 污企。第二阶段可称为“污水处理阶段”，即 PPP 污企对通过市政排水管网输送入厂界的污水进行加工处理，对其中析出的湿污泥进行干化处理。第三阶段可称为“排放阶段”。一方面，PPP 污企将加工处理至国家或地方规定标准的污水排入自然水体；另一方面，PPP 污企将干化处理后的污泥外运（或与有资质的运输单位签订合同由其运输）至有资质的污泥处理处置单位进行规范化处置。第四阶段可称为“再生利用阶段”，即 PPP 污企与有关单位签订合同，由其提供处理达标的污水以资工业循环冷却、景观补给、道路洒扫等。基于此，在以上四个阶段中，政府为了追求环境绩效，主要关注的是达标处理问题，即经过处理的污水是否达标排放、污水污泥是否达标处理处置、再生水质量是否达标。只有以上三个关键节点的问题得到解决，方可保证污水处理的全生命周期被置于环境的可承载能力范围之内。

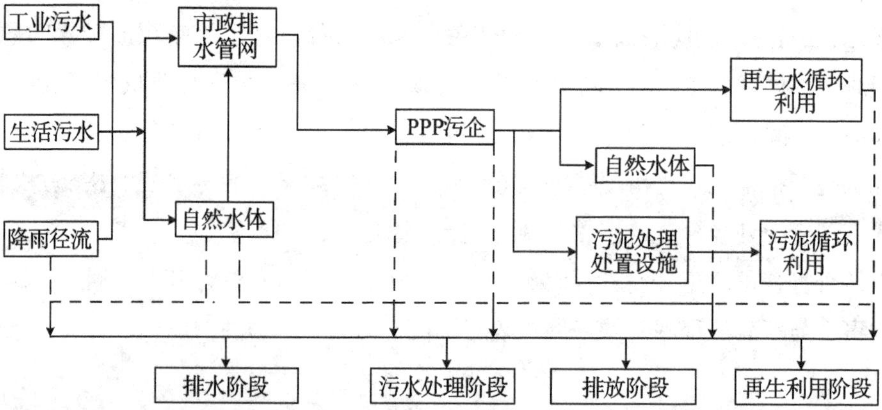

图 0－1 城市污水处理 PPP 项目运营的全生命周期构成

责任分配对于城市污水处理业 PPP 模式及其法律制度的研究不可或缺。法律责任本身是一个多面向的概念,有的学者将其界定为某种对责任者的不利后果,[1]有的学者将其界定为一种处罚或制裁,[2]有的学者将其界定为一种责任,[3]有的学者将其界定为一种义务。[4] 无论如何理解法律责任,违法行为、法律义务、法律后果、法律关系与法律责任的关系都是在法律责任的研究中无法回避的。[5] 值得注意的是,在法律责任的认定和归结之前,必然应该有法律责任的分配作为前提。因为法律责任的分配是从立法层面探讨应依何种理念和基本原则,实现法律关系主体之间责任的公平分配,法律责任的认定和归结则是由国家特设并授权的专门机关按照法定程序进行。二者之间存在逻辑上的先后顺序。基于此,在责任分配中笔者主要探讨污水达标处理、污泥达标处理处置和再生水达标利用问题。

(一)污水达标处理

污水达标处理横跨排水、污水处理和排放三个阶段,应根据在此三个阶段中产生责任分配问题的关键节点不同,依次展开对以下问题的研究:其一,工业和生活排污单位是否依法规范设置了排污口;其二,工业和生活排污单位排放进入排水管网的污水是否达标;其三,通过排水管网输送进入 PPP 污企厂界的"进水"水质是否达标;其四,PPP 污企是否履行了达标处理义务;其五,PPP 污企出水口排放进入自然水体的"出水"水质是否达标。

(二)污泥达标处理处置

污泥达标处理处置跨越污水处理和排放两个阶段,应根据在上述阶段中产生责任分配问题的关键节点不同,依次展开对以下问题的研究:其一,污泥处理处置是一个还是两个独立的环节;其二,PPP 污企在污泥处理处置中的责任边

---

[1] 参见张文显主编:《法理学》,高等教育出版社 1999 年版,第 100 ~ 102 页。
[2] 参见李肇伟:《法理学》,台北,中兴大学出版社 1979 年版,第 306 页。
[3] 参见孙国华主编:《法理学教程》,中国人民大学出版社 1994 年版,第 509 页。
[4] 参见张文显主编:《法理学》,法律出版社 2007 年版,第 199 ~ 200 页。
[5] 参见刘凡义:《国家级精品课程吉林大学法理学课程教学参考资料:第十二章法律责任》,载中国理论法学研究信息网 2008 年 1 月 1 日,https://www.legal-theory.org/?mod = info&act = view&id = 11048。

界;其三,污泥处理处置法律关系的主体范围以及这些主体的分工;其四,污泥处理处置的途径与污泥产出衔接是否顺畅。以上这些问题中蕴含了大量相关法律关系主体的权利义务分担及责任分配问题,需要在具体的争议纠纷中归纳出责任公平合理分配的"堵点",再以科学严谨的理论依据支撑以构建兼具合法性与合理性的责任分配。

(三)再生水达标利用

再生水作为污水处理的衍生品,同时也是一种重要的非常规水资源,对于增加水资源总量、拓宽 PPP 污企的盈利渠道具有非常重要的意义。因此,虽然再生利用阶段是污水处理链条中的一个独立环节,但对责任分配问题的研究不应局限于此,因为用于生产再生水的"水源水"就是 PPP 污企处理达标排放的"出水"。应根据再生水行业特点,对以下问题展开研究:其一,再生水的"水源水"质量如何保障;其二,再生水的生产环节与输配环节衔接是否顺畅;其三,再生水配置能否满足再生水输配的需求;其四,再生水在输配中如何阻断安全风险、扩大输配范围;其五,再生水用户的权利束[1]能否得到充分保障;其六,再生水的利用环节与生产环节衔接是否顺畅。

第三节　基本框架与研究方法

一、基本框架

基于上述研究对象与主要内容,本书除导论外,共分为七章,这些部分紧密相连,相互衔接,分别侧重于探讨以下问题:

第一章的主要目标是明确界定城市污水处理业 PPP 模式法律制度完善的基点。作为城市污水处理业 PPP 模式法律制度完善的基点,有必要从法学学科视角对可运营性给予明确界定,这样才能实现研究对象的聚焦和研究主线的明

[1] 此处的权利束是指再生水用户作为消费者,应享有与其身份相匹配的若干权利,如知情权、选择权、公平交易权、安全保障权、受教育权、监督求偿权等。

晰。通过采用数据包络分析法(Data Envelopment Analysis,DEA)中常用的综合绩效分析的模型和方法,对可运营性的实践现状进行定量分析,建立起绩效评价与法律制度完善之间的关联性。

第二章、第三章和第四章主要围绕城市污水处理业PPP模式的利益调节问题展开研究。首先,对价格调节与项目收入分配问题展开探讨。鉴于价格调节是针对城市污水处理费的定(调)价机制展开研究,项目收入分配是针对城市污水处理服务费的核定、拨付与分配展开研究,因此,本研究分别对定(调)价机制以及项目收入分配的运行现状进行梳理,并结合典型案例对运行现状中反映出的法律问题进行归纳。在此基础上,以价格法基本原则为指引,提出完善现行法律制度的对策和建议。其次,对融资调节问题展开探讨。先是对污水处理PPP项目融资的运行现状进行梳理,结合典型案例对运行现状中反映出的法律问题进行归纳。在此基础上,以金融法基本原则为指引,提出完善现行法律制度的对策和建议。最后,对税收优惠调节问题展开探讨。先是对污水处理PPP项目税收优惠的运行现状进行梳理,结合典型案例对运行现状中反映出的法律问题进行归纳。在此基础上,以税法基本原则为指引,提出完善现行法律制度的对策和建议。

第五章、第六章、第七章主要是围绕城市污水处理业PPP模式的责任分配问题展开探讨。首先,对污水处理中的责任分配问题展开探讨。先是对污水处理PPP项目运营的实际运行情形和法律关系情形结合典型案例进行梳理和归纳,继而对污水处理中责任分配的基点进行提炼,并对实际运行情形和法律关系情形是否存在规制错配进行反思。在此基础上,以环境法基本原则为指引,提出完善现行法律制度的对策和建议。其次,对污泥处理处置中的责任分配问题展开探讨。先是对污泥处理处置的实际运行情形和法律关系情形结合典型案例进行梳理和归纳,继而对污泥处理处置中责任分配的基点进行提炼,并对实际运行情形和法律关系情形是否存在规制错配进行反思。在此基础上,以环境法基本原则为指引,提出完善现行法律制度的对策和建议。最后,对城市污水再生利用中的责任分配问题展开探讨。先是对城市污水再生利用的实际运行情形和法律关系情形结合典型案例进行梳理和归纳,继而对城市污水再生利用中责任分配的基点进行提炼,并对实际运行情形和法律关系情形是否存在规制错配进行反思。在此基础上,以环境法基本原则为指引,提出完善现行法律制度的对策和建议。

二、研究方法

已有学者指出："面对复杂的现实挑战和多变的发展形势，交叉融合越来越成为科学研究的重要领地和解决问题的新模式。"[1]本书的研究即具有鲜明的交叉学科特色：首先，城市污水处理业负责的是准公共物品的供给，技术、工艺、质量等问题可被纳入环境科学、环境工程等学科的研究范围。其次，在城市污水处理业中引入 PPP 模式，绩效、价格、融资等问题又可被纳入管理学、经济学等学科的研究范围。最后，对于与城市污水处理业 PPP 模式相关的法律制度的研究，不仅可纳入法学学科的研究范围，在法学学科内部还会横跨民商法学、行政法学、经济法学、环境与资源保护法学等二级学科。因此，这种鲜明的交叉学科特色不仅反映在学科与学科之间的"远距离"交叉，还反映在学科内部各分支学科之间的"近距离"交叉。

因此，本书所采用的研究方法可以分为两大类：一类是针对城市污水处理业 PPP 模式的运营。考虑到在城市污水处理业中引入 PPP 模式的终极目的是实现经济绩效与环境绩效的双赢，因此要采用数据处理与分析方法等。另一类是在各类法学研究中通常采用的研究方法，如规范法学研究方法、社科法学研究方法等。

(一)数据处理与分析方法

城市污水处理业引入 PPP 模式要实现的是经济绩效与环境绩效的双赢，只有对数据进行处理与分析，才可归纳出经济绩效和环境绩效的特征，为后续展开法律制度的研究奠定基础。

1. DEA 中的 CCR 模型和 BCC 模型

DEA 的原理主要是通过保持决策单元(Decision Making Units, DMU)的输入或者输出不变，借助于数学规划和统计数据确定相对有效的生产前沿面，将各个决策单元投影到 DEA 的生产前沿面上，并通过比较决策单元偏离 DEA 前沿面的程度来评价它们的相对有效性。

1978 年，卡尼斯(Charnes)、库博(Cooper)和罗德斯(Rhodes)提出了 CCR

[1] 王孜丹、杜鹏等：《从交叉学科到学科交叉：美国案例及启示》，载《科学通报》2021 年第 9 期。

模型:假设生产技术规模报酬不变,有 n 个决策单元$DMU_j(j=1,2,\cdots,n)$;每个 DMU 有 m 种投入,记为$x_i(i=1,2,\cdots,m)$;q 种产出,记为$y_r(r=1,2,\cdots,q)$;S^-、S^+是松弛变量与剩余变量。CCR 模型的线性规划模型为:

$$\min\theta$$

$$s.t.\begin{cases}\sum_{j=1}^{n}\lambda_j X_{ij}+S^-=\theta X_0\\ \sum_{j=1}^{n}\lambda_j Y_{rj}-S^+=Y_0\\ \lambda_j\geqslant 0,j=1,2,\ldots,n\\ S^-\geqslant 0,S^+\geqslant 0\end{cases}\qquad(0-1)$$

其中 θ 表示综合技术效率(technical efficiency,TE)。当 $\theta=1$ 时,称为 DEA 有效;当 $\theta<1$ 时,表示 DEA 无效。X_0、Y_0分别表示决策单元DMU_0的投入和产出向量,λ 代表 n 个决策单元的投入和产出要素的权重。BCC 模型基于规模报酬可变,在 CCR 模型的基础上增加了约束条件 $\sum_{j=1}^{n}\lambda_j=1$,使 DMU 的生产规模均处于同一水平,加入约束条件的效率值为纯技术效率(Pure Technical Efficiency,PTE)。

2. 共同前沿(Meta-frontier)模型

用 DEA 度量不同管理模式下污水处理厂的运行效率时,其潜在假设认为决策单元具有相同的技术水平,以便探究技术无效率背后的技术差距和管理水平。共同前沿模型中涉及的共同前沿指所有决策单元的潜在技术水平,而群组前沿指每组决策单元的实际技术水平,主要区别在于各自所参照的技术集合不同。由于本研究的研究对象中管理模式存在较大差异,因此将 117 个污水处理厂根据管理模式分为 PPP 模式和其他模式两大群组。依据贝蒂斯(Battese)等共同前沿模型,共同前沿下的技术集合(T^m)为:

$$T^m=\{(x,y):x\geqslant 0,y\geqslant 0,x\text{ 能够生产出 }y\}\qquad(0-2)$$

式中,x 为投入向量,y 为产出向量,对应的生产可能性集合为:

$$P^m(x)=\{y:(x,y)\in T^m\}\qquad(0-3)$$

其共同前沿下的距离函数可以表示为:

$$D^m(x,y)=\sup_\lambda\{\lambda>0:(x/\lambda)\in P^m(y)\}\qquad(0-4)$$

根据污水处理厂的不同管理模式划分 PPP 模式和其他模式两大群组,其群组前沿下的技术集合为：

$$T^{g}=\{(x_{g},y_{g}):x_{g}\geqslant 0,y_{g}\geqslant 0,x_{g}\text{ 能够生产出 }y_{g}\},(g=1,2) \quad (0-5)$$

其对应的生产可能性集合为：

$$P^{g}(x_{g})=\{y_{g}:(x_{g},y_{g})\in T^{g}\},(g=1,2) \quad (0-6)$$

群组前沿下的距离函数可以表示为：

$$D^{g}(x_{g},y_{g})=\sup_{\lambda}\{\lambda>0:(x_{g}/\lambda)\in P^{g}(y_{g})\},(g=1,2) \quad (0-7)$$

由于共同前沿技术是群组前沿技术的包络曲线，因此满足式 $T^{m}=\{T^{1}\cup T^{2}\}$。

3. 技术缺口比率

技术缺口比率（Technology Gap Ratio，TGR），是共同前沿框架下的重要指标。基于以上不同组别边界下的组内技术效率（GTE）和共同技术效率（MTE），从而计算技术缺口比率以衡量每个决策单元的技术状况及组别间技术水平的差异、反映群组前沿和共同前沿技术水平的差距。计算公式如下：

$$0\leqslant TGR=\frac{MTE}{GTE}\leqslant 1 \quad (0-8)$$

可见，TGR 取值范围为［0，1］。若 TGR 数值越靠近 1，即群组生产效率水平和共同前沿下的生产效率水平比较接近，说明技术前沿水平较高。TGR 越靠近 0，则说明群组前沿和共同前沿相比，该群组内技术水平落后。

（二）社科法学研究方法

法律的社会科学研究，又称社科法学，是法学研究方法的另一个脉络，也就是运用社会科学方法研究法律问题的范式、样式或者方法。[1] 社科法学研究方法的特点是：其一，该研究方法主要以法律现象和法律在社会生活中的实施情况为研究对象，而不是简单拘泥于法律条文。其二，该研究方法运用的是归纳方法，即研究特别的、特殊的法律现象并从中发现法律问题，进而归纳、提炼出新的理论，对原有理论进行反思。

首先，本书运用了社科法学研究方法中最基础的实证研究方法。比如，本书无论是在责任分配还是在利益调节各章节的阐述中，都最大限度地搜集与论证问题相关的行政执法案例和司法判例，并就其中的典型案例运用个案分析方

---

〔1〕 参见陈瑞华：《从经验到理论的法学研究方法》，载《中国法律评论》2019 年第 2 期。

法对法律现象进行研究。其次,本书还运用了社科法学研究方法的高级形式,即展开社会科学学科与法学的交叉研究。比如,引入经济学的数据包络分析法,作为研究城市污水处理业 PPP 模式运营与法律制度匹配之间的因果关系的工具,因为数学和统计方法对于研究因果关系以及准确地表现这些关联手段具有格外优势。同构测量这些因素对相应的社会关系的影响,从而使法律制度设计及运行具有客观的定量基础。其目的是建立在数据基础上的事实,能够帮助人们更科学地做出决策,进行行为。〔1〕

(三)规范法学研究方法

规范法学研究方法是以逻辑为基础的法学研究方法,主要运用逻辑和语义的方法对于法律规范进行分析和注释,其主要从事两项工作:一是研究法律制度的制定、修改和完善,从而为立法或司法改革做出贡献;二是对法律规则的立法原意和立法宗旨进行解释,以保证法律制度得到较好的实施。前者被称为"对策法学研究方法",后者被称为"法解释学研究方法"。〔2〕 对于城市污水处理业 PPP 模式的法律制度研究,最终要实现从实证到规范的升华,即对于法律制度的修改和完善提出有价值的修改对策和建议,以实现更大的社会效益。

首先,本书采用了法解释学研究方法。在本书对于利益调节问题和责任分配问题的研究中,搜集、梳理和分析了横跨民商法、经济法、行政法、环境与资源保护法等数十部法律,结合污水处理 PPP 项目运营实际以及具体的争议纠纷中提炼出的法律问题,以立法的基本原则为指引,对这些法律的立法宗旨和立法原意进行解释,从而对现行立法中无法有效应对实践问题的条款进行反思和完善。

其次,本书采用了对策法学研究方法。质言之,规范法学研究方法的派生物就是立法对策、建议方案,也就是在通过解释法律仍然无法规避立法漏洞的情况下,提出立法对策改造法律。本书在该方法的运用中采用了演绎推理,实现从一般到个别的研究,强调推理的大前提是普遍性的或者普适性的,即本书论证中始终紧扣的是各部门法的基本原则以及普遍的治理方案和经验;小前提是中国在城市污水处理业 PPP 模式的运营实践中存在的法律问题,最后提出的

---

〔1〕 参见潘德勇:《从价值到事实:法学实证方法的变迁》,载《社会科学》2015 年第 3 期。

〔2〕 参见陈瑞华:《论法学研究方法》,北京大学出版社 2013 年版,第 191 页。

解决方法是跟着大前提走(见图 0－2)。

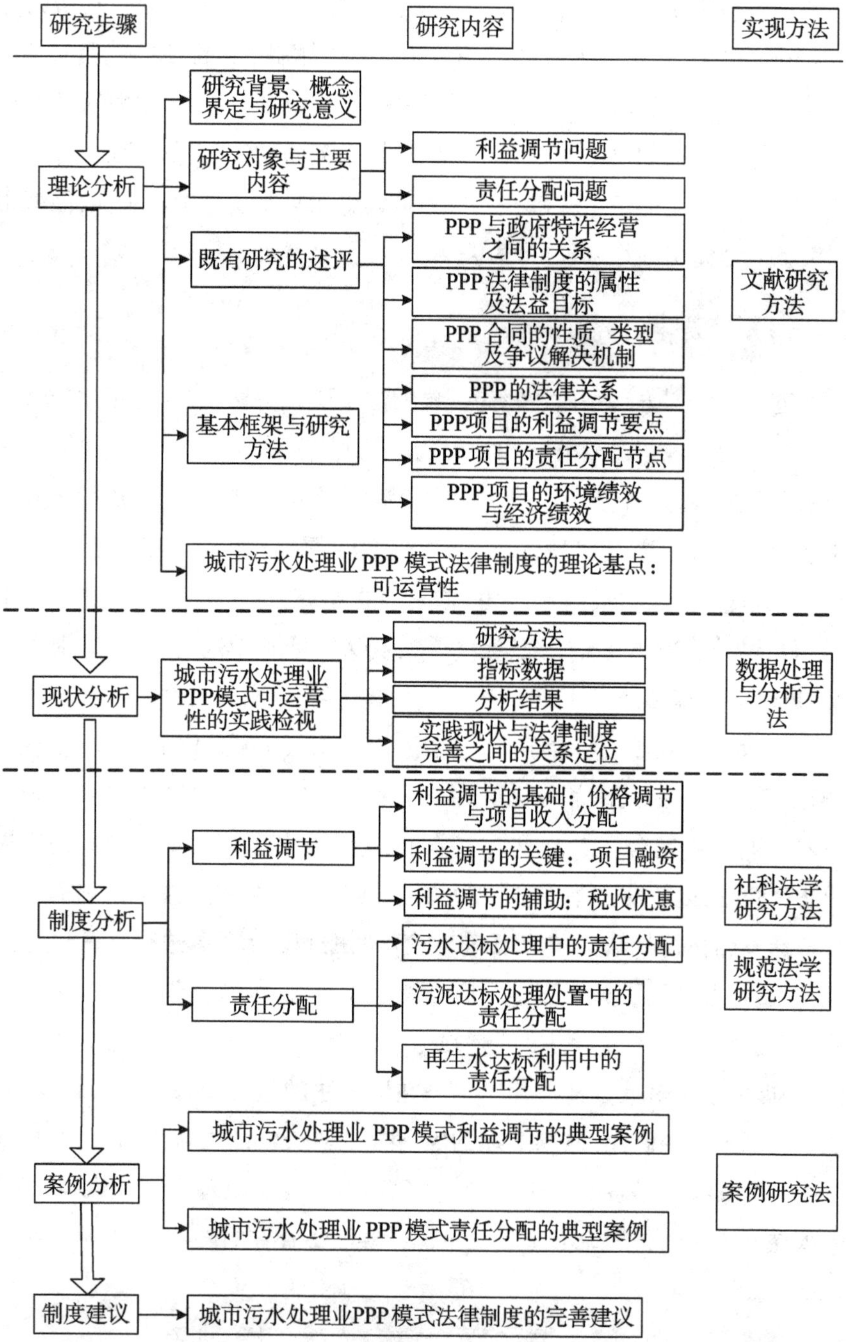

图 0－2　本书的技术路线

第一章　城市污水处理业 PPP 模式法律制度的理论基点与实践检视

一个完整的城市污水处理业 PPP 项目运营全生命周期大致可以分为立项与招投标、征地与建设、运营维护以及项目移交四个阶段，涉及包括《民法典》《招标投标法》《行政许可法》《行政处罚法》《行政复议法》《环境保护法》《民事诉讼法》《行政诉讼法》等在内的近 20 种法律规范。如果全部加以研究，显然不符合研究对象聚焦的客观需要。因此，需要厘清研究思路并站稳法律制度完善的基点。

所谓基点，《现代汉语词典》的解释是中心、重点。城市污水处理业 PPP 模式法律制度完善的基点，既是城市污水处理业 PPP 模式运营中最值得关注的中心、重点，也是在 PPP 模式中支撑政府与社会资本方的合作的支点。从中国裁判文书网中检索的城市污水处理司法判例来看，运营维护阶段是政府与社会资本方利益博弈最为激烈的阶段，纠纷也大多产生于此阶段。因此，完善城市污水处理业 PPP 模式的法律制度，尤其应该聚焦于运营维护阶段出现的诸多法律问题，厘清其法律关系并找到问题的成因，方可提出有针对性的法律制度完善对策和建议。

鉴于此，本章将先探讨何为城市污水处理业 PPP 模式法律制度完善的基点，在此基础上，运用数据处理与分析方法对基点的现状进行定量与定性相结合的分析，找到其与法律制度完善之间的关联点,为后续章节展开研究奠定前提和基础。

第一节 可运营性是法律制度完善的理论基点

一、城市污水处理业 PPP 模式可运营性的概念界定

(一)城市污水处理业 PPP 模式可运营性的规范来源

可运营性与 PPP 模式的分类密切相关,并非所有的 PPP 模式都具有可运营性。目前我国对 PPP 模式按照是否需要财政补贴进行官方分类[1],虽然具有便于地方政府理解且简便易操作等特点,但对于一些实践中存在交叉的领域,很难实现精准归类,甚至会出现将"可运营性"项目与"非运营性"项目混为一类的问题,城市污水处理业就是一个典型例证。比如,BOT 作为城市污水处理业最常见的 PPP 模式,有的地方将其归属为使用者付费类,有的地方将其归属为可行性缺口补贴类,有的地方将其归属为政府付费类。三种分类均有一定道理:首先,城市污水处理业 PPP 项目的运营依托于向用水户征收的城市污水处理费,故可以归属为使用者付费类。其次,城市污水处理费并不总能与城市污水处理服务费相匹配,其间存在的差额需要政府财政补贴,故可以归属为可行性缺口补贴类。最后,城市污水处理费的征收与支付均离不开政府性基金,故可以归属为政府付费类。尤其值得注意的是,把污水处理 BOT 项目归属为政府付费类项目会给项目审批带来冲击。因为此类项目很可能与河道治理、市政道路、园林绿化等非运营性项目归为一类,出于防止地方政府负债的目的而在项目审批中被拒绝,而这显然与四部委联合发布的

---

[1] 我国目前对 PPP 模式的官方分类有财政部和国家发展改革委制定发布的两种标准。根据财政部《政府和社会资本合作模式操作指南(试行)》(已失效)的规定,PPP 模式可分为"使用者付费、可行性缺口补贴和政府付费"三种。根据国家发展改革委《关于开展政府和社会资本合作的指导意见》的规定,PPP 模式可分为经营性项目(具有明确的收费基础,由使用者付费,且收费能够覆盖投资成本和收益的项目)、准经营性项目(具有一定收费基础,但收费不足以覆盖投资成本和收益,需要政府进行可行性缺口补助或以其他资源进行补偿的项目)和非经营性项目(缺乏使用者付费基础,主要依靠政府付费回收投资成本并获得收益的项目)三种。

财建〔2017〕455号文中提出的，关于在污水处理领域全面实施PPP模式的意见精神不符。

鉴于此，出于城市污水处理业属于市政环保产业组成部分的特点，有学者提出了市政环保产业PPP模式的四分类法，[1]即把市政环保产业PPP模式划分为不含融资和基础设施建设的PPP化的政府购买服务[2]、非特许经营的政府购买型PPP(PFI)[3]、政府购买型特许经营领域[4]和政府监管型特许经营领域[5]四类(见图1-1)。城市污水处理业PPP模式归属于政府购买型特许经营领域，此类项目属于政府付费类，其特征包括两点：一是政府是服务的使用者；二是社会资本并不承担需求风险，而是由政府方来承担。之所以做出以上划分，所依据的标准就是“可运营性”。

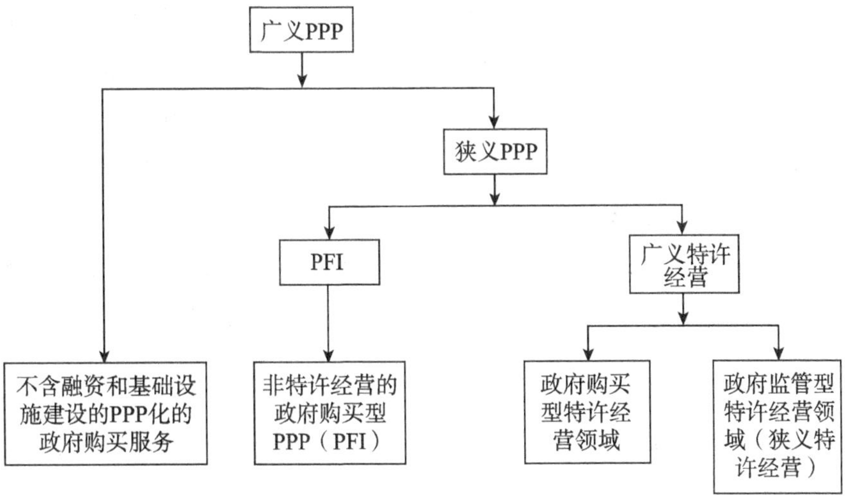

图1-1　市政环保产业PPP模式分类

〔1〕薛涛、汤明旺等：《涛似连山喷雪来：薛涛解析中国式环保PPP》，中国电力出版社2018年版，第44页。

〔2〕不含融资和基础设施建设的PPP化的政府购买服务通常包括垃圾清扫或收运、城市水体维护、环境监测服务、基础设施的委托运营服务等。

〔3〕非特许经营的政府购买型PPP(PFI)通常包括管网融资建设、不含污水处理厂的黑臭水体治理和海绵城市、土壤修复、农村污水或环境治理等。

〔4〕政府购买型特许经营领域通常包括污水处理厂、垃圾焚烧厂、垃圾填埋厂、餐厨处理厂、污泥处理处置厂等。

〔5〕政府监管型特许经营领域通常包括城市供水、燃气、热力、地下综合管廊等。

具体而言,可运营性具备以下两个显著特点:其一,项目的基础设施资产具有一定程度上的产权属性,即项目的社会资本方可以运营基础设施资产、提供准公共物品。当出现政府恶意违约情形时可以在法理上关闭设施,当然,这种关闭会给城市功能造成损伤并受到立法上的制约。这一特点就把以城市污水处理为典型代表的政府购买型特许经营领域与以海绵城市、土壤修复等为典型代表的非特许经营的政府购买型 PPP(PFI)区分开来,因为后者不具备产权属性不能够被关闭。其二,项目基础设施的运行计费可以按量结算、按质考核。以城市污水处理为例,城市污水处理费是以污水处理量为依据进行结算的。对于经过 PPP 项目处理的污水是否达到排放标准,是可以以城市污水处理厂的出水口排放水质为依据进行考核的。城市污水处理业 PPP 项目可以通过项目运营获得足够的经营性现金流,并可以逐步降低公司投入项目所需资本金时所提高的公司资产负债率。反之,PFI 项目无法按量结算、按质考核,而是依赖可用性付费模式运行,即依据社会资本的施工造价来安排某种固定利率的还款模式,由于实践中施工造价很难控制,为了在前期工程中尽快回收利润,PFI 项目就容易异化为拉长版 BT 项目并出现工程利润提前套现的风险。

因此,BOT、TOT、ROT 等模式之所以成为常见的城市污水处理业 PPP 模式,就在于这些模式都具备 O(Operate 的简写)这个共通性特征,可运营性是其核心特征。

(二)城市污水处理业 PPP 模式可运营性的经济学和管理学表达

目前,对于城市污水处理业 PPP 模式的研究以经济学和管理学为多,其中均可以找寻到对可运营性的学科表达。

在管理学方面,对可运营性的表达主要集中于以下几个方面:其一,项目风险管理,即通过对 PPP 项目风险因素的识别,并且按权重大小进行排序和评估,在此基础上提出风险分担和防范应对措施。[1] 有的研究则通过分析利益相关者的风险分担博弈策略及其对项目运营的影响,提出风险分担的对策建议。[2]

---

〔1〕 参见伍迪、王守清:《PPP 模式在中国的研究发展与趋势》,载《工程管理学报》2014 年第 6 期。

〔2〕 参见张建军、王丽娜:《基于博弈模型的 PPP 项目风险分担》,载《土木工程与管理学报》2017 年第 5 期。

有的研究则从风险量化与分担角度进行了物有所值评价，以验证相关项目是否适合采用 PPP 模式。[1] 其二，投资项目后评价，即通过建立指标体系对项目运营、项目综合效益、项目可持续发展等展开项目后评价，通过评价模型的计算得到最终评价结果。[2] 其三，项目运营管理，即研究支付方式与委托代理双方行为之间的关系，探讨不同合同的阶段性特点以及影响双方行为的主要因素，证明 PPP 模式下监管升级的必要性以及经济性，并提出监管内容完善的对策和建议。[3] 有的研究探讨了项目的交易结构设计、定价与补贴机制等问题，着重对项目交易边界条件进行了研究，提出了实施过程中需要注意的问题。[4] 其四，项目绩效管理，即通过构建项目绩效评价指标进行统计分析，筛选影响绩效水平的主要因素，并提出改进绩效水平的建议。[5]

在经济学方面，对可运营性的表达主要集中于以下几个方面：其一，项目经济绩效核算，即通过对采用不同 PPP 模式的城市污水处理企业生产成本、经济效益、融资方式、收费方法等的比较分析，探讨选用最佳模式追求经济绩效的最大化。[6] 其二，项目应用与风险防范，即从融资模式、付费机制、污水处理费的定调价等方面探讨 PPP 模式在项目中应用的设计流程，对风险进行了阐述并提出防范的具体措施。[7] 其三，项目绩效评价，即通过构建项目绩效评价指标体系，进行指标权重测算和绩效综合评价，找出具体的 PPP 项目绩效中存在的问题，并提出对策建议。[8]

从以上经济学和管理学对可运营性的学科表达，可以得出以下几点认识：

---

〔1〕 陈思阳、王明吉：《PPP 项目“物有所值”评价（VFM）体系研究》，载《财政科学》2016 年第 8 期。

〔2〕 参见汪洋等：《海绵城市建设 PPP 项目投资后评价研究》，载《建筑经济》2019 年第 9 期。

〔3〕 参见袁义淞、李腾：《政府风险规避视角下的 PPP 模式委托代理模型研究》，载《昆明理工大学学报（自然科学版）》2015 年第 1 期。

〔4〕 参见孟展：《城市污水处理 PPP 项目的交易结构与交易边界条件确定》，河南工业大学 2017 年硕士学位论文，第 19～39 页。

〔5〕 参见李金龙、丁欣：《供给侧结构性改革中 PPP 应用于城市污水处理的实证研究——以 C 市为例》，载《云南社会科学》2017 年第 3 期。

〔6〕 参见吴静：《新收入准则下污水处理行业 BOT 项目的会计处理》，载《国际商务财会》2018 年第 9 期。

〔7〕 参见吴熙：《城市污水处理项目 PPP 模式的应用与风险研究》，对外经济贸易大学 2016 年硕士学位论文，第 35～51 页。

〔8〕 参见田园宏、王欢明：《城市污水治理绩效评价研究：现状与展望》，载《同济大学学报（社会科学版）》2017 年第 1 期。

其一,城市污水处理业 PPP 模式的运营离不开绩效实现。城市污水处理业 PPP 模式提供的是准公共物品,社会效益的实现不能回避。对于运营污水处理 PPP 项目的社会资本而言,实现自身经济效益的最大化也是题中之义。因此,绩效管理和评价的目的就是最大限度地实现经济效益与社会效益的统一。其二,城市污水处理业 PPP 模式运营风险的规避离不开利益调节。只有通过合适的利益调节机制妥善处理利益相关者关切,才能合理分担并有效防范和化解风险。项目融资、价格的制定与调整在利益调节机制的构建中不可或缺。其三,城市污水处理业 PPP 模式的运营离不开政府的监管。政府在城市污水处理业 PPP 合同的履行中要切实承担起监管职责,尤其要注意善作善成,构建起与 PPP 模式相匹配的监管体系,实现政府与社会资本之间责任的合理分配。

(三)城市污水处理业 PPP 模式可运营性的法学表达

所谓可运营性聚焦于"O",而"O"的实现依赖于政府与社会资本所关注问题的实现程度。换言之,"O"的实现应当具备一定的条件限制或约束,至少应当回答清楚以下几个问题:其一,基础设施资产的产权是否清晰。因为产权问题关系到在公私双方发生纠纷时,社会资本是否可以在法理上关闭基础设施。其二,社会资本投入资金的回收渠道与营利方式。因为社会资本介入城市污水处理业的动力来源于对个体利益的实现程度。其三,运行结果能否经得起外部评估与监督的制约。因为随着排污权产权制度的确立,城市污水处理业所提供的物品在效用上已可以定价、在技术上已实现排他,使其具有了准公共物品的性质。〔1〕当社会资本介入后,其提供的准公共物品需要接受政府及社会公众的评判与监督,以期实现社会公共利益的最大化。

可运营性的法学表达,意味着以其为理论基点构建的法律制度必须能够衡平在城市污水处理业 PPP 模式运营中出现的诸多利益关系,因为"创造法律者,不是概念,而是利益和目的"〔2〕。利益分析是利益法学中研究利益衡平问题的

---

〔1〕 参见王春兰、罗玉林:《城市准公共物品市场化运作的困境分析——以城市污水治理为例》,载《城市问题》2008 年第 5 期。

〔2〕 [德]菲利普·黑克:《利益法学》,傅广宇译,商务印书馆 2016 年版,第 17 页。

前提和基础,具备工具理性[1]的属性。从利益分析的角度分析城市污水处理业 PPP 模式运营中出现的诸多利益关系,有助于分析可运营性的法学意蕴。

借助有关学者对具体案例中的利益层次进行剖析形成的层次结构[2],城市污水处理业 PPP 模式运营涉及的诸利益中,依其主体类型的不同可以分为个体利益、社会公共利益和公法主体的利益三个层面。个体利益是社会资本参与污水处理 PPP 项目运营、提供准公共物品的出发点和落脚点。社会资本作为理性"经济人",天然地具有追求个体营利性最大化的倾向。因此,在城市污水处理业 PPP 模式的运营中,社会资本会千方百计地将这种倾向放大,因此,对社会公共利益和公法主体利益产生侵蚀,则利益的矛盾和冲突就不可避免。社会公共利益是一个耳熟能详但极其模糊的概念,从未被任何法律精确化,但社会公共利益总是拥有特定的主体即公共社会,故而有着特定的内容,如具有整体性和普遍性特征的经济秩序和社会公德等内容,[3]它也总是能作为一种独立的利益形式存在。具体而言,通过污水处理 PPP 项目的运营,实现满足水环境质量要求的污水达标处理排放,即可被视为社会公共利益的实现;公法主体的利益主要是指政府出于自身职能的考虑,通过在城市污水处理业中引入 PPP 模式,提高准公共物品供给的质量和效率,实现经济绩效和环境绩效的双赢,最终谋求包括政治利益、经济利益、环境利益、社会利益等在内的"利益束"的实现。从这一角度而言,公法主体利益会与社会公共利益产生重合,因为公法主体作为社会公众的代表,其一切行动的出发点和落脚点都应以社会公共利益为依归。然而,公法主体"裁判员"与"运动员"一身兼二任的现实使其容易出现角色异化,呈现出畸形发展的态势:一方面,社会资本为了营利会通过权力寻租获取污水处理 PPP 项目,游说政府放松监管,使得环境绩效无法实现,社会公共利益更无法保障。另一方面,公法主体既要社会资本提供准公共物品,又不愿及时、足额付出相应对价,因此,经济绩效无法实现、个体利益无法保障,长此以往最终会损及环境绩效、危及社会公共利益。

从以上利益层次的剖析可以看出,诸利益主体的利益交集在于环境利益的

---

[1] 参见董正爱:《社会转型发展中生态秩序的法律构造——基于利益博弈与工具理性的结构分析与反思》,载《法学评论》2012 年第 5 期。

[2] 参见梁上上:《利益衡量论》,法律出版社 2013 年版,第 78 页。

[3] 梁上上:《利益衡量论》,法律出版社 2013 年版,第 80 页。

实现,因为社会资本运营污水处理 PPP 项目虽然具有个体营利性最大化的倾向,但其提供准公共物品的目的仍然是实现环境利益。社会公众对水环境质量的要求以及公法主体实现“利益束”的期望,都离不开环境利益这个内核。因此,环境利益是引发城市污水处理业 PPP 模式运营诸种利益冲突的导火索。那么,明晰环境利益的定位,对于衡平利益冲突、支撑污水处理 PPP 项目真正具有可运营性并能够行稳致远,无疑具有重要的理论和现实意义。如果将环境利益单独划分为城市污水处理业 PPP 模式运营利益冲突[1]谱系中的一个层次显然是不科学的,因为环境利益仍在污水处理 PPP 模式利益冲突涉及的三个利益阶层的射程之内。因此,环境利益在污水处理 PPP 模式利益冲突中并不能单独作为一个阶层利益得以体现,而是蕴含在各利益阶层中的子利益。

根据主体类型的不同,污水处理 PPP 模式利益冲突中的环境利益可以分为个体环境利益、社会公共环境利益和公法主体环境利益三类。这些利益关系相互之间如果不发生交错碰撞,尤其是环境利益不会与其他利益产生冲突,则可呈现出利益平衡的理想状态。这种利益平衡的具体体现在以下几个方面:

其一,环境利益在个体利益的内部平衡。一方面,从应然层面而言,城市污水处理应该是一个各个环节紧密扣合且闭环精密运行的完整链条。如果处于污水处理 PPP 项目上游的排污单位不存在“私设暗管”“不定时偷排”等情形,则不会出现上游排污单位推卸责任的现象,污水处理 PPP 项目也不会因位于城市污水处理链条的末端而处于代人受过的窘境。另一方面,污水处理 PPP 项目属于环境公用事业,天然地负有持续运营义务,“治污者”角色属性要大于“排污者”。如果不将其与一般排污者进行简单类比,就不会出现利益分配不公的问题。

其二,环境利益在社会公共利益的内部平衡。社会公共利益涉及的范围点多面广,往往存在主体虚位的问题,需要依赖公法主体助其主张并维护利益。然而,社会公众的有效参与和监督不可或缺,因为利益的平衡需要迈过利益博弈的阶段。比如,满足水环境质量要求的污水达标处理排放,可被视为社会公共利益的实现。然而,污水处理关乎国计民生,要考虑到社会公众的经济利益和可承受程度。因此,污水处理排放标准的拟定,既要建立在对水环境容量和

---

[1] 以下简称污水处理 PPP 模式利益冲突。

承载能力进行精确测算的基础之上,还要能关照到公共经济利益的需求,使得公共环境利益不致因其具有“隐性”和“柔性”的特征,与公共经济利益相比处于明显不利的竞争地位。[1]

其三,环境利益在公法主体利益的内部平衡。代表公法主体利益关系的政府除了通过“责权利”的法律规则的模式清晰划定各方利益主体的权利和义务边界之外,还应把自身的行为边界昭示于各方主体,以使其获得稳定的行为预期。公法主体可以以环境与资源保护法律规则中的理念和基本原则为指引,设计出能够平衡各方利益关系、为污水处理 PPP 项目运营“量身定制”的法律规则,最终实现包括政治利益、经济利益、环境利益、社会利益等在内的“利益束”,而不会出现重经济利益、轻环境利益,借政治利益、环境利益和社会利益来绑架经济利益等不当情形。

环境利益的实现既是城市污水处理业 PPP 模式运营中诸利益主体的利益交集,也是支撑可运营性的逻辑支柱。如果把“可运营性”比作一架天平的话,围绕环境利益的实现所出现的利益冲突和博弈就是“你上我下”的天平两端,而利益调节和责任分配就是调节平衡的砝码。砝码增减的原则是,在实现社会公共环境利益最大化的同时,适当兼顾个体经济利益的实现,使其有足够的动力和能力实现个体环境利益。与此同时,保证公法主体环境利益与社会公共环境利益同向同行。“适当”一词,一方面意味着不能罔顾个体经济利益而一味执着于社会公共环境利益的实现,因为在公私合作中,个体经济利益会助力个体环境利益乃至社会公共环境利益的实现;另一方面意味着不能罔顾社会公共环境利益而过分放大个体经济利益的实现,因为在“保本微利”向“保本暴利”转化的过程中,PPP 模式的本质属性——公共性也将丧失殆尽。

具体而言,既然城市污水处理并非必须或只能由政府单方面提供,而是可以通过市场机制引入社会资本来“参与”实现,[2]那么,一方面,在准公共物品的供给中可以采用市场机制引入社会资本,但政府绝不能完全卸下准公共物品供给的公共职责。换句话说,政府可以不在准公共物品的供给中亲力亲为,但

---

〔1〕 参见刘莉:《邻避冲突中环境利益衡平的法治进路》,载《法学论坛》2015 年第 6 期。

〔2〕 参见李友梅、肖瑛等:《当代中国社会建设的公共性困境及其超越》,载《中国社会科学》2012 年第 4 期。

在履行监管职责、保障供给的质量和效率上责无旁贷。作为社会公众的代表，政府要追求的是社会公共环境利益，要实现的价值目标是公平。另一方面，社会资本“参与”提供准公共物品看重的是稳定的投资回报，如果不能实现“保本微利”，则其不可能为了社会公共环境利益而持久运营、提供准公共物品。从根本上说，由“经济人”属性所决定，社会资本要追求的是个体经济利益，要实现的价值目标是效率。因此，城市污水处理业PPP模式的可运营性，意味着必须针对准公共物品的供给做出制度安排，处理好社会公共环境利益与个体经济利益之间的冲突与博弈，在关照到社会资本个体营利性诉求下，最终实现社会公共环境利益的最大化，兼顾公平与效率，实现共赢。[1] 总的来说，在追求社会公共环境利益最大化的过程中，必须要关照到两个维度：一是量的维度，即增长维度——效率；二是质的维度，即分配维度——公平。[2]

围绕城市污水处理业PPP模式可运营性展开的制度设计，政府与社会资本作为核心法律关系主体，承担着不同的职责和义务。社会资本需要在准公共物品的供给中承担投融资和运营维护义务，提高效率保证质量。政府则需要承担培育市场和加强监管等职责。一方面，加强市场监管和绩效考核，保证准公共物品的供给质量；另一方面，还要在财税、价格、金融等方面加大对社会资本的支持力度，保证社会资本能够实现“保本微利”。以上这些职责和义务，显然也可以在经济学和管理学对可运营性的学科表达上得到印证。综合起来看，比之于社会资本，政府承担着更为广泛的职责和义务，这不仅是因为政府在PPP模式中承担着合作者和监管者的双重角色，更因为政府要通过保证社会资本个体经济利益的实现来驱动社会公共环境利益的保障，这种“一手托两家”的目的的实现绝非易事。

二、城市污水处理业PPP模式可运营性的法学特征

在城市污水处理业中引入PPP模式的终极制度目标，是通过向社会公众提供准公共物品，保证其获得良好的水环境质量。可见，城市污水处理与民生直

---

〔1〕 参见李以所：《德国公私合作制促进法研究》，中国民主法制出版社2013年版，第225页。

〔2〕 参见黄辉明：《利益法学的源流及其意义》，载《云南社会科学》2007年第6期。

接相关,关系到社会公众的共同利益。值得注意的是,对于城市污水处理业而言,PPP 模式不是目的而是手段。因此,虽然在追求社会公共环境利益的过程中应注意对社会资本个体经济利益的维护,但作为目标的社会公共环境利益的实现才应该是提炼法学特征的基础。基于这种公共性,城市污水处理业 PPP 模式的可运营性理应具有公平性、公开性和公益性等法学特征。

(一)公平性

根据《关于在公共服务领域推广政府和社会资本合作模式的指导意见》(以下简称《指导意见》)的规定:"……双方按照平等协商原则订立合同,明确责权利关系,由社会资本提供公共服务,政府依据公共服务绩效评价结果向社会资本支付相应对价,保证社会资本获得合理收益。"可见公平性意味着具有"合作者"与"监管者"双重身份属性的政府应该为社会资本获得合理收益创设良好的秩序与环境。比如,在城市污水处理价格的制定中,政府应充分考虑到社会资本满足"保本微利"的客观需要,保障其通过合法合规运营获得充足稳定的现金流,不应随意以各种理由减少或拖欠价格的核定与拨付。政府在向社会资本提供的税收优惠中,应充分考虑到其提供准公共物品所具有的鲜明的"治污者"身份属性,保障其充分享受到税收优惠带来的红利。政府在污水处理、污泥处理处置、再生水利用等领域核定社会资本的达标排污责任时,应该做到公平归责。不能因污水处理 PPP 项目位于城市污水处理链条的末端,因"排污者"与"治污者"之间责任分担的不公,致使社会资本代人受过,因此连带影响价格的核定、项目收入的分配和税收优惠的享受。

(二)公开性

根据《指导意见》的规定:"……实行阳光化运作,依法充分披露政府和社会资本合作项目重要信息,保障公众知情权,对参与各方形成有效监督和约束。"污水处理 PPP 项目提供的准公共物品最终的面向是社会公众,除了涉及商业秘密、国家秘密等可以不予公开的信息之外,理应在政府、社会资本与社会公众之间消除信息偏在。因为只有充分保障社会公众的知情权,其生命权、健康权、监督权、决策参与权等一系列权利的保障才会有逻辑起点。比如,在城市污水处理价格的制定中,政府与社会资本应向社会公众充分披露和公开成本信息,让其充分了解到支撑城市污水处理全成本运营的基础,并通过价格听证会等公众参与的载体,向其说明价格制定和调整的原因并聆听其诉求,在求取各方利益博弈最大公约数的基础上,方可保证价格决策的科学、合理与可执行。再如,社会资本在运营城市污水处理业 PPP 项目的过程中,应按照排污许可的要求,充分披露各项污染物排放信息,包括排污口的设置,污染物排放的种类、数量、浓度,排放方式和排放去向等,这样既方便政府对其运营质量的"全时间、无死角"监管,又便利社会公众对其运营质量的"全时间、无死角"监督。双管齐下始终把运营质量置于阳光下,切实保障社会公众的环境权益得到实现。又如,政府信息的公开与透明是建设责任政府、防止政府权力异化的前提条件和基本保证。在 PPP 项目中实现问责信息公开,就是要建立权力清单制。[1] 具体到污水处理 PPP 项目中,政府的权力边界在哪里,政府的职责义务有哪些,都应该充分公开,这样才能保障社会公众的知情权,尤其是充分保护私人部门的合法权益不至受到侵害。

(三)公益性

根据《指导意见》的规定,"提升公共服务的供给质量和效率,实现公共利益最大化"。公益性意味着政府与社会资本在终极目标的追求上是一致的。具体到城市污水处理领域,社会资本要通过成本控制、技术工艺调整等不断提升供给质量和效率,以经济绩效的提升带动环境绩效的实现并达至社会公共利益的最大化。政府不仅要通过被动性的事后监管对社会资本的行为予以规制,而且要通过主动性的事前预防对风险进行管控,以减少风险发生给社会公共利益造成的现实损害。比如,在城市污泥的处理处置中,一方面,政府应通过统一大数据监管平台和设施的采购建设,为污泥集中处理处置链条形成闭环运行提供物质基础和载体;另一方面,政府应通过规划、土地管理等手段和措施,为污泥集中处理处置设施建设预留和指示场地,以保证社会资本运营的污水处理 PPP 项目产生的污泥有安全稳定的消纳去处。因此,在 PPP 模式下,政府虽然可以退出准公共物品的直接供给,但是,在公益性的要求下,政府仍应主动作为,通过

[1] 参见王超:《经济法视域下 PPP 模式中社会公共利益保护的政府职责》,载《安徽大学学报(哲学社会科学版)》2021 年第 5 期。

事前预防措施的采取和事中事后的严格监管,在提升公共服务的供给质量和效率中,始终扮演维护社会公共利益坚强后盾的角色,坚决避免推卸责任的现象出现。

三、城市污水处理业 PPP 模式可运营性的体系化解构

由城市污水处理业 PPP 模式的公共性所决定,基于政府与社会资本所承担的不同的职责和义务,围绕可运营性展开的制度设计应涵盖利益调节与责任分配两个制度。

(一)利益调节制度

利益调节制度即通过价格、财税、项目融资等制度设计,以激励性手段来调节利益分配格局,实现促进社会资本提高运营效率、高质量供给准公共物品的目的。社会资本的逐利性特征决定,其投资建设运营污水处理 PPP 项目追逐的是投资回报,选择合适的技术工艺、管理体制和运营模式,控制动力、劳动力等成本最大限度地降低运行费用并扩大利润空间,是其始终关注的重点。因此,价格调节是为了保证社会资本运营,获得合理、充足、稳定的现金流。税收优惠是为了保证社会资本能够在部分受让依据基准税制取得的税收利益中获得利益,以减轻运营成本并扩大其利润空间。项目融资是为了保证社会资本通过相应的融资渠道,顺畅、便捷地为项目正常运营和扩容筹措资金。价格调节、税收优惠、项目融资三者相辅相成。利益调节的目的就是要促导社会资本努力提高项目运营的经济绩效;经济绩效得到提升,社会资本对个体利益的追求在"保本微利"的前提下得到满足,污水处理 PPP 项目的运营就会稳定持续向前推进,则社会公共利益的实现就有了前提和保障。

(二)责任分配制度

责任分配制度即紧紧围绕质量控制,借助科学合理的责任分配,实现对社会资本供给准公共物品质量的监督管理制度。值得注意的是,由于城市污水处理属于环境保护领域,此处的质量控制,其实质是政府对城市污水处理、污泥处理处置和再生水利用的质量依据国家和地方规定的标准严格考核,其目的是把

污染物的排放控制在环境容量的可承载范围之内，保证社会公众获得良好的水环境质量。具体而言，就是污水处理 PPP 项目在运营中，必须实现国家和地方对 COD、氨氮、总氮、总磷、SS 等水污染物排放的削减控制要求。当然，达标排放的实现，有赖于各个法律关系主体之间公平地分担责任，尤其要考虑到污水处理 PPP 项目处于城市污水处理链条的末端，运营 PPP 项目的社会资本具有“排污者”与“治污者”的双重身份。在城市污水处理链条运行的全过程中做到各负其责不至出现推卸责任现象，是责任分配制度必须回答的核心问题。责任分配的目的就是监督社会资本通过项目运营实现环境绩效。环境绩效得到实现，不但 PPP 项目不至因损及社会公共利益而被临时接管，而且政府也可以兑现其向社会公众承诺的准公共物品供给的公共任务，则社会公共利益的实现就有了可量化评判的依据和坚实的支撑。

总的来说，利益调节制度和责任分配制度共同建构了城市污水处理业 PPP 模式的法律制度体系。利益调节的目的是提高城市污水处理业 PPP 模式运营的经济绩效，保证社会资本个体利益的实现，为社会公共利益的实现提供前提和保障。责任分配的目的是实现城市污水处理业 PPP 模式运营的环境绩效，环境绩效若得以实现则社会效益也就得到了彰显，社会公共利益的实现也就有了可量化评判的依据和坚实的支撑。有了利益调节和责任分配作为支柱，城市污水处理业 PPP 模式就可在“可运营性”的落实中很好地协调个体营利性与社会公益性之间的矛盾，[1] 真正回归 PPP 制度目标的初心使命——公共性。

第二节　城市污水处理业 PPP 模式可运营性的实践检视

城市污水处理业 PPP 模式具备可运营性，利益调节制度和责任分配制度驱动其落地实施。鉴于利益调节制度的目的是实现经济绩效，责任分配制度的目的是实现环境绩效，厘清经济绩效与环境绩效的实践现状，对于找出运行中存在的问题、建立问题与法律制度完善之间的关联性是大有裨益的。近年来，我

---

〔1〕［英］达霖·格里姆赛、［澳］莫文·K. 刘易斯：《公私合作伙伴关系：基础设施供给和项目融资的全球革命》，济邦咨询公司译，中国人民大学出版社 2008 年版，第 1～3 页。

国城市污水处理业发展迅速,城市污水处理厂的数量已经从 2007 年的 1205 座增长到 2019 年的 5462 座,增长了 354%,无论是城市污水处理能力还是城市污水处理率均节节攀升。在“量”提升的同时,“质”也受到越来越多的关注。我国自 1998 年合肥王小郢污水处理厂首次引入 PPP 模式后,城市污水处理厂已经逐渐形成了 PPP 模式、国有独资、国有控股、国有事业单位、集体所有制、全民所有制等多种管理模式并存的格局。在这一背景下,本研究需要运用数据处理与分析方法,对收集的城市污水处理业运营数据进行分析,对经济绩效和环境绩效展开综合绩效评价,对以下问题进行回答:采用不同管理模式的城市污水处理厂的环境绩效与经济绩效如何?PPP 模式对比非 PPP 模式,在环境绩效与经济绩效上是否有比较优势?PPP 模式是否完美地实现了环境绩效与经济绩效的双赢?

需要说明的是,目前学术界大多采用绩效指标评价法、数据包络分析法、随机前沿函数分析法、灰色关联分析法等方法来评价污水处理厂的运行效率。数据包络分析法是 20 世纪 80 年代由美国学者查恩思等人提出的一种效率评估方法,在多投入、多产出分析方面具有优越性。在规模收益不变的情况下,CCR 模型可以衡量污水处理厂的整体效率,实现对污水处理厂经济绩效与环境绩效的兼顾。BCC 模型可以对污水处理厂整体效率的影响因素进行深入分析,在规模收益可变的情况下,整体效率被 BCC 模型分解成两个部分,即技术效率和规模效率。因此,本节对于环境绩效与经济绩效特征的归纳,采用的是近年来在数据包络分析法中常用的综合绩效分析的模型和方法。

一、可运营性实践现状的指标数据

(一)指标选取

为尽可能有效地反映出模型对污水处理厂效率评估的有效性与科学性,本研究选择年运行总费用和年累计用电量作为投入指标。年运行总费用可直观反映出各污水处理厂的资本投入以及经济规模。年累计用电量体现了污水处理过程中污染物去除与能耗之间的耦合关系,而且用电量在我国污水处理厂运营总成本中通常占 70%[1]。本研究选择年污水处理量、COD 年削减量、氨氮年削减量作为产出指标。[2] 年污水处理量能够体现出污水处理厂总体的处理能力和规模；COD 是水质监测中最常规的指标，其年削减量反映了污水中有机物的处理效果；氨氮年削减量是判断污水处理中脱氮效果的有效指标。因此，年污水处理量、COD 年削减量、氨氮年削减量能够综合反映污水处理厂的处理效果（见表 1－1）。

表 1－1　样本污水处理厂投入产出指标描述性统计

年份	统计量	投入指标		产出指标		
		年运行总费用/万元	年累计用电量/亿千瓦时	年污水处理量/亿立方米	COD 削减量/万吨	氨氮削减量/万吨
2014	平均值	2048.57	675.84	2344.00	291.45	27.06
	最大值	20,910.76	7646.29	33,244.73	666.90	63.90
	最小值	60.00	0.69	2.30	55.91	0.10
	标准差	3256.29	1068.66	4211.93	128.34	11.79
2015	平均值	1780.32	611.67	62,085.52	264.04	26.66
	最大值	16,195.00	7571.26	3,240,000.00	753.30	54.53
	最小值	90.00	14.31	58.71	66.90	6.46
	标准差	2854.77	1039.29	323,002.82	132.35	11.21
2016	平均值	1624.33	662.51	2061.85	88.00	90.36
	最大值	33,085.00	16,419.50	27,280.80	97.10	99.20
	最小值	60.00	0.02	73.44	65.60	41.30
	标准差	3483.95	1638.81	1440.00	5.93	10.39
2017	平均值	1485.05	605.42	2343.54	89.18	91.83
	最大值	14,936.00	4481.83	18,000.00	100.00	99.25
	最小值	117.00	0.01	108.00	68.18	41.28
	标准差	2254.25	822.91	2870.79	5.43	8.81

[1] 参见佟庆远、孙傅等：《污水处理厂减排效率的统计评价及影响因素分析》，载《中国人口·资源与环境》2019 年第 4 期。

[2] 董传强、成官文等：《贵州省县级城镇污水处理厂运行有效性评价——基于 DEA 模型》，载《工业安全与环保》2015 年第 10 期。

(二)评价对象

本研究选取了全国 117 个污水处理厂 2014 ~ 2017 年的数据样本作为评价对象,共涵盖 PPP、国有独资、国有控股、国有事业单位、集体所有制、全民所有制六种不同的管理模式。在六种管理模式中,PPP 模式占比最大,占总样本数据的 39%,有 46 个污水处理厂;非 PPP 模式有 71 个,占总样本数据的 61%。其中,国有独资模式占总样本数据的 33%,国有控股模式占总样本数据的 12%,全民所有制模式占总样本数据的 11%,国有事业单位模式占总样本数据的 4%,集体所有制模式占总样本数据的 1%(见图 1 - 2)。

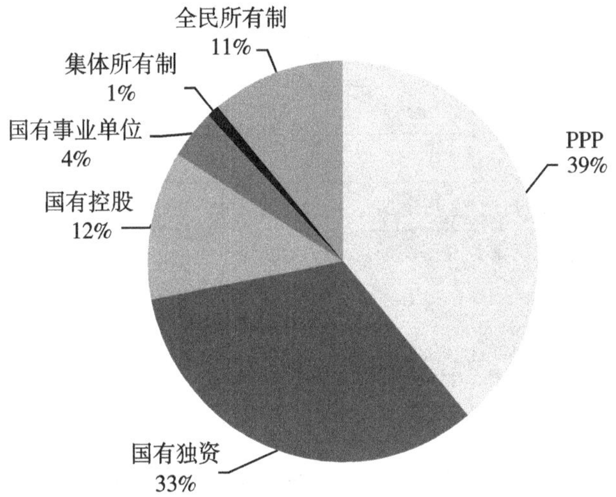

图 1 - 2　不同管理模式的污水处理厂在总样本数据中的占比

二、可运营性实践现状的分析结果

本研究运用共同前沿法以及 CCR 模型、BCC 模型,对 2014 ~ 2017 年全国 117 个污水处理厂的投入产出指标体系进行了测算分析。

(一)效率分析结果

本研究将全国 117 个污水处理厂各指标的运行数据代入 DEA 模型中进行运算,得到了污水处理厂不同年份的综合技术效率、纯技术效率、规模效率(见

表1－2、表1－3)。

表1－2 2014～2017年共同前沿面下污水处理厂效率评价

项目	效率值				均值
	2014 年	2015 年	2016 年	2017 年	
综合技术效率	0.629	0.295	0.366	0.443	0.433
纯技术效率	0.735	0.440	0.697	0.706	0.645
规模效率	0.860	0.718	0.544	0.641	0.691

表1－3 2014～2017年群组前沿面下污水处理厂效率评价

管理模式	项目	效率值				均值
		2014 年	2015 年	2016 年	2017 年	
PPP 模式	综合技术效率	0.689	0.414	0.449	0.620	0.543
	纯技术效率	0.765	0.571	0.795	0.842	0.743
	规模效率	0.896	0.743	0.590	0.742	0.743
非 PPP 模式	综合技术效率	0.692	0.325	0.531	0.467	0.504
	纯技术效率	0.805	0.450	0.771	0.754	0.695
	规模效率	0.861	0.765	0.703	0.643	0.743

在共同前沿面下,各污水处理厂2014～2017年的综合技术效率均值为0.433,纯技术效率均值为0.645,规模效率均值为0.691,未达到DEA有效。说明污水处理厂在资源配置、资源使用绩效以及管理水平等方面仍需优化,污水处理厂的整体效率水平亟待提升。2014年污水处理厂的效率相较其他年份最高,其综合技术效率、纯技术效率和规模效率依次分别为0.629、0.735和0.860,表明2014年的污水处理规模、技术选择以及污水处理设施都较为完善,尤其是污水处理厂的规模较适合当年的实际情况;2015年污水处理厂的效率最低,仅有0.295,从实证数据来看,纯技术效率仅为0.440,纯技术效率的降低导致综合技术效率下滑严重。此外,污水处理设施的投入成本费用不尽合理,超出正常管理运营的合理成本,应优化投入要素配比;2016年的规模效率是4年当中最低的,表明2016年属于规模效率约束的年份,污水处理的规模偏小,应适当根据每年不同的社会需求扩大污水处理规模;2017年的综合技术效率较上一年上涨了0.077,纯技

术效率和规模效率较上一年也有所提升,表明 2017 年各城市的污水处理厂的经营管理水平有所提高,处理规模也比较符合当年实际。其中,有 22.4% 的污水处理厂的规模效率达到了 DEA 有效。2017 年较 2016 年综合技术效率虽然有所提升,但仍未达到 DEA 有效。总的来看,我国各城市的污水处理厂在要素配置、管理水平、技术创新以及扩大规模等方面仍具有很大的提升潜力。

在群组前沿面下,本研究将污水处理厂按照运营模式分为 PPP 模式和非 PPP 模式两个群组。从群组前沿面下的污水处理厂效率评价来看,每一年污水处理效率的变动趋势和共同前沿面下的变动趋势保持一致,群组前沿面下的综合技术效率、纯技术效率以及规模效率均比共同前沿面下相对应的效率值有所提高。这是由于 DEA 效率测算法是相对效率评价,GTE 的提高是共同前沿面上各决策单元重新分组导致的组内前沿边界趋同的结果,说明了 PPP 模式和非 PPP 模式技术水平的差异,采用 Meta-frontier 方法测算污水处理厂效率是十分必要的。

具体来看,PPP 模式下污水处理厂的综合技术效率高于非 PPP 模式。PPP 模式下的综合技术效率为 0.543,纯技术效率为 0.743,规模效率为 0.743,而非 PPP 模式下的综合技术效率为 0.504,纯技术效率为 0.695,规模效率为 0.743。从数据的对比中可以发现,在城市污水处理业中引入 PPP 模式后,PPP 模式自身的优势确实对城市污水处理业的发展起到了强大的助推作用:首先,PPP 模式有助于消除城市污水处理业自然垄断属性下存在的人浮于事、效率低下、缺乏创新等固有弊端。其次,PPP 模式有助于发挥社会资本在资金、技术、人力资源等方面的优势。通过竞争性选择机制选定的社会资本方一般拥有核心技术以及专业化的运营团队,而且为了追求经济绩效的最大化,社会资本方大多会发挥自身的优势将投入产出比尽可能地做到极致。最后,PPP 模式有助于提高污水处理厂的资源配置效率、提高污水处理产品和服务的供给质量和效率。当然,从数据来看,虽然 PPP 模式在综合技术效率上具有比较优势,但其也未达到 DEA 有效。这说明这些污水处理厂在运营成本控制、设施规模匹配和技术工艺水平等方面仍需优化。值得注意的是,影响运营成本控制的因素除了用电量等能源费用外,最为重要的是药剂投加。之所以在药剂投加上费用不菲,主要是因为上游排污单位排放进污水处理厂的“进水”水质不佳。另外,设施规模匹配是指污水排放量和污水处理设施及管网以及污水处理厂的处理能力相互之间是否匹配。一方面,如果污水处理设施及管网无法做到对排污单位的全覆盖、全收集，则污水处理厂的运行负荷可能存在浪费；另一方面，如果上游排污单位排放的污水“量”和“质”任何一方超过污水处理厂的运行负荷，都将导致污水处理厂出现运行障碍甚至瘫痪。二者最终都会体现在污水处理厂的运行效率值未达到 DEA 有效。

（二）技术缺口比率分析结果

在对不同运营模式下污水处理厂的共同技术效率及群组技术效率测算的基础上，本研究采用技术缺口比率分析不同运营模式下的污水处理效率差异。根据图 1－3 显示的数据，通过将 2014～2017 年的数据进行加总后取平均值进行计算可知，PPP 模式下和非 PPP 模式下的平均技术缺口效率值分别为 0.7888 和 0.8636，说明不同运营模式下现实技术水平与潜在最佳技术水平存在差异，分别有 21.12% 和 13.64% 的提升空间。在 2014 年和 2016 年，PPP 模式下污水处理厂的技术缺口比率高于非 PPP 模式下的污水处理厂，说明在这两年中，PPP 模式的群组生产效率水平与共同前沿面下的生产效率水平更为接近，其技术前沿水平较高。而在 2015 年和 2017 年，PPP 模式下污水处理厂的技术缺口比率低于非 PPP 模式下的污水处理厂，说明在这两年，PPP 模式的群组技术水平较整体水平稍有落后。之所以会出现上述情况，可能是因为绩效考核的复杂性和系统性，PPP 模式下污水处理厂的绩效管理体系尚未成熟，导致管理效果大打折扣。如果继续从管理角度找寻原因，污水处理费的定价是否合理、污水处理服务费的核定与支付是否及时、城市污水处理厂污染物排放标准与污水处理工艺负荷是否匹配等，都可能成为影响技术前沿水平的因素。

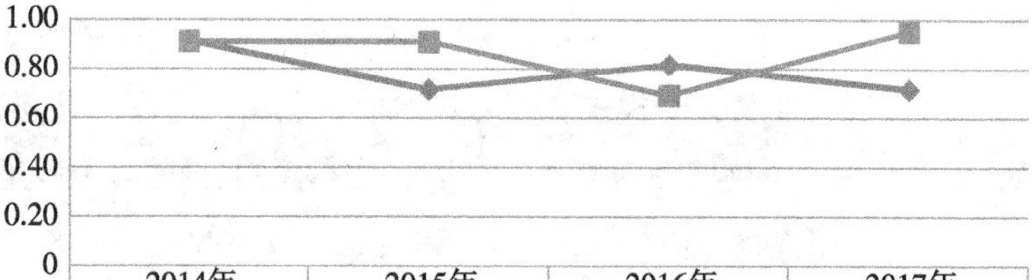

	2014年	2015年	2016年	2017年
PPP模式	0.9129	0.7126	0.8151	0.7145
非PPP模式	0.9090	0.9077	0.6893	0.9486

图 1－3　2014～2017 年 PPP 模式和非 PPP 模式下污水处理厂的技术缺口比率

第三节　可运营性实践现状与法律制度完善之间的关系定位

采用数据包络分析法中常用的综合绩效分析的模型和方法,对指标数据进行分析和评价的目的,是尽可能客观地呈现城市污水处理业 PPP 模式可运营性的实践现状,并对其结果进行分析,建立绩效评价与法律制度完善之间的关联性,为后续法律制度完善的探讨奠定前提和基础。

一、可运营性实践现状的结论与分析

(一)可运营性实践现状的结论

本研究结合 Meta-frontier 方法和 CCR 模型、BCC 模型准确测算了 2014～2017 年我国 PPP 模式和非 PPP 模式下各城市污水处理厂的综合效率与动态趋势。对不同技术水平下污水处理厂共同边界技术效率、组群技术效率和组群之间的技术落差进行了测算,为建立污水处理综合效率的提升与法律政策的精准管理施策之间的联系提供了科学依据。研究发现:

(1)在共同前沿面下,样本污水处理厂 2014～2017 年的技术效率值(包括综合技术效率均值、纯技术效率均值、规模效率均值)均未达到 DEA 有效,说明样本污水处理厂在资源配置、资源使用绩效以及管理水平等方面仍需优化,污水处理厂的综合效率水平亟待提升。

(2)从群组前沿面下的样本污水处理厂效率评价来看,群组前沿下的综合技术效率、纯技术效率以及规模效率均比共同前沿面下相对应的效率值有所提高,PPP 模式下污水处理厂的综合技术效率高于非 PPP 模式。

(3)PPP 管理模式下与非 PPP 管理模式下的平均技术缺口效率值分别为 0.7888 和 0.8636,说明不同管理模式下现实技术水平与潜在最佳技术水平存在差异,分别有 21.12% 和 13.64% 的提升空间。

(二)可运营性实践现状的结论分析

从可运营性实践现状的结论来看,城市污水处理业 PPP 模式在技术效率上虽然总体优于非 PPP 模式,但仍存在较大的提升空间。从具体数据来看,无论是综合技术效率值、纯技术效率值还是规模效率值均未达到 DEA 有效,说明在运营成本控制、设施规模匹配等核心要素上均存在进一步优化的空间。这些优化在环境绩效和经济绩效上有着不同的表现。

其一,在环境绩效方面,设施规模是否匹配会对水污染物的削减效率产生影响,能源消耗和药剂投加则是关乎运营成本控制的主要因素。

首先,设施规模匹配意味着污水排放量及浓度、污水处理设施及管网、污水处理厂的运行负荷三者之间要实现匹配。设施规模匹配对水污染物削减效率影响很大。结合现有研究来看,污染物削减情况与污染物削减率密切相关,而污染物削减率主要与化学需氧量进水浓度相关。我国城市污水处理厂的化学需氧量进水浓度偏低主要与污水收集管网的建设与质量相关。进水浓度偏低的原因有三点:一是部分污水处理厂接纳了工业企业处理后的低浓度污水继续处理;二是污水收集管网可能配套不完善,覆盖面不全,收集的水量不足;三是污水收集管网可能存在渗漏。[1] 此外,污水处理 PPP 项目上游排污单位私设暗管、不定时偷排等违法行为和我国许多城市还处于城市污水排放从“合流制”向“分流制”过渡的过程之中,造成污水处理 PPP 项目的进水水质超标的情况。然而,各地方一再提高污水处理 PPP 项目的出水水质标准,因为固定证据和污染源回溯困难,造成污水处理 PPP 项目代人受过的窘境。

其次,影响运营成本控制的主要因素是能源消耗[2]和药剂投加。污水处理 PPP 项目的运营成本一般包括能源消耗、药剂投加、设备运营维护、消毒、污泥处理处置和企业日常管理等组成部分。近年来,随着地方对污水处理 PPP 项目的出水水质标准要求日趋严格,尤其一些地方对污水处理 PPP 项目盲目提标,造成药剂成本已经超过了能源消耗成本,成为影响成本控制的首要因素。

---

[1] 陈敏敏、吴琼等:《我国城镇污水处理厂环境绩效评价研究》,载《环境科学研究》2020 年第 12 期。

[2] 参见买亚宗、卢佳馨等:《城镇污水处理设施运行效率及其规模效应研究》,载《中央财经大学学报》2016 年第 4 期。

目前,城市污水处理厂的药剂大部分为污泥脱水机使用的聚丙烯酰胺的或污泥板框压滤机脱水用的三氯化铁及氧化钙,说明污泥处理处置在城市污水处理厂的成本构成中所占的比重很大。如果污水处理 PPP 项目的运营者要在污泥处理处置的全过程中承担全链条责任,那么势必成本控制难度会成倍增加。

其二,在经济绩效方面,支撑设施规模匹配的基础是充足、稳定的现金流和金融机构的融资支持。实现运营成本的控制则有赖于税收优惠的支持。

首先,充足、稳定的现金流有赖于城市污水处理价格机制运转是否顺畅。城市污水处理价格机制包括定(调)价机制和项目收入分配。前者是指以城市污水处理费为表现的定价是否能够覆盖现状排放标准下的全部城市污水治理成本,[1]即既包括城市污水收集环节又包括城市污水处理环节。后者是指从用水户处征收上来的城市污水处理费经过核定,以城市污水处理服务费为表现向污水处理 PPP 项目的运营者的拨付是否及时到位。从目前来看,城市污水处理费无法覆盖全部城市污水治理成本,城市污水处理服务费的拨付也不能全部做到及时到位。[2] 因此,支撑现金流的基础并不稳固。此外,城市污水处理价格机制运转不畅影响了项目融资。鉴于污水处理 PPP 项目的"重资产"属性,以及城市污水排放量的日益扩大,需要金融机构的介入帮助筹措大量资金以扩大设施规模。然而,支撑现金流的基础不稳,造成金融机构缺乏融资意愿。加之污水处理 PPP 项目的公益属性,金融机构无法通过主张担保物权实现投资收益。因此,污水处理 PPP 项目时常陷入融资困境,牵绊了设施规模的匹配。

其次,实现运营成本的控制有赖于税收优惠的支持。污水处理 PPP 项目提供的是准公共物品,具有鲜明的公益性特征。只有充分享受税收优惠带来的红利,才能扩大利润空间并夯实充足、稳定现金流形成的基础。但目前存在以下问题:一是污水处理 PPP 项目的运营期限和现行税收优惠的政策期限不相匹配,[3]造成污水处理 PPP 项目实际上难以享受到税收优惠带来的红利。二是污水处理 PPP 项目享受的税收优惠与环保行政处罚相挂钩,在进、出水水质责任分配不公的情况下,污水处理 PPP 项目很难真正享受到税收优惠。三是一旦

---

〔1〕 参见吴健、陈青:《从排污费到环境保护税的制度红利思考》,载《环境保护》2015 年第 16 期。

〔2〕 参见刘树杰、杨娟等:《完善长江经济带污水治理价格政策研究》,载《宏观经济管理》2019 年第 9 期。

〔3〕 参见向道松:《污水处理 PPP 项目的税收优惠政策研究》,载《现代商贸工业》2021 年第 35 期。

污水处理 PPP 项目因出水水质超标遭受环保行政处罚,不仅会影响税收优惠,还会对城市污水处理服务费的核定、拨付产生影响,其实质是进一步抽空了充足、稳定现金流的形成基础,然后传导给项目融资,形成恶性循环。

二、提升可运营性的实现程度是法律制度完善的基本导向

从可运营性实践现状分析可知,城市污水处理业 PPP 模式无论是在经济绩效还是环境绩效上均未达到 DEA 有效,存在进一步优化的空间。这种优化不仅需要从技术层面、经济层面和管理层面采取措施,还需要通过完善顶层制度设计,借助法律制度的保障以达至兼顾并提升两种绩效最终实现 PPP 模式公共性的目的。从根本上说,可运营性实践现状与法律制度完善之间的关联性,就是要把城市污水处理业 PPP 模式可运营性的法学表达、法学特征与体系化解构,与可运营性实践现状结合起来,完成法律制度完善前提和基础的证成。

(一)环境绩效优化与法律制度完善的关联性

从前文分析结果来看,运营成本控制和设施规模匹配等核心要素在环境绩效上的表现的核心,是在包括城市污水处理、污泥处理处置和再生水利用等在内的城市污水处理全链条中呈现的责任分配问题。具体而言,城市污水处理中责任分配的核心,是围绕 PPP 污企的出水水质是否达标,上游排污单位、PPP 污企、政府有关主管部门之间的责任分配是否兼具合法性与合理性。污泥处理处置中责任分配的核心,是围绕污泥达标处理处置,PPP 污企、污泥运输单位、污泥处理单位、污泥处置单位、政府有关主管部门之间的责任分配是否兼具合法性与合理性。再生水利用中责任分配的核心,是围绕再生水是否达标利用,PPP 污企、再生水利用单位、政府有关主管部门之间的责任分配是否兼具合法性与合理性。实现了责任分配的合法性与合理性,城市污水处理全链条中所涉及的各个法律关系主体,就可以按照各自分工、凝心聚力地一起为实现环境绩效的最优而工作。“达标”的结果是城市水环境质量得到持续改善,则社会公共利益的实现也就有了保障,PPP 的公共性因此可得实现。

责任分配是否兼具合法性与合理性,首先需要基本原则的指引,因为基本

原则是介于法律理念和具体的法律规则之间的中间环节或纽带。[1] 有了基本原则,具体规则的体系构建才会有重要基础与基本统领。鉴于城市污水处理业属于环境保护领域,理应以环境法的基本原则为方向和指引谋定实现环境绩效具体规则的完善。其次,在具体规则的完善中,应该紧紧围绕"达标",搞清楚城市污水处理业 PPP 模式实际运行的实然情形与现有法律规定下的应然情形之间是否存在规制错配。若存在规制错配,其根本原因和现实表征是什么,这样才可为兼具合法性与合理性的制度完善扫清障碍、铺平道路。

(二)经济绩效优化与法律制度完善的关联性

从前文分析结果来看,运营成本控制和设施规模匹配等核心要素在经济绩效上的表现的核心,是在支撑污水处理 PPP 项目持续、稳定具有可运营性中呈现的利益调节问题。具体而言,就是能否通过激励性或诱导性措施,实现对相关利益主体的行为调节,在保障准公共物品生产与供给的前提下,满足其作为经济人对个体利益最大化的价值期许,实现"保本微利"。值得注意的是,之所以是"保本微利"而不是"保本暴利",恰恰是由 PPP 模式所具有的公共性特征所决定的。换句话说,通过 PPP 模式引入社会资本,帮助政府履行其向社会公众承诺的准公共物品的供给职责,其目标并不简单是个体利益的最大化,而是在社会公共利益最大化下对个体利益的适度见照。因此,利益调节制度构建的目的并不是简单地实现经济绩效的最大化,而是借助经济绩效的优化支撑环境绩效的优化。实现了利益调节的合法性与合理性,私人部门可以从污水处理 PPP 项目的运营中获得充足、稳定的现金流和收益,则社会资本与政府合作的基础就可得以夯实,社会公共利益的实现就多了一重物质保障。

利益调节是否兼具合法性与合理性,仍然需要基本原则的指引。值得注意的是,无论是价格调节、税收调节还是项目融资金融调节,都应关注以上利益调节制度对绿色发展的关照和保障。[2] 更为确切地讲,在以价格法基本原则、税法基本原则、金融法基本原则为指引进行的具体规则的构建中,应注意因应城

---

〔1〕 参见史际春主编:《经济法》,中国人民大学出版社 2015 年版,第 70 页。

〔2〕 参见薛前强、张迪:《经济法视域下低碳经济的保障与发展——迈向"低碳经济法"的多维进路》,载《经济论坛》2022 年第 2 期。

市污水处理业自身的特点,注意基本原则对生态环境保护的回应。首先,在城市污水处理价格机制的完善中,要协调好 PPP 污企、政府有关主管部门、社会公众等主体的利益关切。考虑到城市污水处理的公益性特征,城市污水处理价格是政府有关主管部门根据社会平均成本制定出来的,[1]那么,定(调)价的标准、依据、基础、程序是否存在问题,项目收入分配的运转是否顺畅,就理应成为关注的重点。否则,社会资本就难以获得支撑项目可持续运营的充足、稳定的现金流。其次,在项目融资机制的完善中,要协调好 PPP 污企、金融机构、政府有关主管部门等主体的利益关切,找到污水处理 PPP 项目融资困局的症结,明确界定和完善融资机构和政府介入权的行使条件,使社会资本能够借助于金融机构的助力,实现与污水排放量匹配的设施规模扩充,提高运营的经济绩效。最后,在税收优惠的完善中,要协调好 PPP 污企与政府有关主管部门等主体的利益关切。从实体和程序两个层面探究影响社会资本获得税收优惠红利的"痛点"、"难点"和"堵点",在此基础上完善制度,使税收优惠真正能够助力社会资本实现运营成本控制、提高经济绩效的目标,进一步夯实充足、稳定现金流的形成基础。

三、利益调节、责任分配是法律制度完善的核心要点

城市污水处理业 PPP 模式法律制度的完善,要兼顾环境绩效与经济绩效,实现 PPP 模式的公共性,在适当兼顾社会资本个体利益的情况下追求社会公共利益的最大化。因此,因应环境绩效优化的责任分配制度和因应经济绩效优化的利益调节制度之间也存在着不容忽视的关联关系。因为责任分配是否兼具合法性与合理性,对于利益调节的实施和效果影响很大。比如,上游排污单位与 PPP 污企之间责任分配不公,前者推卸排污责任造成后者代人受过,则一旦出水水质超标,PPP 污企不仅要受到政府有关主管部门的行政处罚,还会影响其城市污水处理服务费的核定与拨付,对充足、稳定的现金流产生不利影响,进而影响其通过项目融资获得金融机构的支持。除影响价格和项目融资外,因出水水质超标接受行政处罚的事实还会影响 PPP 污企享受税收优惠。在出水水

[1] 参见王俊豪:《城市污水处理行业的竞争机制与标杆价格原理》,载《财贸经济》2013 年第 3 期。

质一再提标和大力度环保行政处罚的前提下，动辄几十万元甚至上千万元的罚款，使得 PPP 污企事实上难以实际享受税收优惠带来的红利。因此，从根本上说，责任分配制度是否兼具合法性与合理性，是展开利益调节制度的前提和基础。只有解决了责任分配制度的构建，利益调节制度才有了托底和保障，法律制度的完善才可兼顾个体利益与社会公共利益，实现环境绩效与经济绩效的优化。

第二章 利益调节的基础

——价格调节与项目收入分配

在价格调节与项目收入分配中，会涉及两种价格，即城市污水处理费与城市污水处理服务费（见图 2－1）。城市污水处理费属于政府定价，由政府及有关主管部门按照“污染者付费”原则制定和调整，委托公共供水企业在收取水费时一并按用水量代征后缴入国库[1]，其征缴面向的群体是向城市排水与向污水处理设施排放污废水的单位和个人（以下简称缴纳义务人）。缴入国库的城市污水处理费与地方财政补贴资金统筹使用，用于向提供城市排水与污水处理服务的单位[2]支付服务费；城市污水处理服务费属于合同价格，是由政府有关主管部门根据 PPP 污企的运营绩效核定与分配。核定依据包括以下两个：一是 PPP 污企履行其与城市排水主管部门签订的污水处理 PPP 合同；二是包括生态环境主管部门、城市排水主管部门在内的行政主管部门对 PPP 污企出水水质和水量的监督检查结果。一旦 PPP 污企出现出水水质超标、擅自停止运营等影响环境绩

---

[1] 有的地方规定由供水企业直接缴入国库，有的地方规定由排水主管部门征缴入库。

[2] 根据《关于政府参与的污水、垃圾处理项目全面实施 PPP 模式的通知》（财建〔2017〕455 号），此处提供城镇排水与污水处理服务的单位实际上就是采用 PPP 模式的污水处理厂，即前文中所界定的“PPP 污企”。

效的情形时,政府有关主管部门就会通过扣减甚至停止支付城市污水处理服务费而实现干预项目收入分配的目的。反之,如若政府有关主管部门无正当理由拖延甚至拒绝支付城市污水处理服务费,也会窒碍项目收入的分配进而动摇政府与社会资本合作的基础。

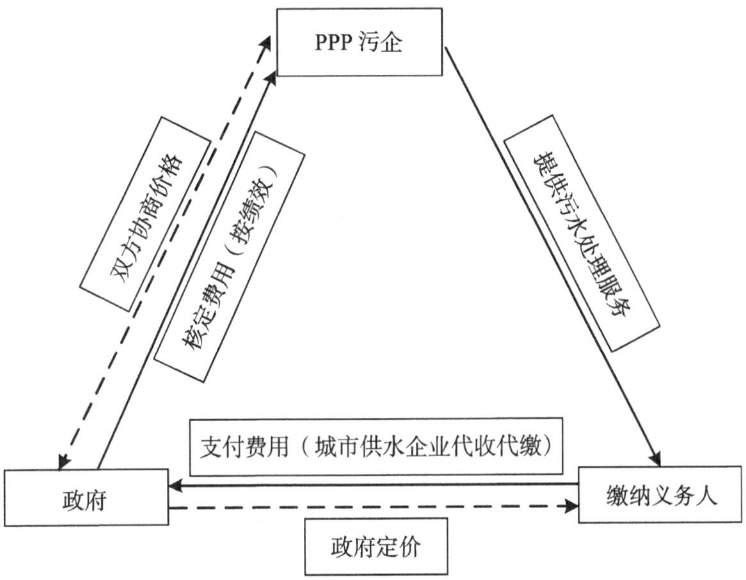

图 2-1 城市污水处理两种价格

因此,城市污水处理费主要牵涉的是定(调)价机制的构建,而城市污水处理服务费主要牵涉的是项目收入分配的完善。值得注意的是,由于城市污水处理中不可避免地会产生污泥,根据“污染者付费”原则,污泥的处理处置费用也理应纳入城市污水处理费定(调)价机制的构建中。此外,再生水价格是否与城市污水处理价格一样执行政府定价值得考量。因为再生水兼具“准公共物品”和“私人物品”的双重属性,根据应用领域的不同,应做出区别对待,这样才更符合实际需要,也可为社会资本方运营的 PPP 污企找到新的项目收入来源,更好地实现价格杠杆对其运营的激励和调节作用。

第一节 定(调)价机制的现状及法律问题

关于城市污水处理费,目前有一个由法律、行政法规、部委规章、行政规范性文件构成的制度体系。制度体系对征收目的、征收主体、征收依据、实施管理等作出了相应规定(见表2-1)。定价是指政府价格主管部门依法制定实行政府定价的污水处理价格以及定价机制的行为。与定价不同,调价实际上牵涉两种价格的调整:一种是城市污水处理费的价格调整,即政府价格主管部门依法调整实行政府定价的城市污水处理价格的行为。另一种是城市污水处理服务费的价格调整,即根据政府及其委托的公共机构与 PPP 污企签订的污水处理 PPP 合同中的调价条款,对城市污水处理服务费进行价格调整的行为。

表2-1 我国现行有关城市污水处理费的制度体系

位阶	名称	内容
法律	《水污染防治法》(2017年修正)第49条	缴纳主体:排污者。 收费主体:城镇污水集中处理设施的运营单位。 用途:城镇污水集中处理设施的建设运行和污泥处理处置。
行政法规	《城镇排水与污水处理条例》第33条	管理:纳入地方财政预算管理。 用途:同《水污染防治法》。 收费标准:不应低于城镇污水处理设施正常运营的成本;不足的,由地方人民政府给予补贴。
部门规章	《污水处理费征收使用管理办法》(财政部、国家发展改革委、住房和城乡建设部)(2014年)	收费原则、缴纳主体、用途、性质、征收缴库(征收范围、缴纳义务人、计征依据、征收标准、征缴入库、汇算清缴)、使用管理(用途、服务费的核定、支付、扣减和预决算管理)、法律责任。

续表

位阶	名称	内容
其他规范性文件	《关于制定和调整污水处理收费标准等有关问题的通知》(发改价格〔2015〕119号)(国家发展改革委、财政部、住房和城乡建设部)	合理制定和调整收费标准、加大污水处理费收缴力度、实行差别化收费政策、鼓励社会资本投入、确保配套措施落实到位、做好信息公开和宣传。
	《关于创新和完善促进绿色发展价格机制的意见》(发改价格〔2018〕943号)(国家发展改革委)	建立城镇污水处理费动态调整机制、建立企业污水排放差别化收费机制、建立与污水处理标准相协调的收费机制、探索建立污水处理农户付费制度、健全城镇污水处理服务费市场化形成机制。
	《关于完善长江经济带污水处理收费机制有关政策的指导意见》(发改价格〔2020〕561号)(国家发展改革委、财政部、住房和城乡建设部、生态环境部、水利部)	严格开展污水处理成本监审调查、健全污水处理费调整机制、加大污水处理费征收力度、推行污水排放差别化收费、创新污水处理服务费形成机制、降低污水处理企业负担、探索促进污水收集效率提升新方式。
	《"十四五"黄河流域城镇污水垃圾处理实施方案》(发改环资〔2021〕1205号)(国家发展改革委、住房和城乡建设部)	按照补偿污水处理和污泥无害化处置成本且合理盈利原则,制定城镇污水处理收费标准并动态调整,调整到位前,政府应按规定给予补贴。鼓励以招标等市场化方式确定污水处理服务费水平。

注:根据有关法律法规和行政规范性文件整理而得。

一、定(调)价机制的运行现状

(一)城市污水处理费难以覆盖定价成本

目前我国使用的是成本加成定价原则,无论是理论上的定价模型还是实际定价方式,都把成本作为影响价格的一个重要因素。[1] 现行的城市污水处理

[1] 参见郭丹:《准公共产品定价机制的理论思考》,载《经济体制改革》2014年第6期。

费制度也明确要求,城市污水处理费的收费标准不低于城市污水处理设施正常运营的成本。那么,实践中能否实现呢?从现有研究来看,几乎在每一个城市污水处理价格制度调整的节点上,学者们都采取了定性和定量相结合的研究方法展开了实证研究。

其一,在 2015 年年初制定发布《关于制定和调整污水处理收费标准等有关问题的通知》后,有的学者采用成本—收益模型,选取全国东、中、西部 227 个污水处理厂为样本,估算这些样本的运营成本及其结构,分析其地区差异与执行标准的关系,结果显示污水处理厂的运营成本普遍高于污水处理费征收标准,当前污水处理费普遍可以覆盖污水处理厂的运行成本,但未能覆盖全部运营成本。财政补贴在污水处理厂的收入来源占比最大,污水处理费占比小,其对于居民和工业企业同时存在补贴情况。[1]

其二,在《关于创新和完善促进绿色发展价格机制的意见》和《关于完善长江经济带污水处理收费机制有关政策的指导意见》制定发布后,有学者对城市污水处理费负担水平进行了研究,结果显示:首先,对比《关于制定和调整污水处理收费标准等有关问题的通知》规定的标准,36 个重点城市中仍有 7 个城市居民污水处理费低于 0.95 元,13 个城市工业污水处理费低于 1.4 元,城市污水处理费调整较为滞后。其次,人均年污水处理费支出占人均可支配收入的比重低于均值的城市多达 17 个,较低的水价使得价格对于用水方式的调节作用极其微弱。工业年污水处理支出占工业成本比重较低。根据《中国城镇排水统计年鉴》选取 17 个省份的 170 座污水处理厂作为研究样本,依据污水处理厂会计成本核算准则对样本污水处理厂各类别成本进行统计分析,结果显示目前中国居民污水处理费无法覆盖现状排放标准条件下的运行成本,工业污水处理费能够覆盖现状排放条件下的运行成本,但无法覆盖运营成本和治理成本。[2] 有学者对 2019 年全国 36 个大中城市的污水处理费与污水处理全成本进行了比较,结果显示普遍存在成本倒挂现象。随着我国近年来污水处理"提标改造"的不断推进,污水处理成本倒挂现象越发加深,大部分城市的污水处理费难以满

---

[1] 参见谭雪、石磊等:《基于污水处理厂运营成本的污水处理费制度分析——基于全国 227 个污水处理厂样本估算》,载《中国环境科学》2015 年第 12 期。

[2] 参见刘康、李涛等:《中国污水处理费政策分析与改革研究——基于污染者付费原则视角》,载《价格月刊》2021 年第 12 期。

足更高标准的需求。[1] 有学者对长江经济带水污染治理价格进行了研究，结果显示污水处理费尚不能覆盖治污成本、中上游欠发达地区提高污水处理费标准的意愿和能力不高、财税政策未能给予有效配合。[2]

由此可见，尽管我国已经建立了城市污水处理价格机制，但现行的城市污水处理费标准难以覆盖污水处理设施运营等成本，且不包括配套管网的运行维护成本。[3] 要真正发挥价格机制在城镇污水处理中的决定性作用，应使城市污水处理费收入稳步接近污水治理的全部成本。因此，污水处理费有较大的提价空间。然而，城市污水处理费的调整并非一个一蹴而就的过程，社会可承受能力、各方利益均衡等因素均应考虑在内，而其中居于基础性地位的不外乎科学的成本核定。因为成本是制定价格的最低经济界限，是为了明确成本是反映生产必要耗费多少与必须补偿数额大小的社会尺度，而成本核定的前提来源于对成本构成的全面认识。

（二）城市污水处理费的价格调整滞后

目前，城市污水处理费的价格调整是由相关部委发布的政策通知驱动的，在运行中存在调价周期较长、调整程序复杂等问题。从现行有关城市污水处理费的行政规范性文件来看，只有《关于制定和调整污水处理收费标准等有关问题的通知》对污水处理收费标准做出了明确调整（见表 2－1），即“2016 年底前，设市城市污水处理收费标准原则上每吨应调整至居民不低于 0.95 元，非居民不低于 1.40 元”。此外，《关于创新和完善促进绿色发展价格机制的意见》《关于完善长江经济带污水处理收费机制有关政策的指导意见》《“十四五”黄河流域城镇污水垃圾处理实施方案》，虽然有调整城市污水处理费的条款，但均为补偿成本且合理盈利的原则性规定，没有明确收费标准数值的规定。从全国部分省会城市 2022 年城市污水处理费收费标准来看（见表 2－2），大部分省会城市

---

〔1〕 参见龙凤、毕粉粉等：《基于污水处理成本全覆盖的价格机制探析》，载《环境保护》2021 年第 7 期。

〔2〕 参见刘树杰、杨娟等：《完善长江经济带污水治理价格政策研究》，载《宏观经济管理》2019 年第 9 期。

〔3〕 参见《关于政协第十三届全国委员会第四次会议第 4879 号（城乡建设类 053 号）提案答复的函》，载中华人民共和国住房和城乡建设部网 2021 年 12 月 30 日，https://www.mohurd.gov.cn/gongkai/fdzdgknr/jyta/202112/20211230_763669.html。

的收费标准刚刚达到《关于制定和调整污水处理收费标准等有关问题的通知》的收费标准,此时已离文件要求的 2016 年年底的价格调整时限过去了 6 年时间。此外,从调价程序来看,按照政策文件的要求,要依法履行污水处理企业成本监审、专家论证、价格听证、听取社会意见、风险评估、合法性审查、集体审议等程序,这些程序的履行无形中也拉长了调价周期。以深圳市为例,从《关于制定和调整污水处理收费标准等有关问题的通知》发布开始酝酿价格调整到 2023 年 8 月 1 日《深圳市发展和改革委员会、深圳市财政局关于调整我市污水处理费有关问题的通知》已历经 8 年时间。

表 2－2　全国部分省会城市 2022 年城市污水处理费收费标准

城市名称	收费标准
哈尔滨市、沈阳市、郑州市、济南市、太原市、合肥市、南昌市、兰州市、西宁市、贵阳市	居民 0.95 元/立方米,非居民 1.40 元/立方米,特种行业 1.40 元/立方米。
长春市	居民 1.35 元/立方米,非居民 2.10 元/立方米,特种行业 0.80 元/立方米。
西安市	居民 0.95 元/立方米,非居民 1.42 元/立方米,特种行业 0.90 元/立方米。
昆明市	居民 1.00 元/立方米,行政事业、工商业、特种行业 1.25 元/立方米。
南京市	2.0 元/立方米。
杭州市	居民 0.95 元/立方米,非居民 1.65 元/立方米,特种行业 1.65 元/立方米。
拉萨市	居民 0.80 元/立方米,非居民 1.60 元/立方米。
南宁市	居民 1.14 元/立方米,非居民和特种行业 1.40 元/立方米。
广州市	居民 1.10 元/立方米,非居民 1.49 元/立方米。
长沙市	居民 1.10 元/立方米,非居民 2.00 元/立方米。

二、定(调)价机制存在的法律问题

(一)"污染者付费"原则未能有效贯彻于定价

从各地制定的城市污水处理费征收使用管理办法来看,"污染者付费、多排污多付费”都被当作基本原则予以规定。该原则实际上是环境法中“损害担责原则”实施的一种表现形式,而将其放置在会计成本核算领域内的表达则是“以支定收”。城市污水处理属于公用事业,其自然垄断属性决定了在特定管网覆盖区域内,只能由特定经营者实施垄断经营。引入可竞争性市场理论、运用特许经营在内的 PPP 模式,是为了破除原有国有企业一家独大带来的弊端。由公用事业特有的公益性特征所决定,无论是外国资本还是民营资本,进入这一领域的经营者只能“保本微利”,但“微利”绝不可等同于“无利”。因为一旦 PPP 污企获得的收益无法覆盖其运营成本就会产生成本外溢,而外溢的结果要么是地方政府通过财政补贴将成本内部化而使财政负担沉重,要么是 PPP 污企不堪重负甚至破产倒闭,最终损及公众赖以生存的环境质量和自身的环境权益。因此,污染者要支付的必须是保证水环境质量不退化所需要的全部而非部分治理成本,即严格意义上说,污染者要支付的应该是覆盖污水治理全成本的污水治理费而非简单意义上的城市污水处理费。

目前城市污水处理费的模式中出现了林林总总的诸多成本概念,然而细加分析就会发现,这些成本的叠加只是为了保证 PPP 污企的运行,即企业能够正常运转起来,距离保证水环境质量不退化所需的污水治理全成本还有相当大的差距。因此,已经有学者对污水治理全成本(以下简称全成本)进行了研究,[1]并指出全成本的识别至关重要,因为当城市污水处理费无法覆盖全成本时,就可能影响政策效果并使公共利益受损。全成本由治理成本、机会成本、外部成本构成。治理成本是指污水处理企业将污水处理到现状排放标准条件下的成本;机会成本是指把一定的经济资源用于投资污水处理所放弃的投资其他行业所带来的收益;外部成本是指生态修复成本和环境损害成本。如果处理后的污水排放仍然会产生环境污染后果,就会产生外部成本。如果进一步对以上三种成本进行解构,就会发现:首先,PPP 污企的全成本是由建设成本和运行成本构成的,其中建设成本主要包括排污管网和污水处理设施的建设成本,运行成本主要包括人工成本、原材料成本、水电费、污泥处理处置成本、维护费、监测化验成本及管理成本和财务成本等。其次,PPP 污企的运营成本是由污水处理设施

---

〔1〕 参见刘康、李涛等:《中国污水处理费政策分析与改革研究——基于污染者付费原则视角》,载《价格月刊》2021 年第 12 期。

的建设成本和运行成本构成的,但不包括排污管网的建设成本。三者之间的关系是:全成本 > 运营成本 > 运行成本。

结合城市污水处理费覆盖定价成本的现状来看,目前生活污水处理费无法覆盖现状排放条件下的运行成本,工业污水处理费能够覆盖现状排放条件下的运行成本,但无法覆盖全成本。鉴于生活污水处理属于公共服务范畴,带有鲜明的"公益性",而工业污水处理属于商业范畴,带有鲜明的"营利性",因此,在生活污水处理费不足以覆盖全成本的条件下,由地方政府补贴带有合理性,对于工业污水则理应支付全成本,而不能任由其成本外溢将负担转嫁给 PPP 污企、地方政府乃至社会公众。此外,无论是城市污水处理设施的建设还是排污管网设施的建设,均未包含在污水处理费中,导致污水管网结构性损伤、渗漏、病害状况十分严重,污水管网效能低下。[1]

(二)作为全成本支付基础的"一头""一尾"并不稳固

所谓"一头",是指居民和工业企业等排水户和排污单位排放进排水管网输送进入 PPP 污企的进水,其水质和水量不仅决定了污水处理厂的运行负荷,还直接影响污水处理厂的运行成本。实际上,PPP 污企运行成本的核定是建构在以下几个因素基础之上的:一是对排水户和排污单位排放污(废)水的全覆盖、全收集;二是排放进入排水管网的污(废)水水质的稳定达标;三是不存在私设暗管、不定时偷排等扰动 PPP 污企进水水质稳定达标的情况。然而,前文中已经提到,在排水管网面临提质增效、排污许可仍需精细化管理、"三率"(污水收集率、污水处理率、污水达标率)有待提高的背景下[2],城市污水处理费覆盖"全成本"并不容易做到。这不仅是因为 PPP 污企要为进水水质的不达标增加额外的成本支出,更是因为如果 PPP 污企的出水水质超标不仅会面临生态环境主管部门的超标排放行政处罚,还会被扣减城市污水处理服务费。[3] 因此,作

---

[1] 参见李爽、章林伟:《我国城镇污水价格机制初探与建议》,载《给水排水》2021 年第 1 期。

[2] 党中央、国务院《关于全面加强生态环境保护坚决打好污染防治攻坚战的意见》指出,要实施城镇污水处理"提质增效"三年行动,加快补齐城镇污水收集和处理设施短板,尽快实现污水管网全覆盖、全收集、全处理。但是,三年行动方案的实施需要时间的积累、资金的支持和成效的验证,不可能一蹴而就。

[3] 这一点可在《污水处理费征收使用管理办法》第 27 条中得到印证。

为“全成本”支付基础的“一头”并不稳固。

所谓“一尾”，是指PPP污企的出水即经过PPP污企处理后排入自然水体的水的水质影响着受纳自然水体的水环境质量状况。我国目前大多数地方执行的用于衡量出水水质的标准是《城镇污水处理厂污染物排放标准》(GB 18918—2002)。该标准是根据当时的管理能力、治理水平和水环境容量确定的，已经和当前的水环境质量状况严重不符。另外，不同流域的水资源分配状况不一，即便是同一流域，其不同区域也会因地理位置和气候因素对水资源的分配产生影响。据此，就需要根据不同区域实际情况和水环境质量标准确定位于相应区域的PPP污企的污染物排放标准，这样才能避免出现“管理上的无污染”而真正达到“环境上的无污染”，此时征收上来的污水处理费才能实现真正意义上的全成本支付。换言之，如果城市污水处理厂污染物排放标准低于水环境质量标准，即使PPP污企达标排放，其出水仍然会污染水环境。即便污水处理费的征收标准能够覆盖全成本，征收上来的资金仍不足以遏制水环境质量的恶化。因此，实际情况是，标准的脱节抽离了全成本支付的基础。在脱节的标准下，即使排污者按照全成本支付了污水处理费，也无法满足污水处理的本源需求，仍然会产生成本外溢问题。因为通过污水治理实现水环境质量的优良和功能的不退化的这一终极目的未能实现，仍然有污染者没有付出与其污染行为相匹配的对价。

(三)成本信息公开制度有待完善

鉴于城市污水处理本身的自然垄断特性，作为公用事业的一个重要组成部分，城市污水处理费一直实行政府定价。为了规范政府制定价格行为，提高政府制定价格的科学性、公正性和透明度，国家发展改革委制定的《政府制定价格行为规则》于2018年1月1日实施。根据《政府制定价格行为规则》的规定，政府制定价格应当履行法定程序，并注重公众参与和信息公开，其意图在于以严格的程序设计减少政府定价决策中的盲目性和随意性，通过破除信息偏在构建对政府定价行为的外部监督制约机制。从《政府制定价格行为规则》的制度设计来看，成本监审是整个定价程序中承上启下的重要一环，因为根据《政府制定价格行为规则》第12条的规定，成本监审是制定价格的前置性要件，未经成本监审的不得制定价格。此外，还应当匹配成本监审逐步建立成本信息公开制度。可见,信息公开和公众参与在整个政府定价程序中的起点始于成本监审,对于政府定价行为的外部监督机制的启动也从此开始。

然而,从全国范围来看,城市污水处理费的成本信息公开还很不平衡(见表2-3)。目前污水处理费的成本信息公开呈现出以下特点:其一,开展城市污水处理费成本信息公开工作的省份不多,地区之间有较大差异。目前能够查询到城市污水处理费定价成本监审报告(以下简称监审报告)的省份只有11个,其中近半数的省份只有1个地级市或县级市能够查询到监审报告。其二,能够查询到监审报告的区域多为县级市或县,在监审信息公开较为充分的省份表现尤其明显。安徽省和四川省作为监审报告信息公开最为充分的省份,县级市或县公开的监审报告数量较多。其三,监审报告信息公开的内容丰简不一。首先,有些地方的报告内容非常简略,没有过程性内容只有结论性内容。其次,对于成本核定表是否属于商业秘密而不予公开认识不一。在全部20项监审报告中,有3项明确以涉及商业秘密为由不予公开,10项未提及成本核定表,全面公开的只有7项,占总数的35%。

表2-3 污水处理费成本监审报告的信息公开情况

省/自治区	地区	信息公开
黑龙江省	双鸭山市	√(2016年6月) (报告包括:基本情况、监审依据、成本监审方法、成本监审过程、成本监审结论、监审核减的项目和金额、特别事项说明、监审人员构成、定价成本表)
吉林省	长春市	√(2016年3月) [报告包括:审核事由、审核依据、审核原则和程序、企业基本情况、成本审核的主要内容和核定方法、对经营者成本调整情况的说明、成本监审结论、其他需要说明的问题、污水处理成本核定表(涉商业秘密不予公开)]
内蒙古自治区	巴彦淖尔市	√(2019年10月) (报告包括:成本监审项目、被监审单位基本情况、监审依据、成本监审程序、成本核算公式和成本构成、成本核减核增情况及理由说明、成本监审结论、其他需要说明的事项)
山东省	威海市	√(2019年4月) (报告包括:成本监审项目、成本监审依据、成本监审程序、经营者基本情况、经营者成本审核情况、成本监审结论、定价总成本核定表、其他需要说明的事项)

续表

省/自治区	地区	信息公开
安徽省[①]	淮南市寿县	√(2019 年 6 月) [报告包括:成本监审项目、成本监审依据、成本监审程序、经营者基本情况、经营者成本审核情况、成本监审结论、其他需要说明的事项、成本核定表(涉商业秘密不予公开)]
	黄山市	√(2021 年 7 月) (报告包括:基本情况、主要依据、监审结论)
	六安市舒城县	√(2021 年 12 月) [报告包括:成本监审项目、成本监审依据、成本监审程序、经营者基本情况、经营者成本审核情况、成本监审结论、其他需要说明的事项、成本核定表(涉商业秘密不予公开)]
	宿州市泗县	√(2021 年 12 月) (报告包括:定价总成本、单位定价成本)
湖北省	十堰市房县	√(2020 年 8 月) (报告包括:调查对象基本情况、成本监审依据、成本监审程序、成本核算方法、审增审减情况、成本监审结论、其他需要说明的问题)
	孝感市孝昌县	√(2021 年 9 月) (报告包括:成本监审项目基本情况、成本监审依据、成本监审结论)
四川省	阿坝藏族羌族自治州理县	√(2022 年 1 月) (报告包括:成本监审项目、成本监审依据、成本监审程序、经营者基本情况、经营者成本审核情况、成本监审结论、其他需要说明的问题、定价成本核定表)
	阿坝藏族羌族自治州小金县	√(2021 年 5 月) (报告包括:成本监审项目、成本监审依据、成本监审程序、经营者基本情况、经营者成本审核情况、成本监审结论、其他需要说明的问题、定价成本核定表)
	雅安市石棉县	√(2018 年 4 月) (报告包括:经营者基本情况及项目、成本监审的重要依据及原则、监审结果、核增核减说明、其他需要说明的情况)
	南充市仪陇县	√(2018 年 4 月) (报告包括:经营者基本情况、主要成本项目审核情况)

续表

省/自治区	地区	信息公开
新疆维吾尔自治区	巴音郭楞蒙古自治州库尔勒市	√(2016年11月) (报告包括:成本监审项目、被监审单位基本情况、成本监审依据、成本监审程序和原则、成本监审的主要内容、单位定价成本的核算、成本监审结论、其他事项说明、定价成本核定表)
	阿克苏地区库车市	√(2020年11月) (报告包括:基本情况、成本审核内容、成本监审的主要程序、成本审核、成本监审结果、其他需要说明的事项)
云南省	怒江傈僳族自治州福贡县	√(2020年10月) (报告包括:基本情况、成本监审的主要依据和程序、成本的核算范围和核算方法、污水处理企业自行测算成本运营情况、实地成本调查监审情况、其他补充成本情况、成本审核结论)
贵州省	安顺市普定县	√(2016年9月) (报告包括:成本调查项目、成本调查依据、成本监审原则、成本构成情况、具体成本审核方法、企业基本情况、成本调查情况、成本监审结论、其他需要说明的事项、成本核定表)
广东省	广州市	√(2017年1月) (报告包括:公司基本情况、成本监审的主要内容、成本监审的主要依据、成本监审的程序、成本核算方法和核增核减情况、成本监审结论)
	揭阳市普宁市	√(2017年1月) (报告包括:成本监审依据、成本监审程序、成本监审的主要内容、成本核算方法、成本核增核减情况及理由、成本监审结论、有关情况的说明、单位成本核定表)

之所以会出现城市污水处理费成本信息公开的不均衡状况,还需要从制度设计上找寻原因。城市污水处理费的成本信息公开可以在《政府制定价格成本监审办法》(以下简称《定价监审办法》)中找到依据。根据该办法第12条的规定,成本信息公开包括经营者成本公开和定价机关成本监审结论公开两类。然而,对于信息公开的范围、内容、方式、程序以及服务与监督等具体内容,该办法并未涉及。从各省情况来看,目前只有内蒙古自治区、安徽省、四川省、陕西省等少数省份制定了专门的政府制定价格成本信息公开办法,且其中仍然有一些条款值得商榷。

首先,政府制定价格成本信息公开的范围过窄。根据《定价监审办法》第

19条的规定，定价机关应当在对成本监审程序、成本审核方法和标准等进行复核后，核定定价成本，出具成本监审报告[1]。从报告涵盖的内容来看，其不仅包括结果性信息，也包括过程性信息，而过程性信息对于公众参与有效行使对于定价机关的外部监督权具有非常重要和积极的意义。然而，各地制定的政府制定价格成本信息公开办法普遍根据《定价监审办法》把信息公开的范围限缩为成本监审结论这一结果性信息，而其中包括的成本监审的基本情况、主要依据和核定结果等信息对于公众并无实质性意义。虽然各地制定的政府制定价格成本信息公开办法普遍规定，政府定价机关作出定价决定时，应当采纳社会公众对成本信息公开提出的合理意见和建议，但仅仅是成本监审结论公开的现实决定了此规定缺乏实现的前提和基础。换句话说，社会公众不可能依据这些信息倒推或回溯成本与收费之间是否具有匹配性进而提出合理意见和建议，因此也就抽离了公众参与赖以存在的“根”和“源”。从《政府信息公开条例》第13～16条来看，成本监审报告并不属于其中的禁止性范围，根据政府信息“以公开为常态，不公开为例外”的原则，将成本信息公开限缩为成本监审结论的做法值得商榷。

其次，对经营者成本信息公开内容的列举不充分、责任追究不明确。从各地制定的政府制定价格成本信息公开办法来看，关于经营者成本公开的内容宽窄不一。比如，有的将经营者成本信息公开的内容构成界定为经营者运营管理的基本情况与主要财务构成情况，有的则规定按照定价机关的规定公布成本。这种宽窄不一的界定不利于保障社会公众知情权的实现。城市污水处理作为公用事业的一个重要组成部分，因其关乎国计民生而显然有别于一般商业领域，加上其鲜明的自然垄断属性，在诸多方面也不能简单与竞争性条件下一般商业领域的信息公开与知情类比。比如，实践中有人提出，城市污水处理成本信息属于商业秘密，经营者选择不予公开，不属于侵害社会公众知情权的情形。然而，从商业秘密的概念来看，其不为社会公众所知悉的秘密性是针对同业竞争者而言的，其技术信息和经营信息要能够为持有人带来经济利益且具有实用性，而这些特征显然与污水处理领域的生产经营成本信息不相匹配。另外，城

---

[1] 根据《定价监审办法》，成本监审报告应当包括成本监审项目、成本监审依据、成本监审程序、经营者基本情况、经营者成本审核情况、成本监审结论、定价成本核定表、其他需要说明的事项等八项内容。

市污水处理费属于政府定价范畴,根据《政府制定价格行为规则》的规定,经营者应根据定价机关的要求提供定价成本监审所需要的信息,听取社会意见是定价机关在制定价格中不可或缺的环节。这就意味着经营者向政府有关部门报送的生产经营成本信息与向社会公开的信息应该在范围上保持一致,这样才能有助于社会公众通过知情权的享有进而有效行使监督权。现行制度设计在信息公开的范围、方式、程序、责任等方面均存在不足,社会公众对污水处理费生产经营成本信息的知情在实体上存在缺失,在程序上也缺乏有力保障,社会公众的监督存在事实上的虚化,在某种程度上留出了政府失灵的空间。

最后,定价成本信息公开与公众参与衔接不畅。从各地制定的政府制定价格成本信息公开办法来看,很少有定价成本信息公开与公众参与衔接的条款,即定价机关在定价成本监审结论公开期间,应通过何种方式受理社会公众的查询、咨询和投诉等事宜。根据《政府信息公开条例》第 23 ~ 25 条的规定,行政机关应当建立健全政府信息发布机制,以"便民原则"为指引,通过多种途径向社会公众发布信息。问题是,根据《政府制定价格行为规则》第 9 条的规定,信息公开对于定价而言只是法定程序中连接成本监审和听取社会意见的过渡地带,其真正意义在于矫正存在于定价机关、经营者和社会公众之间的信息偏在。如果在政府制定价格成本信息公开办法中没有诸如专人负责处理查询、咨询和投诉等事宜以及将办理情况告知建议人的制度条款,是与《政府制定价格行为规则》第 25 ~ 27 条有关公众参与的条款不相匹配的。从更深层次而言,虽然《政府制定价格行为规则》在第 16 条定价方案中将建议人的意见及采纳情况作为方案内容的组成部分,但对于制定价格的决定实施后开展的后评估对公众参与及意见建议采纳情况的检验,以及由此引发的责任追究并不明确。换句话说,社会公众对成本监审结论提出了异议,定价机关在形成制定价格的方案中未就不采纳社会公众异议的情况进行说明,定价机关在合法性审查和集体审议中也未予以纠正并深入研究,造成制定价格的决定实施后引起较大社会影响等情况出现时,应该对负有领导责任的人员和主要经办人员追究何种法律责任,无论是《政府制定价格行为规则》还是各地的政府制定价格成本信息公开办法都规定模糊。

第二节 衍生品价格的现状及法律问题——再生水

再生水作为污水处理的衍生品,其价格无论是对于PPP污企所追求的经济绩效还是政府所追求的环境绩效而言均十分重要。原因在于:其一,在现行的城市污水处理费普遍难以覆盖城市污水处理设施正常运营成本的前提下,合理的再生水价格是增强PPP污企营利能力并充实其持续、稳定运营的重要基础;其二,在我国城市水资源形势严峻、缺水状况突出的背景下,合理的再生水价格对于促进节约水资源、缓解水资源紧缺压力、改善水生态提升水安全均具有不可替代的杠杆作用。

一、城市污水处理业衍生品价格调节的运行现状

(一)立法现状

从地方立法来看(见表2-4),规定有再生水价格管理内容的主要有节约用水立法、排水立法和再生水专门性立法。这些地方立法对于再生水价格管理呈现出以下特点:其一,再生水价格经历了由早期单纯的政府定价到近年来政府主导价格制定和市场调节价并存且市场调节价逐步扩大的演进过程。其二,再生水价格的制定基准经历了从早期笼统的价格优惠到以自来水价格为参照基准的演进过程。其三,给予再生水价格优惠的标准不一。有的以再生水利用工作成效是否显著为标准,有的以是否实行政府定价为标准,有的笼统未给出具体标准。其四,有关再生水价格制定的原则规定不一。有的规定以保本微利为原则,有的规定与城镇供水保持竞争优势为原则,有的笼统以有偿使用指称。

表2-4 现行地方立法中有关再生水价格的规定

名称	内容
《北京市排水和再生水管理办法》(2010年1月)	第28条:“本市再生水价格由市价格行政主管部门会同有关部门制定并公布。”

续表

名称	内容
《昆明市再生水管理办法》(2010 年 10 月)	第 19 条:“再生水运营管理单位应当按照价格行政主管部门制定出台的再生水价格销售再生水。”
《内蒙古自治区节约用水条例》(2012 年 12 月)	第 19 条:“自治区对非常规水源利用项目实行水资源费和水价优惠政策。”
《福建省节约用水管理办法》(2015 年 11 月)、《合肥市再生水利用管理办法》(2018 年 10 月)	第 27 条(福建):“……再生水价格应当以保本微利为原则,结合其水质和用途确定。……再生水价……由有管理权限的价格主管部门会同同级有关部门制定。”
《福建省节约用水管理办法》(2015 年 11 月)	第 27 条:“……再生水价格应当以保本微利为原则,结合其水质和用途确定。”
《合肥市再生水利用管理办法》(2018 年 10 月)	第 15 条:“……再生水价格应当以保本微利为原则,结合再生水水质、用途等情况,按照低于自来水价格的一定比例确定。具体标准由价格管理部门会同城乡建设、财政、水行政管理等部门按照法定程序制定。”
《辽宁省节约用水条例》(2019 年 2 月)	第 14 条:“……再生水价格应当根据其水质和用途,可以实行政府定价,也可以由供需双方协商确定。”
《呼和浩特市再生水利用管理条例》(2020 年 1 月)	第 17 条第 1 款:“再生水有偿使用,实行市场调节价。再生水销售价格按照低于自来水价格确定。”
《甘肃省节约用水条例》(2020 年 9 月)	第 45 条:“县级以上人民政府及其有关行政主管部门对利用再生水成效显著的单位或者个人,按照有关规定给予水费优惠。”
《山东省节约用水条例》(2022 年 1 月)	第 24 条第 4 款:“再生水水价应当根据其水质、成本以及用途、用量等因素,由供需双方协商确定。”
《贵州省节约用水条例》(2020 年 9 月)、《四川省节约用水办法》(2021 年 1 月)	第 31 条(贵州)、第 34 条(四川):“再生水价格由供需双方自行协商,按照与城镇供水保持竞争优势的原则合理确定。”
《天津市节约用水条例》(2021 年 7 月)	第 46 条第 2 款:“利用再生水的,应当给予价格优惠。具体收费标准由市人民政府另行规定。”
《湖北省节约用水条例》(2022 年 1 月)	第 28 条第 4 款:“再生水价格由供需双方协商确定或者政府定价;实行政府定价的,应当给予价格优惠。”

注:根据有关地方性法规、地方政府规章整理而得。

(二)政策现状

受再生水利用法律规制的“碎片化”特征影响,有关再生水价格的管理散见于城市供水、节约用水、绿色发展、城市规划等各类政策文件中,再生水价格管理的专门性政策文件数量较少。中央制定的再生水价格管理政策文件(见表2-5)呈现出以下特点:其一,再生水的价格经历了由政府定价到政府指导价再到市场调节价的演进过程;其二,园林绿化、道路清扫、消防等公共领域是再生水利用的重点领域;其三,再生水的价格是以城市供水为参照系的;其四,降低再生水生产和使用成本是政策倾向的重点领域。

表2-5　中央有关再生水价格管理的政策文件

名称	内容
《关于推进水价改革促进节约用水保护水资源的通知》(2004年)	合理确定再生水价格。缺水地区要积极创造条件使用再生水,加强水质监测与信息发布,确保再生水使用安全。再生水费由生产供应单位向用户按用水量计收。再生水价格要以补偿成本和合理收益为原则,结合再生水水质、用途等情况,与自来水价格保持适当差价,按低于自来水价格的一定比例确定,引导工业、洗车、市政设施及城市绿化等行业使用再生水。对再生水生产用电实行优惠电价,不执行峰谷电价政策,免征水资源费和城市公用事业附加,研究制定鼓励生产和使用再生水的税收政策,降低再生水生产和使用成本。同时,各地区要适时制定办法,扩大再生水使用范围,强制部分行业使用再生水。
《关于做好城市供水价格管理工作有关问题的通知》(2009年)	理顺再生水与城市供水的比价关系。各地要加大再生水设施建设的投入,研究制定对再生水的生产使用的优惠政策,努力降低再生水使用成本。再生水水价的确定,要结合再生水水质、用途等情况,与自来水价格保持适当差价,鼓励再生水的使用。具备条件的地区,要强制部分行业使用再生水,扩大再生水使用范围。
《关于推进价格机制改革的若干意见》(2015年)	对污水处理资源化利用实行鼓励性价格政策。
《关于进一步加强城市规划建设管理工作的若干意见》(2016年)	培育以经营中水业务为主的水务公司,合理形成中水回用价格,鼓励按市场化方式经营中水。城市工业生产、道路清扫、车辆冲洗、绿化浇灌、生态景观等生产和生态用水要优先使用中水。

续表

名称	内容
《关于创新和完善促进绿色发展价格机制的意见》(2018 年)	建立有利于再生水利用的价格政策。按照与自来水保持竞争优势的原则确定再生水价格,推动园林绿化、道路清扫、消防等公共领域使用再生水。具备条件的可协商定价,探索实行累退价格机制。
《关于推进污水资源化利用的指导意见》(2021 年)	建立使用者付费制度,放开再生水政府定价,由再生水供应企业和用户按照优质优价的原则自主协商定价。对于提供公共生态环境服务功能的河湖湿地生态补水、景观环境用水使用再生水的,鼓励采用政府购买服务的方式推动污水资源化利用。

注:根据有关行政规范性文件整理而得。

地方制定的再生水价格管理政策文件(见表 2-6)呈现出以下特点:其一,对再生水价格实行政府指导价的,主要有价格上限管理、规定基准价及浮动幅度两种。其二,越来越多的地方放开了再生水销售价格,再生水价格以市场形成为主。其三,各地利用再生水普遍不再收取水资源费及污水处理费。

表 2-6 再生水利用行政规范性文件中有关再生水价格的规定

名称	内容
《青岛市城市再生水利用管理办法》(2004 年 2 月)	第 14 条:"政府采取有关政策和措施,扶持企业降低再生水生产经营成本和价格。具体价格标准由市物价部门会同有关部门制定。"
《深圳市再生水利用管理办法》(2014 年 1 月)	第 18 条:"再生水价格以补偿成本和合理收益为原则,结合再生水水质、用途等情况,与自来水价格保持适当差价,按低于自来水价格(含污水处理费)的一定比例确定。" 第 19 条:"一般用途的再生水价格由经营者与用户协商确定。用于市政用途的再生水价格按照保本微利的原则由市发展改革部门核定。" 第 20 条:"再生水价格由成本、费用、税金和合理利润构成。成本包括合理的制水成本、输配成本和运营期间费用。税金指国家规定应缴纳的税费及附加。再生水行业净资产利润率水平按不低于自来水行业净资产利润率核定。" 第 21 条:"用于市政用途的再生水价格的制定或调整由经营者向市水务部门提交书面申请,由市水务部门提出定(调)价方案送市发展改革部门依据法定程序审核后,报市政府批准执行。"
《阳泉市再生水利用管理办法》(2014 年 5 月)	第 22 条第 2 款:"再生水用水价格由价格行政主管部门依照法定程序确定。"

续表

名称	内容
《广西节约用水管理办法》(2017 年 3 月)	第 42 条第 3 款、第 4 款:“……再生水价格应当以保本微利为原则,结合其水质和用途确定。……再生水价……由有管理权限的价格主管部门会同同级有关部门制定。”
《邯郸市城市再生水利用管理办法》(2020 年 2 月)	第 17 条:“再生水实行有偿使用制度,由价格主管部门核定水费标准,未核定前按照合同约定收取再生水水费。”

注:根据有关行政规范性文件整理而得。

二、城市污水处理业衍生品价格调节的法律问题

(一)再生水价格管理所依托的基础不牢

较高水平的再生水价格管理必须建构在较为完备的再生水市场基础之上,而完备市场的核心要义即为市场均衡。目前的再生水市场从市场均衡角度衡量存在以下问题:

其一,再生水管网建设滞后导致再生水产能无法被有效释放。2011 ~ 2019 年,全国城市再生水生产能力已经由 2011 年的 1389 万立方米/日发展到 2019 年的 4428.9 万立方米/日,9 年增长了近 2.3 倍,而再生水管道长度仅由 2011 年的 5851 公里增长到 2019 年的 12,140.2 公里,9 年增长了不足 1.1 倍,且再生水管网长度仅为城市排水管网长度的 1.63%。管网建设的滞后导致再生水无法形成规模利用,再生水长期面临“有量无市”的尴尬境地。

其二,再生水设施建设制约了再生水产能的增长。再生水设施建设面临巨大的一次性建设投资,需要加大投入力度。我国的缺水城市经济发展层次参差不齐,中西部地区普遍财政承受能力差,对填补再生水设施建设所需的巨大资金缺口有心无力。再生水管网建设具有投资大、回收投资的周期长、收益率低等特点,社会资本一般没有能力也缺乏意愿进入该领域,导致再生水产能受制于设施建设的滞后而无法快速增长。

其三,污水处理费在水价中的较低占比制约了再生水潜在用户的利用意

愿。从现有研究来看,供1吨自来水的费用远低于处理1吨污水的费用。[1] 从2018年我国36个大中城市居民生活终端用水的平均值来看,污水处理费仅占其中20% ~40%的比重。[2] 因此,污水处理费在水价中的较低占比导致价格无法起到对消费者用水意愿和习惯的杠杆作用,也阻塞了发展再生水潜在用户的通道。

其四,现行立法在再生水利用上的强制性有限,导致再生水利用规模增长缓慢、再生水利用率较低。再生水利用中在责任追究等方面的缺失导致现行立法在再生水利用上的强制性有限,"柔性有余而刚性不足"导致再生水利用难以扩展市场,再生水利用率仅从2011年的9.83%增长到2019年的20.93%,距离美国、新加坡等再生水利用高的国家仍有相当距离。

(二)由政府主导的再生水定(调)价机制利弊并存

1. 政府定(调)价在再生水价格管理中"弊大于利"

目前我国仍有一些地方对再生水的价格实行的是政府定价,实践中,政府定价面临两难境地。一方面,政府制定的再生水价格高的,再生水与常规水源相比,价格优势难以凸显,再生水潜在用户使用意愿低导致用量小,再生水利用规模难以扩大,发展速度严重滞后;另一方面,政府制定的再生水价格低的,再生水价格与成本倒挂导致再生水运营单位亏损,也打击其提高产能的积极性,生产越多亏损越大,整个再生水行业无法健康可持续发展。管网配套和设施建设的严重不足限制了再生水产能扩大和规模扩展,导致再生水利用整体容易陷入恶性循环。此外,由政府定价的再生水的价格调整需要履行价格调查、成本监审或者成本调查、听取社会意见、合法性审查、集体审议、作出调整价格的决定等程序,调价周期较长且不确定因素较多。以上因素都制约了再生水价格杠杆作用的发挥。

2. 政府指导价在再生水价格管理中"利大于弊",但需要配套措施的辅助

政府指导价给予了再生水运营单位一定的定价自主权,特别是北京于2014

---

[1] 参见杨树莲、段治平:《再生水与城市自来水比价关系研究——以青岛市为例》,载《技术经济与管理研究》2018年第7期。

[2] 参见陈娅:《2018年全国36个重点城市水价分析来啦!你想要的全都有!》,载搜狐网2019年7月19日,https://www.sohu.com/a/327973733_480400。

年开始采行的政府最高指导价管理模式,使再生水价格与城市供水价格相比具有了明显优势,有利于再生水利用规模的快速增长。然而,北京的管理模式需要一系列配套措施的辅助方可实现效用的最大化:首先,立法准备。比如,2005年实施的《北京市节约用水办法》(已失效)明确"统一调配地表水、地下水和再生水"。2009年实施的《北京市排水和再生水管理办法》规定,"本市将再生水纳入水资源统一配置,实行地表水、地下水、再生水等联合调度、总量控制"。这些规定均奠定了将再生水纳入水资源统一配置的法律基础,也为再生水用途的拓展和利用规模的增加预留了充足的制度空间。其次,政策准备。比如,北京市于2013年和2016年先后印发了《北京市加快污水处理和再生水利用设施建设三年行动方案(2013—2015年)》(已失效)和《北京市进一步加快推进污水治理和再生水利用工作三年行动方案(2016年7月—2019年6月)》,对再生水的用途、价格、水质、行业投融资等多方面进行规范和指引。这些政策的出台为促进设施建设和管网配套扫清了障碍,使得再生水利用规模得以持续扩大,彰显出了政府最高指导价管理模式的政策效用。当然,政府指导价与政府定价一样也具有调价周期较长且不确定因素较多等不足,如果在价格调整周期中不能通过法律与政策的配套夯实调价基础的话,单纯的政府指导价模式是无法独自发挥出最佳效益的。

第三节 价格调节法律制度完善的法理依据与具体方案

在城市污水处理业PPP模式的运营中,价格调节机制存在的法律问题亟待解决。否则,"价格是指示器""价格是激励因素"[1]的作用就无法发挥。价格调节机制的改进需要正确的方向指引,作为重要的公用事业价格组成部分的城市污水处理价格理应贯彻《价格法》的理念,但是,我国《价格法》颁布于1997年12月,随着我国改革开放的不断深入,市场经济体制以及市场化程度已经发生巨变,因此,近年来修订《价格法》的呼声此起彼伏。在此背景下,有学者提出,2018年《宪法修正案》将"贯彻新发展理念"写进了宪法"序言",为了回应宪法

---

〔1〕[美]斯蒂格勒:《价格理论》,施仁译,北京经济学院出版社1990年版,第14~19页。

的新发展,应该在《价格法》的修订过程中切实贯彻创新、协调、开放等新发展理念,减少不当的价格管制,使相关条款的调整更多地体现保障和促进经济社会发展的"发展导向"[1]。法律理念是对法律原则的高度概括和抽象,而法律原则是法律理念的集中体现和外化,[2]因此,要解决价格调节机制运行现状中存在的法律问题,应以价格法基本原则为指引展开规则设计。

一、价格调节法律制度完善的法理依据

现行《价格法》对基本原则未作规定,这使得价格法的理念和价格法的规则设计之间缺少了沟通和联系的桥梁和纽带。其结果是,价格法的理念无法通过基本原则得到体现和外化,价格法的具体规则缺乏科学严谨的方向指引。因此,有学者提出,有必要将具有普适性的公平原则、效率原则、合法原则、诚信原则等确立为价格法的基本原则。[3] 其中,确立公平原则的意义在于促进公平交易和公平竞争;确立效率原则的意义在于实现经济效率和行政效率的双重提升,即必须充分考虑供给与需求、成本与收益、投入与产出;确立合法原则与诚信原则的意义在于市场经济既是法治经济也是信用经济,无论是政府还是市场主体,其价格行为均应依法诚实守信、进行。此外,除了这些具有普适性的基本原则之外,还应考虑到价格法的特殊性,将"市场定价为主,政府定价为辅"以及"保障社会公共利益"作为特殊性基本原则确立下来。原因是市场调节发挥的是决定性作用,只有在出现"市场失灵"问题时,才有政府干预和介入的必要。因此,除对社会公共利益具有重要影响的商品和服务应将定价权赋予政府外,应尽可能将定价权还给市场主体,否则有阻碍市场发挥作用之嫌。另外,价格法作为实现资源配置、稳定价格总水平的利器,保障社会公共利益理应成为其重要的法益目标。

据此,解决价格调节机制运行中存在的法律问题,应以价格法的普适性基本原则和特殊性基本原则为指引,从定(调)价机制和项目收入分配两个方面入

---

[1] 张守文:《〈价格法〉修订:发展需要与改进方向》,载《法学杂志》2022 年第 4 期。
[2] 参见史际春主编:《经济法》,中国人民大学出版社 2015 年版,第 70 页。
[3] 参见张守文:《〈价格法〉修订:发展需要与改进方向》,载《法学杂志》2022 年第 4 期。

手,提出解决问题的对策。值得注意的是,由于城市污水处理和城市污泥处理处置本身的公用事业特征明显,应属于实行政府定价或政府指导价的范畴,因此更多应该是考虑以公平原则、合法原则和社会公共利益原则为指引,对具体规则予以调整、增补和完善。城市污水再生利用中,除了应用于道路洒扫、绿化等公用领域执行政府定价或政府指导价以外,更多地应考虑以效率原则,市场定价为主、政府定价为辅原则和合法原则为指引,对具体规则予以调整、增补和完善。

二、定(调)价法律制度完善的具体方案

(一)以“污染者付费”原则为指引修订《污水处理费征收使用管理办法》

现行的《污水处理费征收使用管理办法》虽然在第3条中明确了城市污水处理费的征收、使用、管理是以“污染者付费”原则为指引,但是,正如前文中所指出的那样:现行的居民污水处理费无法覆盖现状排放标准条件下的运行成本;工业污水处理费能够覆盖现状排放条件下的运行成本,但无法覆盖运营成本和治理成本,即城市污水处理费与污水处理全成本存在倒挂现象。由此可见,“污染者付费”原则并没有真正贯穿污水处理费的核定、征收、使用和管理的全过程。更确切地讲,现行的《污水处理费征收使用管理办法》不仅缺乏对城市污水处理费成本构成的明确界定,也缺乏切实贯彻执行“污染者付费”原则的制度条款。从根本上说,“污染者付费”原则就是公平原则和社会公共利益原则在城市污水处理价格领域的体现,其目的就是防止出现社会公众为污染者买单的现象,体现价值规律的要求并保障价格公允。

因此,建议对现行的《污水处理费征收使用管理办法》进行修改,其中应包括以下条款:

其一,对城市污水处理费的概念和用途的界定进行修正,即城市污水处理费是排水单位和个人缴纳的保证水环境质量不退化所需要的资金,该资金专项用于城市污水处理设施和污水收集管网的建设、运行和污泥处理处置,以及城市污水处理费的代征手续费支出,不得挪作他用。

其二,对城市污水处理费的征收标准进行修订,即城市污水处理费的征收

标准,按照覆盖污水处理设施和污水收集管网的建设、正常运营和污泥处理处置成本并合理盈利的原则制定,由县级以上地方价格、财政和排水主管部门提出意见,按照《政府制定价格行为规则》履行定价程序后,报同级人民政府批准后执行。城市污水处理费的征收标准未达到覆盖污水处理设施和污水收集管网的建设、正常运营和污泥处理处置成本并合理盈利水平的,应当逐步调整到位。

其三,增加"按质计征"和"按质核价"条款。"按质计征",即在具备条件的工业园、产业园和经济开发区,根据企业排放污水中的主要污染物种类、浓度、环保信用评级等分类分档制定计征标准;"按质核价",即对于城镇排水与污水处理服务单位高于污水处理排放标准处理的污水,按照"优质优价"原则予以核定。

其四,通过对《污水处理费征收使用管理办法》第 22 条的修订,改变对生活和工业污水处理不加区分一概给予财政补贴的做法。具体而言,征收的城市污水处理费不足以覆盖城市污水处理设施和污水收集管网的建设、正常运营和污泥处理处置成本并合理盈利的,地方财政应当给予补贴。工业园、产业园、经济开发区、工业集聚区等区域除外。

(二)夯实作为全成本支付基础的"一头""一尾"

首先,通过细化排水许可与监测条款夯实作为全成本支付基础的"一头",以实现与"按质计征"条款的顺畅衔接。其一,排放工业废水的排水户需要同时申领排污许可证和排水许可证的,可以向生态环境或者排水主管部门提交申请,由两部门按照职责分工同步审批相关事项。排水主管部门对工业废水的排放情况开展评估,经评估认定不能被市政污水处理设施有效处理或可能影响市政污水处理设施出水水质稳定达标的,商生态环境主管部门对该排水户提出整改要求。排放工业废水的排水户应当将工业废水接入位置、排水方式、主要污染物类型等信息向社会公示,接受公众监督。排放工业废水的排水户未公示相关排放信息的,由排水主管部门责令限期改正;逾期未改正的,处 1 万元以上 5 万元以下罚款。其二,排水户应当安装水质自动监测装置,并确保正常运行。排水主管部门应当对排水户排放的污水水质、水量进行监测,并建立排水监测档案。排水户应当接受监测,并如实提供有关资料。排水主管部门可以委托有相应技术力量的专业机构对排水户排放的污水水质、水量进行抽检。生态环境和排水主管部门应当相互共享工业废水监测信息。排水户在接受监测提供资料中弄虚作假的，由排水主管部门报公共信用信息平台，记入社会诚信档案并向社会公开。

其次，通过修订标准和细化污水处理服务费的核定条款夯实作为全成本支付基础的“一尾”，以实现与“按质核价”条款的顺畅衔接。其一，根据水环境质量标准制定各区域的城市污水处理厂污染物排放标准，尤其是对水源地保护区、地下水易受污染地区、水污染严重地区和敏感区域，特别是劣V类水体以及城市黑臭水体污染源所在区域给予特别关注。这样既可实现分区制定的城市污水处理厂污染物排放标准与管理能力、治理水平和水环境容量的现实需求相匹配，也可避免出现“管理上的无污染”而导致“环境上的无污染”。其二，在关照进出水水质因果关系的前提下，细化污水处理服务费的核定条款。具体而言，应对《污水处理费征收使用管理办法》第27条进行修改，即城市排水与污水处理服务单位违反规定擅自停运城市污水处理设施，以及城市污水处理设施的出水水质未达到国家或者地方规定的水污染物排放标准的，应当按照合同约定相应扣减服务费，并依法对其进行处罚。经核查，确系不可归责于城市排水与污水处理服务单位的原因致使城市污水处理设施停运，以及确因进水水质和水量发生重大变化致使出水水质超标的，有关部门依法行使行政处罚裁量权时，应当将其作为从轻、减免的情形，并视情节少扣或免于扣减污水处理服务费。

（三）完善成本信息公开和公众参与制度

1. 拓宽政府制定价格成本信息公开的范围

应当对《定价监审办法》第19条进行修改，除了成本监审报告已经涵盖8项内容之外，还应当增加以下内容：(1)成本审核的主要内容和核定方法，包括成本核算公式和成本构成；(2)成本核增核减情况及理由说明；(3)经营者成本审核情况，包括经营者自行测算成本运营情况以及实地成本调查监审情况；(4)定价成本核定表，包括单位定价成本核定表和定价总成本核定表。在此基础上对《定价监审办法》第12条和第41条进行修改。第12条应修改为：定价机关应当逐步建立健全成本信息公开制度，经营者应当按照定价机关的规定公开成本，定价机关制定价格应当公开成本监审报告。第41条应修改为：根据本办法应当开展成本监审的商品和服务，定价机关制定价格未开展成本监审并公开成本监审报告的，由价格主管部门、上级主管部门或者本级人民政府责令改正；情况严重的通报批评；造成重大影响的，对直接责任人员和领导人员，依法给予处分。各地在制定的政府制定价格成本信息公开办法中应在对成本信息公开的界定中将信息公开的范围与修订后的《定价监审办法》保持一致。

2. 统一界定政府制定价格成本信息公开和公众参与的方式、程序和责任

其一，定价机关应当通过其官方网站或当地政府网站向社会主动公开定价项目的成本监审报告。其二，定价机关应当自定价成本监审报告形成或者变更之日起 20 个工作日内予以公开，公开时间不得少于 30 日，公开期间不得卸载或者关闭。其三，定价机关应在定价成本监审报告公开期间，同时采用不少于两种联络方式以建立信息公开反馈渠道，保证在工作时间信息反馈渠道运行通畅，并指定专人负责收集信息反馈情况。其四，定价机关在作出定价决定时，应当采纳社会公众对成本信息公开期间提出的合理意见和建议；不予采纳的，应当附具理由和说明。其五，定价机关对成本监审报告信息应当公开而未公开的，或不按规定公开造成影响和后果的，由上级价格主管部门或本级人民政府责令改正；情况严重的，通报批评；对造成重大影响的直接负责的主管人员和其他责任人员，依法给予或者提请有关部门给予行政处分。

3. 统一界定经营者成本信息公开和公众参与的范围、方式、程序和责任

首先，针对各地对经营者成本信息公开范围规定宽窄不一的实际情况，应在《定价监审办法》第 15 条的基础上增补经营者成本信息公开条款，统一界定经营者生产经营成本信息公开的范围，即经营者在按价格管理权限向政府定价机关申请制定或调整价格时，应当依据本办法第 15 条所规定的成本资料包括的内容予以信息公开。其次，在《定价监审办法》中增补经营者成本信息公开的方式和程序：(1)经营者应当通过其官方网站公开生产经营成本信息；未设置官方网站的，可通过行业主管部门官方网站公开。(2)经营者生产经营成本信息应当在提出制定或调整价格申请前 30 日发布，公开时间不少于 30 日，公开期间不得卸载或者关闭。非申请制定价格事项，按定价机关要求时限发布。(3)经营者应当同时采用不少于两种联络方式以建立信息公开反馈渠道，保证在工作时间信息反馈渠道运行通畅，并指定专人负责收集信息反馈情况。(4)经营者应及时将成本信息公开及咨询答复处理的相关情况，按照价格管理权限以书面形

式报告价格主管部门。最后,在《定价监审办法》第43条的基础上增补经营者不按规定公开生产经营成本信息的法律责任,即经营者不按照本办法规定的程序和方式公开生产经营成本信息的,定价机关对申请性制定价格项目不予受理,并将其不良信用记录纳入全国信用信息共享平台,实施失信联合惩戒。

三、城市污水处理业衍生品价格调节法律制度完善的具体方案

我国在再生水价格管理中已经形成了立法与政策并列运行的体制框架,要解决目前价格管理中存在的问题,仍然要从立法与政策两手发力的角度入手,处理好二者之间的关系,尤其是实现二者之间的功能互补,这样方可在立法与政策的"共治"中真正焕发出价格本身的杠杆作用,在促进再生水利用中实现环境绩效与经济绩效的最大化。另外,正如前文中所指出的,对于城市污水再生利用,除应用于道路洒扫、绿化等公用领域执行政府定价或政府指导价以外,更多地应考虑以效率原则,市场定价为主、政府定价为辅原则和合法原则为指引,对具体规则予以调整、增补和完善。

(一)立法层面

1."软法"的"硬化"

鉴于散布在节约用水、水资源、排水与污水处理中的再生水利用法律条款鲜明的"软法"特色,无法在再生水利用领域上形成应有的强制性,导致再生水利用规模增长缓慢、再生水利用率较低的后果,应通过"软法"的"硬化",倒逼再生水利用形成一套闭环运行的制度结构,在立法层面形成对再生水利用的"硬约束",做到再生水利用的"应覆盖全覆盖",形成支撑再生水利用规模的基底。

2.在再生水的价格形式、定价原则和定价标准上不搞"一刀切"

再生水作为污水处理的衍生品,与污水处理一样具有鲜明的自然垄断性和区域垄断性,再生水作为城镇供水的劣质替代品的属性在短时间内不会改变。这些特征决定了在再生水的生产和销售中,公益性应是其作为公用事业的组成部分所与生俱来的。当然,随着再生水利用领域的扩大和再生水用户需求的逐步多样化,再生水利用的市场化是大势所趋,特别是在目前城市污水处理费难

以覆盖污水治理全成本的背景下,再生水的生产销售是弥补成本倒挂、助力PPP 污企可持续运营的一条有益路径。因此,在适当领域突出营利性也是再生水利用市场化的内生需求。

在对以上因素进行考量的前提下,应将再生水按一般用途和市政用途区别对待(见图 2－2、图 2－3):首先,一般用途的再生水价格应执行市场调节价,再生水价格以补偿成本和合理收益为原则,结合再生水水质、用途等情况,由经营者与用户协商确定。其次,市政用途的再生水价格应执行政府指导价,即再生水价格应当以保本微利为原则,结合水质和用途等,与自来水价格保持适当差价,按照与城镇供水价格(含污水处理费)保持竞争优势的原则合理确定。市政用途的再生水价格的制定和调整按照《政府制定价格行为规则》规定的法定程序执行。

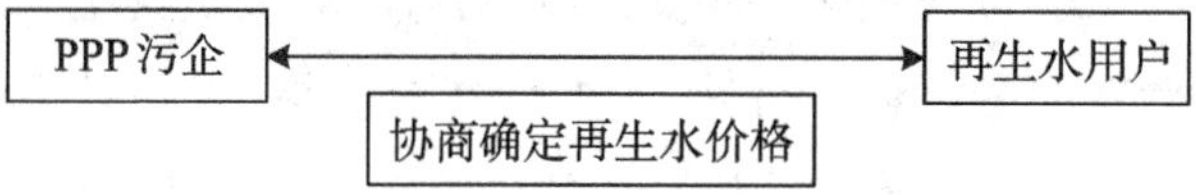

图 2－2　一般用途再生水价格形成示意

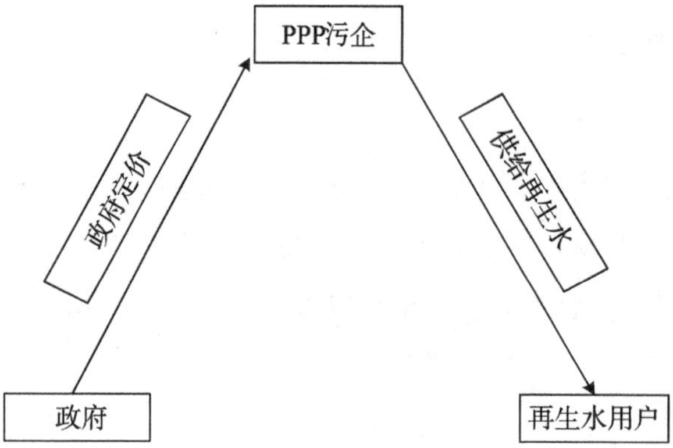

图 2－3　市政用途再生水价格形成示意

3. 把激励措施固化在立法中以切实降低再生水的生产成本

无论是一般用途还是市政用途的再生水利用,最大限度地降低再生水的生产成本对于再生水运营单位无疑是最大的利好,因此,应将一系列激励措施固化在立法中以切实降低再生水的生产成本。比如:再生水生产实行优惠电价,鼓励再生水生产企业综合利用场地空间,采用“自发自用、余电上网”模式建设光伏发电项目,余电上网电价按优惠电价执行;对再生水生产企业免征水资源费和城市公用事业附加费。

4. 通过立法中的规划与建设条款保障再生水利用设施和配套管网的落地

首先,再生水利用规模的提升有赖于再生水利用设施和配套管网的建设,而这些建设必须以土地为承载,因此,应该在立法中确立再生水利用设施用地规划保障制度,即自然资源和规划部门组织编制国土空间详细规划时,应当保障再生水利用专项规划和实施方案中再生水利用设施用地和选址要求的空间落实。其次,做好再生水利用设施和配套管网的增量准备,即城市开发建设和更新改造以及"两园一区"应当按照再生水利用专项规划,同步配套建设再生水利用设施。再生水利用设施应当与主体工程同时设计、同时施工、同时投入使用。再生水利用设施未经竣工验收或者竣工验收不合格的,主体工程不得投入使用。

(二)政策层面[1]

1. 出台专项政策补齐管网配套和设施建设的短板

前文已提到,再生水管网建设滞后导致再生水产能无法被有效释放,再生水设施建设制约了再生水产能的增长。这些支撑再生水价格管理的基底如果不能被夯实,再生水的价格管理仍然是"无根之木、无源之水"。因此,应在省级层面出台加快推进再生水利用的专项政策来补齐管网配套和设施建设的短板。具体而言:

首先,应构建"政府建网、企业建厂、考核付费"的工作模式。"政府建网",即由省级政府选择具备较好再生水利用基础的城市,由省市两级政府固定资产投资和特许经营主体筹资共同解决项目征地、工程建设资金及拆迁资金。其中由政府固定资产投资安排的一定比例的征地资金和拆迁资金可作为特许经营主体的融资资本金。"企业建厂",即再生水厂建设由特许经营主体承担,征地拆迁资金由政府统筹解决。"考核付费",即政府按照特许经营协议,对再生水运营单位向市政生态环境等公益领域提供再生水的服务质量进行考核,根据考核结果支付服务费用。

---

[1] 城市污水处理费的调整前文已述及,在此不再赘述。

其次,应优化项目审批流程。将再生水利用设施建设项目相关审批权限下放至市级,由各市级发展改革部门出具立项批复,相关审批部门根据批复并联办理审批手续,不互为前置条件。经过规划部门批复同意的项目选址方案具备施工条件的,应该加快开工建设。省级有关部门要加强对各市审批工作的政策指导,确实需要省级审批的,应该按照项目审批“绿色通道”有关政策加快办理。

2. 出台专项政策鼓励“两园一区”的再生水利用

“两园一区”污水处理边界清晰易于界分责任,园区管理部门对入园入区企业一般有着较为严格的能源准入门槛,尤其是在用水方面。在目前园区普遍以“以水定园(区)、以水定人、以水定产”的原则为指引的背景下,园区内企业本身也有着强烈的节水意愿,因此,完全可以出台一些适用于“两园一区”再生水利用的专项政策:首先,“两园一区”的再生水价格在执行市场调节价的基础上可以实行优水优价,即打破再生水是城镇供水的劣质替代品的传统,通过生产质量可比肩甚至超过城镇供水的所谓“高品质再生水”,满足园区内企业的生产需求并提高水资源循环利用效率。其次,在园区内实行“三水并用”,即园区内生活办公用城镇供水、企业生产用再生水、园区内市政用污水厂达标处理水。最后,完善绿色园区评价指标体系。在现有的绿色园区指标评价体系中,再生水利用率是作为资源利用绿色化指标中的二级指标,与余热资源回收利用率、废气资源回收利用率、再生资源回收利用率一起作为“4选2”的备选指标出现。与其他几项指标相比,再生水利用率被赋予的引领值很低,且计算标准是再生水利用量与污水处理厂污水处理量的比值,仅体现出了再生水利用“量”而未能体现出“质”。因此,应提升再生水利用率在指标体系中的引领值,并将优质再生水利用率作为引领值的加分项增补进现行的指标体系。

第四节　项目收入分配的现状、法律问题及法律制度完善要点

与定(调)价机制不同的是,项目收入分配主要牵涉的是污水处理费向污水处理服务费的转化,即政府有关主管部门或其委托的公共供水企业从排污者手中征收污水处理费,根据对PPP污企守法履约情况的考核,依特许经营合同核

定污水处理服务费并拨付给社会资本方,不足部分由政府财政予以补贴。

一、项目收入分配的运行现状

(一)项目收入分配难在源头控制

目前,项目收入分配运行中的突出问题是源头控制。由于污水处理费是水费的组成部分,所以一般由政府委托城市公共供水企业在征收水费时一并收取。根据自然资源有偿使用的原则,任何单位和个人在水资源的使用过程中必须付费。因为水资源在满足生产生活需要的过程中,自然会产生污水排放,污水经过管网等设施的收集最终进入城市污水处理厂进行集中处理。如若使用了水资源而不付费,就会缩减污水处理费的规模,最终殃及污水处理服务费的核定。实践中,有的单位或个人采用打自备井等方式无偿使用地下水资源,实际上逸出于水资源付费主体之外,这就使得应征收水费与实际征收水费之间存在差额,这一矛盾最终会在污水处理服务费的核定过程中凸显出来。政府财政对于差额的补贴实际上是纳税人代替这些单位和个人付费,是一种内部成本的外部化。更何况如若不对自备井进行控制并封存还会影响到地下水的安全,并产生水资源短缺、道路沉降等一系列环境问题。另外,全国部分城市受到污水处理费欠缴问题的困扰(见表2-7)。

表2-7　全国部分城市污水处理费欠缴情况

城市名称	拖欠情况
广州市	2015~2018年间污水处理费欠缴超过3.2亿元。
济南市	截至2021年年底城市供水企业欠缴污水处理费1.08亿元。
长沙市	截至2020年10月有153家单位欠缴污水处理费0.5亿元。
海口市	截至2020年2月用水户欠缴2016~2019年污水处理费604万元。
镇江市	2019~2021年累计欠缴污水处理费837.4万元。
德州市	截至2021年年底企业欠缴污水处理费2924万元。
潍坊市	截至2021年年底企业欠缴污水处理费3448万元。
揭阳市	截至2022年7月未缴库污水处理费5208.31万元。

续表

城市名称	拖欠情况
扬州市	截至2021年年底未缴库污水处理费4341万元。
南通市	截至2020年10月未缴库污水处理费1629.71万元。

注:根据网络公开资料整理而得。

(二)项目收入分配的堵点在拖欠

目前,项目收入分配运行中的突出问题是污水处理服务费的拖欠。根据《污水处理费征收使用管理办法》的规定,城镇排水主管部门应当根据城镇排水与污水处理服务单位履行政府购买服务合同的情况,以及城镇污水处理设施出水水质和水量的监督检查结果,按期核定服务费。然而,近年来部分城市面临城市污水处理服务费的拖欠问题,且已经影响到当地污水集中处理工作的正常开展(见表2-8)。

表2-8 全国部分城市近年来污水处理服务费拖欠情况

城市名称	拖欠情况
哈尔滨市	截至2015年年底拖欠太平污水处理厂污水处理服务费1.7亿元,被迫将文昌污水处理厂转让给太平污水处理厂的社会资本方清华同方(哈尔滨)水务有限公司。
银川市	2019年年底~2020年年底,共计拖欠城市污水处理服务费4.4亿元。
攀枝花市	截至2018年10月市财政再次安排3000万元专项用于解决污水处理费拖欠问题,仍拖欠3884万元。
西宁市	截至2014年年底拖欠社会资本方鹏鹞环保3313.56万元。
黄冈市	截至2020年8月拖欠社会资本方武汉新天达美环境科技股份有限公司污水处理服务费1865万元。
郑州市	截至2015年6月拖欠社会资本方中原环保股份有限公司污水处理服务费4.3亿元。
武汉市	截至2018年上半年拖欠社会资本方武汉控股污水处理服务费21.03亿元。

注:根据网络公开资料整理而得。

二、项目收入分配存在的法律问题及成因

(一)项目收入分配存在的法律问题

1. 出水水质纠纷影响项目收入及时足额拨付到位

《污水处理费征收使用管理办法》第27条规定,城镇排水与污水处理服务单位违反规定擅自停运城镇污水处理设施,以及城镇污水处理设施的出水水质未达到国家或者地方规定的水污染物排放标准的,应当按照合同约定相应扣减服务费,并依法对其进行处罚。前文已提到,由于现行立法没有形成兼具合法性与合理性的、闭环运行的出水水质达标制度设计,单纯强调PPP污企对出水水质负责的制度条款下存在上游排污单位推卸责任和PPP污企代人受过的问题。现行司法判例在此问题上大多强调上游排污单位的达标排污责任核定与PPP污企出水水质达标责任核定是两个法律关系,即主张进水水质与出水水质二者之间在责任核定上没有联系,因此,从有关城市污水处理服务费支付的司法判例来看,在出水水质达标问题上寻找拒绝支付污水处理服务费的理由似乎成为很多地方政府及主管部门的共通性选择。比如,在江苏鹏鹞环保集团有限公司(以下简称鹏鹞环保)与西宁市水务局污水处理服务费仲裁案中,中国国际经济贸易仲裁委员会裁决西宁市水务局向鹏鹞环保支付污水处理服务费及违约金。由于西宁市水务局在仲裁裁决书生效后仍未主动履行,鹏鹞环保于2014年10月20日向西宁市中级人民法院申请强制执行并实际从西宁市水务局账号扣划执行款项23,197,206.66元,鹏鹞环保实际得到扣除执行费后剩余款23,107,250.39元。从2015年3月开始,鹏鹞环保陆续收到原西宁市环保局开出的总计2140多万元的罚单,原因是鹏鹞环保运营的污水厂出水水质超标。鹏鹞环保认为出水水质之所以超标是因为其污水厂接纳的东川工业园区工业废水水质不稳定,高浓度废水对污水处理工艺造成了较大冲击,这一点在原青海省环保厅2015年5月14日出具给西宁市人民政府的一份函件中也得到了印证。[1] 在这一典型案例中,对比鹏鹞环保通过仲裁、诉讼等一系列程序拿到的

---

〔1〕 吕明合:《西宁污水处理政企"七年之痒"污局》,载南方周末网2015年11月5日,http://www.infzm.com/contents/112763/。

城市污水处理服务费与收到的环保罚单不难发现，出水水质是悬在 PPP 污企头顶上的“达摩克利斯之剑”。不完备的制度设计造成 PPP 污企面临的是城市污水处理服务费支付上的死循环，最终的结果不外乎 PPP 污企因资金链断裂主动退出污水处理市场或因出水水质长期或频繁超标被政府临时接管。

2. 政府突破 PPP 合同边界的行为影响项目收入及时足额拨付到位

从城市污水处理服务费拨付的司法判例来看，作为合同缔约方的政府有关主管部门或其实施机构以各种理由突破 PPP 合同边界，减少或拖延污水处理服务费的拨付成为纠纷的主要来源。这些理由包括：

其一，以 PPP 污企处于商业试运行阶段为由减少或拖延污水处理服务费的拨付。在武汉新天达美环境科技股份有限公司（以下简称新天公司）诉通山县人民政府（以下简称通山县政府）、通山县住房和城乡建设局（以下简称通山县住建局）一案[1]中，通山县政府、通山县住建局认为，在双方当事人签订的《通山县污水处理厂 BOT 项目特许经营与服务协议书》中明确约定了城市污水处理服务费的计费方式，对商业试运行和商业运行两个不同阶段采取不同的计量计费标准，并明确环保部门验收合格及项目公司向通山县住建局提交商业运行书面申请是污水处理厂进入商业运行的前置条件和必经程序。由于新天公司的项目公司未向通山县住建局提交商业运行的书面申请和污水处理服务费申请书，因此通山县住建局主张项目未进入商业运行阶段，应根据商业试运行阶段的计量计费标准拨付污水处理服务费。实际上，《城镇排水与污水处理条例》和《湖北省城镇污水处理厂运行监督管理办法（试行）》等均对商业试运行和商业运行有着明确的时间节点要求，且通山县住建局在 2013 年至 2014 年间按照上述协议书约定的商业运行标准向项目公司支付了城市污水处理服务费，事实上是以实际行动履行了合同的主要义务。

其二，以达标水量代替保底水量为由减少或拖延污水处理服务费的拨付。在北京国润水清环境工程有限公司（以下简称北京国润）诉钦州市人民政府（以下简称钦州市政府）一案[2]中，钦州市政府、钦州市住房和城乡建设委员会认为，自 2011 年 12 月起，市政府开始执行《广西壮族自治区城镇污水处理费征收

---

[1] 湖北省高级人民法院行政判决书，(2019)鄂行终 876 号。
[2] 最高人民法院行政裁定书，(2017)最高法行申 3787 号。

管理暂行办法》(桂价格〔2008〕408号)(以下简称《暂行办法》),按照达标污水量的运营实绩而非合同约定的保底水量向北京国润的项目公司拨付污水处理服务费。北京国润不服,向广西壮族自治区住房和城乡建设厅申请行政复议,请求确认《暂行办法》违法并予以撤销,广西壮族自治区住房和城乡建设厅经复议认为《暂行办法》合法,北京国润收到复议后未向人民法院起诉,该复议决定已经发生法律效力。实际上,在《污水处理费征收使用管理办法》制定出台以前,各地有关城市污水处理服务费的核定依据存在较大差别,在不与上位法产生冲突的前提下,PPP污企是很难通过否定行政规范性文件的合法性进而主张变更城市污水处理服务费的核定和支付依据的。《污水处理费征收使用管理办法》制定出台后,该办法第23条规定,"服务费按照合同约定的污水处理量……等服务质量和数量予以确定",意味着污水处理服务费的核定与支付除了符合法律法规的强制性要求外,主要根据双方签订的城市污水处理PPP合同确定。鉴于约定保底水量是城市污水处理PPP合同中合理分担风险的惯例,政府及有关主管部门向PPP污企提供合同约定的足量污水并按约付费是其应当承担的合理风险。然而,实践中政府及有关主管部门仍然是以"酌情支付"代替"按约支付"而成为矛盾和纠纷的源头。

(二)项目收入分配存在法律问题的原因

1. 城市污水处理PPP合同的特殊属性易导致单方变更、解除权的滥用

根据最高人民法院《关于审理行政协议案件若干问题的规定》(以下简称《行政协议司法解释》)第1条、第2条的规定,行政机关为了实现行政管理或者公共服务目标,与公民、法人或者其他组织协商订立的具有行政法上权利义务内容的协议,属于行政协议。公民、法人或者其他组织就政府特许经营协议提起诉讼的,人民法院应当依法受理。从实践来看,城市污水处理特许经营协议一般都是政府或政府委托的公共机构为了实现完善污水处理设施、保护社会公众的环境权益等行政目标,以行政主体的身份与社会资本方签订的协议,因此应将其认定为行政协议,因协议引起的纠纷应诉诸行政诉讼解决。然而,政府或政府委托的公共机构之所以与PPP污企达成特许经营协议,是因为双方各有所求、各取所需,即政府之所以将污水处理这一公共任务委托给PPP污企完成,是限于自身在财力、技术和服务等方面的不足;PPP污企之所以愿意提供服务

并不是单纯为了社会公共利益的实现,而是出于其经营者身份对商业利润的天然逐利性。因此,污水处理特许经营的出现和发展首先是一种市场行为,而不是政府的强制行为,不应加入过多的权力因素。[1] 基于此,城市污水处理特许经营合同是独立于行政协议和民商事合同的第三类合同,兼具民事和行政的双重属性,同时受到行政法律与民商事法律的双重约束。[2] 城市污水处理特许经营协议中包含的内容,并不能因协议本身被识别为行政协议而排除寻求民事途径解决的可能性。换句话说,协议双方因城市污水处理费的核定与支付产生的纠纷是可以寻求民事诉讼途径解决的。比如,在天一公司诉峡山管委会行政合同一案立案前,天一公司已就要求峡山管委会支付拖欠的污水处理费向法院提起了民事诉讼。在行政合同案件审理中,法院对于是否解除特许经营协议也是按照原《合同法》第 94 条第 4 款的规定审理的,即峡山管委会拖欠污水处理费导致污水处理厂停止运营,属于当事人可以解除合同的法定情形。

正是由于污水处理特许经营合同的特殊属性,政府或政府委托的公共机构往往习惯于借助行政协议所带来的行政优益权,单方变更或解除协议以减损义务承担和履行。之所以会出现此种情形,是因为当事人对单方变更、解除权到底是何种法律属性认识不清。单方变更、解除权并非只有依据行政法律法规方可主张,基于民法、根据合同的法定解除权以及缔约后的情势变更也可主张。[3]

2. 对单方变更、解除权的法律属性认定不清易导致错判

从司法实践来看,政府或其委托的公共机构在城市污水处理特许经营合同的履行中行使单方变更、解除权是引起纠纷的主要因素。有学者将单方变更、解除权分为三种类型[4]:法定单方变更、解除权[5],约定单方变更、解除权和

[1] 参见王春业:《行政协议司法解释对 PPP 合作之影响分析》,载《法学杂志》2020 年第 6 期。

[2] 参见江国华:《政府和社会资本合作项目合同性质及争端解决机制》,载《法商研究》2018 年第 2 期。

[3] 参见张青波:《行政机关变更解除行政协议的司法审查》,载《财经法学》2021 年第 6 期。

[4] 参见贺馨宇:《论 PPP 合同中单方解除、变更权的法律属性与控制机制》,载《法律科学(西北政法大学学报)》2020 年第 3 期。

[5] 法定单方变更、解除权是指依据法律明确规定而取得的单方变更、解除权。约定单方变更、解除权是指特许经营合同中约定的单方变更、解除权。混合单方变更、解除权是指该权利的取得有两个以上的依据,可以分为四种情况:一是该权利同时来源于行政法上的规定与合同中的约定;二是该权利同时来源于行政法上的规定与民法上的规定;三是该权利同时来源于合同的约定与民法上的规定;四是该权利既来源于行政法上的明确授权,也有民法上的明确规定,还有合同的明确约定。

混合单方变更、解除权。法定单方变更、解除权有两种法律属性,若政府或其委托的公共机构基于行政性法律的明确授权而享有的单方变更、解除权为行政优益权。若政府或其委托的公共机构基于合同法或其他民事法律法规的规定而单方解除、变更合同,属于民法上的形成权。约定单方变更、解除权的法律属性为行政法上的形成权。混合单方变更、解除权中只要有权利来源于行政法上的规定,则应为行政优益权,既有合同约定也有民法上规定的,则应为行政法上的形成权。如果单方变更、解除权仅来源于民法上的规定则属于民法上的形成权。从城市污水处理特许经营合同来看,关于城市污水处理费的价格条款是建构在诸如水质和水量等条款之上的,因此,对于政府或其委托的公共机构行使的单方变更、解除权需要法院在具体的案件审判中区分情况予以认定。比如,在新天公司诉通山县政府案中,双方争议的焦点实际上是按照商业试运行阶段的标准还是商业运行阶段的标准支付污水处理服务费的问题。由于《城镇排水与污水处理条例》《湖北污水监督办法》等行政法规及规范性文件对此有明确界定,因此通山县政府无法主张单方变更、解除权,城市污水处理服务费的支付仍应按照合同约定执行。然而,该案一审法院并没有审查通山县政府主张单方变更、解除权的法律依据,因而导致错判。

3. 行政协议优益权行使司法审查的有限性影响了城市污水处理服务费的给付

根据《行政协议司法解释》第 11 条第 1 款的规定,法院应着重对行政行为的合法性展开审查,即对政府或政府委托的公共机构签署城市污水处理特许经营协议是否具有法定职权、是否滥用职权、适用法律法规是否正确、是否遵守法定程序、是否明显不当、是否履行相应法定职责进行审查。既要审查合约性,也要审查合法性;既要审查被诉履约行为有无违反行政法的规定,也要审查其有无违反准用的民事法律规范所确定的基本原则。然而,很多法院在具体适用《行政协议司法解释》第 11 条时仍然主要集中于合法性的审查而不甚关注合约性的审查。比如,在新天公司诉通山县政府案中,一审法院并未将合约性的审查作为重点,而是仅以协议不存在法律规定的无效情形且原被告对继续履行并无异议为由,认为新天公司诉请缺乏事实依据不予支持。此外,行政机关单方变更、解除行政协议的事由能否将行政规范性文件包括在内值得商榷。按照《立法法》第 91 条第 2 款、第 93 条第 6 款的规定,规章不得设定负担性规范。

就此而言,规章应该不得作为行使变更、解除权从而导致相对人权利缩减的法律依据。但鉴于实践中规章规定行政协议单方变更、解除的事由并不鲜见,完全否认规章的作用也不现实。因此,若规章未与上位法相抵触,法院可依法参照。[1] 然而如果任由行政规范性文件规定这种事由,恐将导致行政机关"看人下菜碟"地在行政协议签订前后出台规范性文件,豁免自己的协议义务、减损相对人的权益。[2] 对此,有的学者提出,虽然在衡量行政优益权行使合法与否中公共利益是重要的考量标准,但法院几乎不从规范层面判定行政优益权的行使是否基于公共利益,也不去衡量公共利益与个人利益之间的权重,通常情形下,只要行政机关主张其行为是基于公共利益,人民法院都对其予以尊重。[3] 这也导致在北京国润诉钦州市政府这样的案件中,规范性文件的制定与修改都直接成为了行政主体单方变更、解除行政协议的依据。[4]

实际上,纠纷的真正源头不是规范性文件对计费方式的改变,而是城市污水处理费的价格调整。在城市污水处理特许经营合同中一般都规定有调价周期和调价公式。从司法判例来看,政府或其委托的公共机构对 PPP 污企的调价申请置之不理或不予答复是纠纷产生的主要原因。城市污水处理服务费是政府或其委托的公共机构对 PPP 污企提供的污水处理有偿服务所支付的对价,其制定和调整应当随行就市。然而,由于城市污水处理服务费是在对 PPP 污企绩效核定的基础上对城市污水处理费的切割,其调整受制于城市污水处理费的调整。换句话说,如果城市污水处理费所划定的"天花板"无法突破,则城市污水处理服务费的调整也就成为"无根之木、无源之水"。从《政府制定价格行为规则》来看,关于实行政府指导价、政府定价的商品和服务的价格调整的条款都规定得非常原则,这给政府及有关主管部门留下了很大的自由裁量的空间。从司

---

[1] 参见张青波:《行政机关变更解除行政协议的司法审查》,载《财经法学》2021 年第 6 期。

[2] 参见最高人民法院行政审判庭编著:《最高人民法院关于审理行政协议案件若干问题的规定理解与适用》,人民法院出版社 2020 年版,第 229 页。

[3] 比如,在鹏鹞环保诉西宁市政府案与北京国润诉钦州市政府案中,污水处理特许经营合同中都对计费方式有明确约定,即按照保底水量计费。然而,鹏鹞案中是青海省财政厅印发的青财建字〔2012〕76 号文件要求以实际污水处理量计费,国润案中是广西壮族自治区物价局、建设厅、财政厅印发的桂价格〔2008〕408 号文件要求以达标污水量计费。两种计费方式均对特许经营合同中的计费方式进行了变更,成为纠纷的源头。

[4] 参见张鲁萍:《行政协议优益权行使的司法审查——基于对部分司法判决书的实证分析》,载《西南政法大学学报》2018 年第 5 期。

法审判来看,法院放弃了在城市污水处理服务费调整的司法审查中通过司法来形塑行政的能动性。比如,有的法院以不宜过度审查评价为由拒绝将城市污水处理特许经营合同中的调价条款纳入司法审查的范围。[1] 有的法院将政府在城市污水处理特许经营合同中针对调价的审核回复理解为一种行政职责,认为应尊重行政机关的自由裁量权,不能以司法权僭越行政权而先行作出司法裁判。也就是说,政府及其所属部门对调价申请进行回复是其法定职责,PPP 污企对于政府及其所属部门的回复不服的可以提起行政复议,仍然不服的可以提起行政诉讼。然而,前文中已经提到,由于对公共利益界定不清,PPP 污企在针对调价提起的行政诉讼中胜诉的前景并不明朗,现行制度设计和裁判结果更多关注的是程序正义,而将实体正义交给了行政机关,纳入其自由裁量的范围。

三、项目收入分配的法律制度完善要点

(一)构建兼具合法性与合理性的达标排污责任分配机制

出水水质是影响城市污水处理服务费能否及时足额支付的核心因素,正视进水水质与出水水质之间的因果关系,在排污单位和污水处理设施的运营单位之间构建兼具合法性与合理性的责任分配机制,是治本之道。后文中会提出具体责任分配机制的构建对策和建议,此处不再赘述。责任分配机制构建的最大意义在于让城市污水处理设施的运营单位不再代人受过,不再陷入因出水水质超标既被科以行政处罚又被扣减城市污水处理服务费而影响整体运营绩效的恶性循环之中。

(二)法院应注重对 PPP 合同中行政优益权的司法审查

首先,法院应正确识别城市污水处理特许经营中存在的行政优益权,并在审慎审查的基础上,着重对行政机关主张单方变更、解除权给予必要的限制。虽然《行政协议司法解释》将特许经营协议识别为行政协议,通过行政诉讼途径解决相关纠纷,但城市污水处理特许经营协议中包含的内容兼具民事和行政双

[1] 参见山东省威海市中级人民法院行政判决书,(2020)鲁10行终22号。

重属性，特别是价格条款通常具有依附性特征[1]，法院应着重对行政机关在城市污水处理特许经营中能够主张的行政优益权进行识别（见表2－9），对于在现有法律法规、行政规章中规定较为原则和模糊的条款，必要时还应当结合行政规范性文件的规定辅助判断，以便对价格条款所依附的基础有一个清晰的认知。比如：《城镇排水与污水处理条例》仅对污水处理设施工程竣工验收和交付使用进行了原则性规定，并未涉及商业试运行和商业运行明确的时间节点。此时行政规范性文件中有明确规定的，从其规定；没有规定的，可以根据合同双方实际履行合同的情况辅助判断。需要注意的边界是，如果没有与《城镇排水与污水处理条例》有关竣工验收的条款相抵触，则应对行政机关主张单方变更、解除权予以必要的限制。再如：《城镇排水与污水处理条例》对城市污水集中处理设施的运营单位安全运行城市污水处理设施作出了规定，法院应着重对城市污水处理设施的维护运营单位是否依法依约维护运营、是否擅自停运或部分停运、是否无法安全运行、主管部门是否留出了合理的限期整改时间进行司法审查，如果不属于上述情形，则应对行政机关主张单方变更、解除权予以必要的限制。

表2－9　污水处理特许经营中的行政优益权识别

行政优益权的来源	主张行政优益权的依据
《水污染防治法》第50条、第51条	（1）城镇污水集中处理设施的运营单位对出水水质负责； （2）城镇污水集中处理设施的运营单位安全处理处置污泥。
《城镇排水与污水处理条例》第15条、第29条、第30条、第31条、第36条	（1）建设单位组织城镇排水与污水处理设施建设工程竣工验收； （2）城镇污水集中处理设施的运营单位对出水水质负责； （3）城镇污水集中处理设施的运营单位安全处理处置污泥； （4）城镇污水集中处理设施的运营单位不得擅自停运城镇污水处理设施； （5）城镇污水集中处理设施的运营单位安全运行城镇污水处理设施； 城镇污水集中处理设施的运营单位应按照法律、法规和有关规定以及维护运营合同进行维护运营及安全运行。

注：根据相关法律法规整理而得。

[1] 依附性，即指污水处理特许经营合同中的价格条款是针对污水处理设施的运营单位在水质、水量、持续运营等方面提供的服务所支付的对价，其本身无法独立存在而依附于其他条款的规定之上。

此外,行政机关在缺乏高位阶明确法律依据的情况下,依据行政规范性文件主张单方变更、解除权的,法院应着重进行司法审查而不能一味支持行政机关的处理决定。比如:根据《污水处理费征收使用管理办法》第23条、第24条的规定,城市污水处理服务费的核定与支付应根据合同约定确定。此时行政机关依据行政规范性文件改变计费方式进而减少城市污水处理服务费的支付,实际上在行政规范性文件的内容要件上是存在缺陷的,即《国务院办公厅关于加强行政规范性文件制定和监督管理工作的通知》规定:“行政规范性文件不得违法减损公民、法人和其他组织的合法权益或者增加其义务……”此时法院固然可以以市级政府作为省级政府的下级政府必须严格执行后者所制定的行政规范性文件为由认可市级政府执行行政规范性文件的行为,[1]但不应放弃对该行政规范性文件的审查。换言之,法院对行政规范性文件的审查既要进行形式审查又要进行实质审查。形式审查仅要求符合法律、法规、规章所确立的规则,在规则框架内即为合法,行政机关可自由裁量不受限制;实质审查则要求除了审查内容符合法律、法规、规章的规定之外,还要符合行政法原则、行政先例、公共道德等所表达的法律准则,包括合理不合理的问题也属于合法性的范畴。[2]

其次,对于排除了行政优益权因素纳入民事诉讼途径解决的纯价格纠纷,法院应综合利用民事调解、发出司法建议函等多种方式,督促行政机关守信践诺。对于行政机关拖欠PPP污企城市污水处理服务费的,法院在司法审查中应注意区分不同情形予以处理:其一,对于地方财政承受能力不足等导致的行政机关不及时拨付城市污水处理服务费,只要行政机关仍尽其所能筹措并向PPP污企拨付城市污水处理服务费,法院就应着重调解而不可轻易判决解除合同。其二,对于行政机关恶意拖欠、挪用、资金监管不适当支付[3]等导致的行政机关长期不及时支付污水处理服务费,法院不仅应及时判决解除合同,而且应该向行政机关发出司法建议函。特别是在没有相应行政规范性文件对行政机关及工作人员追责的情形下,法院应通过司法建议函建议有关部门加快文件制定补齐制度漏洞,以形成对行政机关守信践诺的促进作用。

---

〔1〕参见广西壮族自治区钦州市中级人民法院行政判决书,(2015)钦行初字第2号。

〔2〕参见于洋:《论规范性文件合法性审查标准的内涵与维度》,载《行政法学研究》2020年第1期。

〔3〕比如,地方行政机关用资金监管的方式,将用于拨付的污水处理服务费支付给付款时间远未到期的设备供应商。

第三章 利益调节的关键

——项目融资

项目融资，是指以项目的未来收益或资产为融资基础，以项目运营产生的现金流为还款来源，为项目建设或运营筹措资金，并由项目参与各方共同分担风险的特定融资方式。[1] 城市污水处理价格的制定、调整和项目收入分配会直接对现金流产生影响，关乎污水处理 PPP 项目的正常运营，而项目融资的成功与否则关乎污水处理 PPP 项目的运行负荷与污水处理需求之间的匹配程度，其意义更为重大。

污水处理 PPP 项目通常投资体量巨大，以财政部第四批政府和社会资本合作示范项目为例，在 24 个水务项目中，涉及污水处理投资金额 8 亿元及以上的项目有 8 个。庞大的投资规模带来了巨大的融资压力，如果采用传统融资模式[2]其融资要求和成本较高，社会资本将想方设法将融资成本转移至报价中，最终导致政府采购成本大大提高，增加污水处理 PPP 项目融资的难度和风险。污水处理 PPP

---

〔1〕 参见杨伟东等编著：《PPP 项目法律实务》，人民法院出版社 2017 年版，第 129～132 页。

〔2〕 此处的传统融资模式是指公司融资，即某公司为了建设某一项目，利用公司自身资信能力，以公司作为债务人而进行的融资方式，贷款银行在进行决策时，系将该公司整体财务状况和资信状况等作为评估的主要依据，而把该公司所要投资的某个具体项目的财务、风险等情况作为次要参考因素。

项目融资模式下,项目发起人通过合资成立 SPV 公司,以 SPV 公司而非项目发起人为直接融资人筹措债务或股权资金进行融资,并以 SPV 公司的未来现金流(未来收益)为主要还款来源,以 SPV 公司的股权、资产及其他权益为担保。SPV 公司具有独立的法人地位,项目发起人作为股东认缴的资本属于项目资产,并以此为限对 SPV 公司承担责任。污水处理 PPP 项目融资具有以下特点:其一,以污水处理 PPP 项目资产和预期收益为融资基础;其二,项目发起人将原本应当由自己承担的还债义务部分地转移到污水处理 PPP 项目上以实现风险共担;其三,属于表外融资,社会资本方可以通过对项目投资结构和融资结构的设计,将贷款安排成为一种非公司负债型融资,使得污水处理 PPP 项目融资无须进入投资人的资产负债表。污水处理 PPP 项目融资工具主要有两种,即股权融资和债务融资。

第一,股权融资。污水处理 PPP 项目融资重视 SPV 公司的股权结构、股东构成、出资比例及治理结构。根据《PPP 项目合同指南》与《污水处理厂网一体化及垃圾处理 PPP 项目合同示范文本使用说明》的规定,虽然 PPP 项目的直接实施主体和项目合同的签署主体通常是社会资本方设立的 SPV 公司,但项目的实施仍主要依赖于社会资本方自身的资金和技术实力。SPV 公司自身或其母公司的股权结构发生变化,可能导致不合适的主体成为 PPP 项目的投资人或实际控制人进而影响项目实施。因此,对于直接或间接转让股权,并购、增发等其他方式导致的股权变更,股份相关权益的变更以及其他任何可能导致股权变更的事项,均应通过锁定期及其他手段予以必要的限制。从目前污水处理 PPP 项目融资的运营实际来看,可以采取的股权融资工具包括以下几种:其一,基金。(1)政策性基金[1],主要为符合条件的重点建设污水处理项目提供资本金支持。(2)产业基金,是私募基金的一种,以非公开的形式向特定投资人募集的一种基金。根据发起人的不同可以分为由政府发起的 PPP 引导基金[2]和由社会资本方发起的 PPP 产业基金[3]。(3)基础设施公募 REITs。作为公募基金的

---

[1] 如 2016 年浙江嘉兴污水处理项目获得国家建设专项基金 3 亿元注资。

[2] 如 2016 年 2 月山西省财政厅、住建厅与北京首创集团、兴业银行共同发起设立的山西省改善人居环境 PPP 投资引导基金,省级母基金 16 亿元和市县子基金 128 亿元带动投资 853 亿元。

[3] 如 2014 年 9 月由国家开发投资公司、北京排水集团、中国工商银行等五家机构共同发起设立首期 100 亿元水环境投资基金优先投入北京市污水处理和再生水利用设施建设三年行动计划。

一种,污水处理公募 REITs 依法向社会投资者公开募集资金形成基金财产,通过污水处理资产支持证券等特殊目的载体持有污水处理项目,由基金管理人等主动管理运营上述污水处理项目,并将产生的绝大部分收益分配给投资者的标准化金融产品[1]。其二,信托。信托参与污水处理 PPP 项目主要有以下几种形式:(1)信托贷款。信托公司发行信托计划将所募集资金用于向 SPV 公司提供贷款,由 SPV 公司或公司股东提供还款来源以及担保措施。(2)股权投资。信托资本作为社会资本直接通过股权投资为 PPP 项目提供融资直投 SPV 公司,通过项目分红收回投资。(3)购买收益权。信托公司购买污水处理 PPP 项目 SPV 公司享有的特许经营权之收益权。

第二,债务融资。债务资金是污水处理 PPP 项目融资最重要的资金来源,项目的建设和运营需要借助丰富的债务融资工具。从目前污水处理 PPP 项目融资的运营实际来看,可以采取的债务融资工具包括以下几种:其一,银行贷款。银行贷款在债务融资中的运用最为广泛但监管也较为严格,其主要包括以下几种形式:(1)项目贷款[2];(2)银团贷款[3]。其二,债券。国内债券市场目前有银行间债券市场和交易所市场两大债券发行和流通市场。市场化债券融资工具主要有以下几种:(1)污水处理项目专项债券[4];(2)企业债券;(3)公司债券[5];(4)项目收益债券;(5)中期票据和短期融资券[6]。其三,结构化产品,即通过多种基础金融资产组合的形式满足投资者的特定收益—风险需求,通常为各类资产管理计划,如券商资管、保险债权投资计划、银行资管计划以及信托计划等。其四,融资租赁。由于融资租赁融资与融物相结合的特点,出现问题时租赁公司可以回收、处理租赁物,对企业资信和担保要求不高且属于表外融资,不影响企业资信,非常适合中小企业融资。目前我国存在金融

[1] 如 2021 年 6 月,北京首创生态环保股份集团有限公司富国首创水务 REITs 于上交所正式挂牌交易,成为试点首只将绿色 PPP 项目作为底层资产成功发行基础设施 REITs 的产品。

[2] 近年来,国开行、农发行等政策性银行加大了对污水处理 PPP 项目的支持力度,如 2021 年江西省赣州市石城县污水处理 PPP 项目获国开行贷款 1.5 亿元、2018 年湖北省恩施市城乡一体化污水处理 PPP 项目获农发行贷款 5 亿元等。

[3] 如 2020 年 11 月建行遂宁分行与工行遂宁分行、中行遂宁分行、邮储银行遂宁分行组成银团,共同为遂宁市城镇污水处理设施统一打包建设运营 PPP 项目提供 27.07 亿元贷款。

[4] 如截至 2022 年 4 月浙江省发行的共四期污水处理专项债券,共计 31.39 亿元。

[5] 如 2022 年安徽中环环保科技股份有限公司发行的可转换公司债券。

[6] 如 2022 年北京首创生态环保集团股份有限公司发行的短期融资券。

租赁和融资租赁两类公司,2018 年 5 月 14 日以后,归原银监会监管的金融租赁公司和归商务部监管的融资租赁公司已统一划归银保监会管辖。其五,资产证券化(Asset-backed Securities,ABS),即以缺乏流动性但具有未来稳定现金流的财产或财产权为基础资产,以基础资产所产生的现金流为偿付支持,通过结构化等方式进行信用增级,发行资产支持证券[1]。

第一节　项目融资运行中呈现的法律问题

一、项目融资的运行现状

通过查询财政部政府和社会资本合作中心网站和四川省财政厅网站可知,目前全国范围内只有四川省发布了共 5 期的 PPP 项目融资成本分析报告(第 1 ~4 期发布在四川省财政厅网站,第 5 期发布在财政部政府和社会资本合作中心网站)(见表 3 -1)。从表 3 -1 可知,首先,自 2019 年以来,包括污水处理在内的市政工程和生态环保领域的 PPP 项目在新增项目中均占有较大比例。其次,在提供融资项目的金融机构类型中,银行业金融机构一直维持着一家独大的局面。可见,目前债权融资仍然是污水处理 PPP 项目的主要融资方式,其中银行融资是主要渠道,这一点在有关学者的研究中也得到了印证[2]。这反映出目前我国污水处理 PPP 融资模式仍然较为单一。当然,为何绝大多数污水处理 PPP 项目要选择债权融资模式,主要是得益于债权融资本身相较于其他融资的优势:其一,SPV 公司与社会资本方之间是公司与股东的关系,一旦发生风险,外部债权人只能向 SPV 公司进行有限追索,一般情况下不会触及社会资本方或者其他投资人的资产,可以起到风险隔离的作用。其二,由于项目贷款一般为长期贷款,SPV 公司不必急于还款,保证了项目建设期资金

---

〔1〕 如 2017 年 2 月 3 日发行的"太平洋证券新水源污水处理服务收费收益权资产支持专项计划"、北控水务(中国)投资有限公司 2017 年第一期绿色资产支持票据、2017 年 3 月备案的中信证券——首创股份污水处理 PPP 项目收费收益权资产支持专项计划等。

〔2〕 田伟:《中国 PPP 项目融资障碍及对策分析——基于商业银行融资视角》,载《三峡大学学报(人文社会科学版)》2018 年第 2 期。

链的稳定。其三，债权融资对社会资本方而言是表外融资。项目贷款不会在社会资本方的资产负债表上显示，可以改善社会资本方的财务状况，避免借款合同的限制。

表 3-1 四川省 2017~2021 年 PPP 项目融资成本信息

时间	新增项目数量及分布情况	提供融资项目的金融机构类型及项目数
截至 2021 年 3 月 31 日	新增 112 个（市政工程中的垃圾、污水及生态建设和环境保护、教育等污染防治与绿色低碳领域合计 46 个，占新增项目总数的 41.07%）	银行业金融机构（107 个）、信托机构（2 个）、保险机构（1 个）、财务公司（1 个）、融资租赁公司（1 个）
截至 2020 年 3 月 31 日	新增 123 个（市政工程中的垃圾、污水及生态建设和环境保护领域合计 62 个，占新增项目总数的 50.4%）	银行业金融机构（123 个）
截至 2019 年 12 月 31 日	新增 65 个（市政工程中的垃圾、污水及生态建设和环境保护领域合计 25 个，占新增项目总数的 38.5%）	无
截至 2018 年 2 月 28 日	新增 51 个	银行业金融机构（44 个）、非银行业金融机构（7 个，其中基金公司 1 个、租赁公司 3 个、财务公司 3 个）
截至 2017 年 2 月 28 日	新增 42 个	银行业金融机构（37 个）、非银行业金融机构（5 个，其中基金公司 2 个、信托公司 1 个、证券公司 1 个）

为了尽可能全面地对污水处理 PPP 项目融资中出现的法律问题进行全方位、无死角呈现，本研究同时选取了金融机构和非金融机构在提供项目融资中所发生的法律问题。同时，鉴于本研究的聚焦点在法律问题而非从经济学、管理学等角度展开对融资问题的探讨，因此，本研究选取典型案例作为切入点，从法律关系和责任承担的角度对本研究所探讨的法律问题进行解构和分析。

二、项目贷款融资中呈现的法律问题

从目前污水处理 PPP 项目债务融资运行现状来看，银行贷款或银团贷款仍然是一种运用最为广泛的债务融资工具。在实践中,通常是SPV公司将基于特许经营权而形成的未来应收账款向金融机构质押,金融机构据此取得担保物权,向SPV公司发放项目贷款。然而,很多金融机构并不愿意接受仅仅依靠未来应收账款质押的增信条件。换句话说,在社会资本方看来,用污水处理PPP项目SPV公司的特许经营权作应收账款质押融资,如果SPV公司到期还不起款,金融机构完全可以处置特许经营权。但是,在很多情况下,金融机构并不愿意接受仅仅依靠未来应收账款质押的增信条件。实际情况是除特许经营权外,金融机构还要求社会资本方提供其他担保方可放贷。为了对以上问题进行清晰地呈现和阐释,笔者拟以福建海峡银行股份有限公司福州五一支行(以下简称福州五一支行)与长乐亚新污水处理有限公司(以下简称长乐亚新公司)、福州市政工程有限公司(以下简称福州市政公司)借款合同纠纷案,即最高人民法院指导案例53号为切入点进行分析论证。

(一)最高人民法院指导案例53号的基本案情

2003年,长乐市建设局为让与方、福州市政公司为受让方、长乐市财政局为见证方签订了《长乐市城区污水处理厂特许建设经营合同》(以下简称《长乐污水特许经营合同》),合同约定:长乐市建设局授予福州市政公司负责投资、建设、运营和维护长乐市城区污水处理项目及其附属设施的特许权;项目的建设及试运行期为2003年1月1日至2005年4月30日;项目的运营期从2005年5月1日至2030年4月30日;福州市政公司可将本合同授予的特许经营权作为本项目的融资抵押或担保,但不得转让他方;福州市政公司不得将建成后本项目的固定资产作为融资抵押和担保;福州市政公司全权负责项目的运营和维护,可由其组建的SPV公司,也可由其委托专业的运营公司负责本项目的运营和维护;福州市政公司的收益来源于长乐市建设局支付的污水处理费;合同到期后,福州市政公司应将项目全部资产完好地、无偿地按时移交给长乐市建设局。2004年10月22日,长乐亚新公司成立。该公司系福州市政公司为履行《长乐污水特许经营合同》而设立的SPV公司,福州市政公司持有长乐亚新公司99.23%的股份。

2005年3月24日,福州五一支行与长乐亚新公司签订《单位借款合同》,合同约定:长乐亚新公司向福州五一支行借款人民币3000万元,用途为长乐市城区污水处理厂 BOT 项目,借款期限为 13 年(自 2005 年 3 月 25 日起算);合同项下的借款按月结息,结息日为每月的第 20 日,还息日为结息日的次日,长乐亚新公司应在还息日支付到期利息;按分期还本方式偿还借款本金(共分 12 期);长乐亚新公司未履行合同的,应承担由此引起的福州五一支行为实现债权(含担保债权)的费用;长乐亚新公司违约的,福州五一支行有权停止发放未发放的借款,视为所有已发放的借款提前到期,要求长乐亚新公司立即偿还本合同项下所有借款本金和利息;对长乐亚新公司未按合同约定的期限清偿借款本金的,就其到期应付而未付借款本金自逾期之日(含当日)起按合同借款利率上浮 30%(逾期罚息利率)以按月结息的方式计收利息;对于长乐亚新公司未按合同约定的期限清偿借款利息的,就其到期应付而未付借款利息自逾期之日(含当日)起按逾期罚息利率按月结息的方式计收复利。

同日,福州五一支行与福州市政公司签订了《保证合同》,福州市政公司为长乐亚新公司的上述借款承担连带责任保证,合同约定保证担保的范围为主合同项下债务人的债务本金、利息(含复利)、违约金、损害赔偿金以及实现债权(含担保债权)费用。

福州五一支行与长乐亚新公司、福州市政公司、长乐市建设局于同日共同签订了《特许经营权质押担保协议》,约定:福州市政公司以《长乐污水特许经营合同》授予的特许经营权为长乐亚新公司向福州五一支行的借款提供质押担保,长乐市建设局同意该担保;福州市政公司同意将特许经营权收益优先用于清偿借款合同项下的长乐亚新公司债务,长乐市建设局和福州市政公司同意将污水处理费优先用于清偿借款合同项下的长乐亚新公司的债务;为加强对项目资金和收益的监控,长乐亚新公司同意在福州五一支行设立融资控制账户;项目资金的支出和收入必须通过融资控制账户结算;福州五一支行有权对项目资金的支出进行审查和监控;特许协议项下由长乐市建设局支付给福州市政公司的污水处理服务费以及福州市政公司从长乐市建设局获得的其他款项均由长乐市建设局直接划入融资控制账户;未经福州五一支行和长乐市建设局一致书面同意,前述污水处理服务费等款项不得划入其他账户,若长乐市建设局违反上述约定应承担赔偿责任;福州五一支行未受清偿的,有权依法通过拍卖等方式处分质押权利等;福州五一支行处分质押权利时,同意与其他方友好协商,在同等条件下优先考虑将质押权利转让给长乐市建设局推荐的第三人;长乐市建设局同意为福州五一支行和福州市政公司办理质押权利出质登记手续，质押权利担保的债务得以清偿后，福州五一支行和福州市政公司应及时到长乐市建设局办理出质登记注销手续。

合同签订后，福州五一支行分别于2005年3月25日、30日和4月28日向长乐亚新公司发放贷款2500万元、200万元和300万元，合计发放3000万元。长乐亚新公司自2007年10月21日起未依约如期足额还本付息，福州五一支行曾多次向长乐亚新公司、福州市政公司催收借款本金及利息。截至2012年8月21日，长乐亚新公司尚欠福州五一支行借款本金人民币28,714,764.43元以及利息（包括借款利息、逾期罚息和复利）人民币2,142,597.66元，其中逾期贷款本金为8,618,098.43元。

（二）最高人民法院指导案例53号的争议焦点

从本案的基本案情可知（见图3－1），本案中的法律关系主体构成如下：（1）政府方[1]：长乐市建设局和长乐市财政局。（2）社会资本方[2]：福州市政公司（实际投资人）和长乐亚新公司（SPV公司）。（3）融资方：福州五一支行。在以上法律关系主体所结成的诸种法律关系中，居于基础性地位的是政府方与社会资本方通过缔结《长乐污水特许经营合同》所结成的特许经营法律关系。鉴于前文中已经提到污水处理特许经营合同性质的特殊性，政府方事实上在污水处理特许经营法律关系中承担着双重职能：一是作为公共利益的代表者和污水处理环境绩效的追求者，承担着污水处理PPP项目的规划、采购、管理、监督等行政管理职能，在行使上述职能时其与作为行政相对人的社会资本方、融资方处于不平权地位。二是作为污水处理服务的购买者，在缔结合同有偿购买污水处理服务的过程中与社会资本方、融资方处于平权地位。

---

〔1〕 政府方是对作为PPP项目合同的一方签约主体的政府或政府授权机构的统称。

〔2〕 社会资本通常不会直接作为污水处理PPP项目的实施主体，而是会专门针对项目成立SPV公司，作为污水处理PPP项目合同及其他相关合同的签约主体负责项目具体实施。

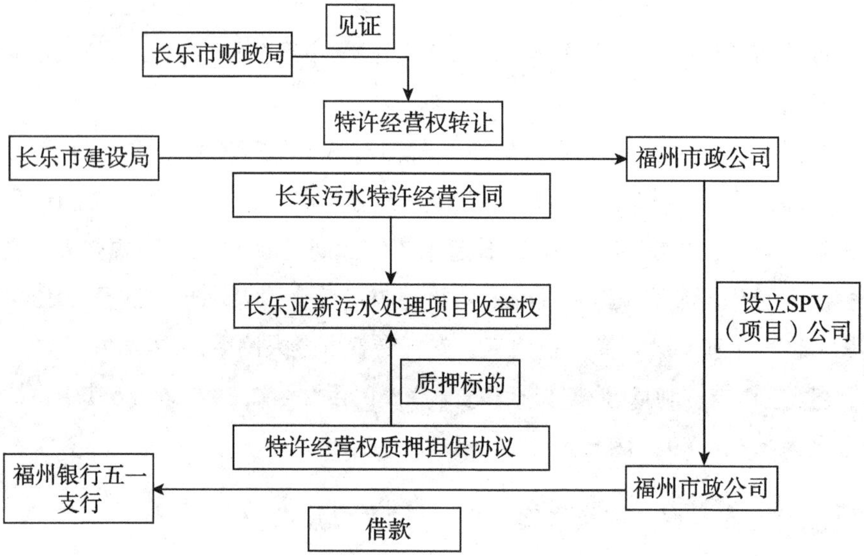

图3-1　基本案情示意

无论是福州五一支行与长乐亚新公司、福州市政公司签订的《单位借款合同》《保证合同》,还是福州五一支行与长乐亚新公司、福州市政公司、长乐市建设局签订的《特许经营权质押担保协议》,其合同签订的基础都是福州市政公司和长乐亚新公司根据《长乐污水特许经营合同》而取得的特许经营权。此种权利就是经过法定的特许经营程序,被授权的主体(特许经营者)投资、建设、运营基础设施和公用事业并获取收益的一种权利,这种权利集中体现在特许经营者基于其提供的公共产品或服务而收取合法费用的收费权利。[1] 以特许经营权为基底,融资方与社会资本方形成了借款合同关系和保证合同关系。此外,融资方又与社会资本方和政府方形成了特许经营权质押担保关系。之所以在借款合同关系和保证合同关系之外还要建立特许经营权质押担保关系,是因为质押作为我国法定的五种担保方式之一,属于广义增信措施[2]。本案中出现了长乐亚新公司未按期足额还本付息的结果,双方争议的焦点就主要集中在长乐

[1] 参见巨强:《法国公共工程的特许经营权管理及启示》,载《财会研究》2000年第11期。
[2] 所谓广义增信措施,是指一切能够为融资提供有力支持的手段和方式。

市城区污水处理厂特许经营权能否质押以及质权如何实现这两个问题上[1]。

1. 关于长乐市城区污水处理厂特许经营权的质押问题

法院对于特许经营权能否质押是从实体和形式两个方面入手分析的。从实体角度而言，有以下问题需要明确：

其一，质押针对的到底是特许经营权的整体还是部分。这一点也是福州五一支行在一审、二审中一再提出的诉讼请求，即主张用于质押的特许经营权不应仅指污水处理收益权，还应当包括污水处理厂所有设施以及特许经营期内可能形成的知识产权的所有权和使用权。前文已指出，特许经营权是对污水处理厂进行投资、建设、运营和维护并获得收益的权利。鉴于特许经营权是通过竞争性选择程序获得的，具有不可转让性。因此，特许经营权的质押其实质是特许经营收益权的出质。

其二，污水处理收益权能否作为质押担保。污水处理收益权并未作为独立的财产权利规定在立法中，但《民法典》第 445 条规定的“应收账款”属于可出质的权利。中国人民银行《应收账款质押登记办法》第 4 条对“应收账款”的内涵和外延进行了界定，污水处理的收益权是基于有偿提供污水处理服务而产生的债权，故应当属于“应收账款”。然而，本案中的《特许经营权质押担保协议》签订于 2005 年，彼时原《物权法》尚未颁布实施，因此可得参照之制度依据只有原《担保法》第 75 条以及原《最高人民法院关于适用〈中华人民共和国担保法〉若干问题的解释》第 97 条。但是，上述规定也没有涉及污水处理厂等环保基础设施的收益权质押问题，因此法院将污水处理厂的收益权与公路桥梁、隧道、渡口等不动产的收益权进行了类比，认为二者都属于原《担保法》第 75 条第 4 项规定的“依法可以质押的其他权利”。在此基础上，法院通过援引《关于西部大开发若干政策措施的实施意见》第五部分“加大金融信贷支持”第 13 项的规定，明确了即便是在原《物权法》颁布实施之前，特许经营权的收益权也属于可出质的权利。实际上，法院未援引《基础设施特许办法》作为特许经营项目收益权质押的法律依据，而该办法第 23 条对这一点是有明确规定的。在解决了污水处理

[1] 还有一个争议的焦点是长乐亚新公司和福州市政公司是否应当承担借款合同和保证合同项下的责任。鉴于该两项合同都是当事人的真实意思表示，也未违反法律、行政法规的强制性规定，因此在长乐亚新公司与福州市政公司承担违约责任的问题上当事人没有太大分歧。

的收益权的可出质问题后,法院对其性质进行了认定。法院认为,污水处理的收益权属于债权,对于债权质押,系以特定债权担保其他债权,因此应当具备确定性特征。此外,污水处理的收益权还属于集合性的将来债权。

从形式层面分析,将污水处理的收益权出质,还应当具备担保物权成立的形式要件,即出质人和质权人应当通过订立书面合同的方式达成设立质权的意思表示并对质权进行公示。由于本案《特许经营权质押担保协议》签订于 2005 年而彼时原《物权法》尚未颁布实施,因此对于污水处理项目收益权质押并没有统一的登记公示的规定,而是参照公路收费权质押登记的规定由其主管部门进行备案登记。本案中出质人与质权人已达成书面协议且在长乐市建设局登记备案,因此本案污水处理收益权的权利质押已成立并生效。

2. 关于质权的实现问题

原《担保法》和原《物权法》对权利质权的具体实现方法仅有一般性规定,根据该一般性规定,质权人在行使质权时,可以通过协商将质押财产折价或通过拍卖、变卖质押财产取得相应价款的优先受偿权。然而,污水处理收益权的两个特征决定了该种质权的实现方式不能简单等同于一般的通过拍卖、变卖质物从所得价款中一次性优先受偿的质权实现方式:其一,污水处理收益权属于将来获得的金钱债权,其可通过直接向第三债务人收取金钱的方式实现质权,即福州市政公司可根据其每月提供的污水处理服务分期获得污水处理服务费,故无须采取折价或拍卖、变卖的方式。其二,污水处理收益权负有一定的负担,特许经营主体的特定性以及经营过程中特许经营主体所承担的义务均非可转让的财产权利。换句话说,污水处理收益权作为污水处理特许经营权的一项权能,建构在特许经营主体对项目的投资、建设、运营和维护的基础之上,不能随意成为折价拍卖、变卖的对象。具体到本案中,无论是福州市政公司还是长乐亚新公司,都不仅在经营期间对污水处理厂的不动产、设备享有所有权,而且都雇用人员具体负责污水处理厂的运营管理。特别值得注意的是,长乐亚新公司负责的污水处理项目一直能够正常运营,福州市政公司每月获得的污水处理服务费也收益稳定。因此,福州五一支行主张采取拍卖、变卖的方式实现质权就更加失去了前提和基础。鉴于《特许经营权质押担保协议》有关于污水处理服务费优先清偿借款合同项下债务的约定,因此福州五一支行有权直接向长乐市建设局收取污水处理服务费并对所收取的污水处理服务费行使优先受偿权。

(三)最高人民法院指导案例53号反映出的法律问题

1.“强增信”、“弱增信”以及金融机构的风险偏好

从以上阐述来看,本案争议焦点的实质是污水处理收益权这种基于特许经营权而产生的未来应收账款是“强增信”还是“弱增信”的问题。“强增信”一般需要具备以下特征:(1)符合法定担保方式;(2)担保人担保能力强;(3)担保物足值且易变现。“弱增信”则不具备或不完全具备以上特征。污水处理PPP项目由其公用事业特征所决定,具有投资规模大、回收投资的周期长、收益率低等特征,而能够匹配这些特征的资金主要来源于银行、保险公司等金融机构。由于此类金融机构的风险偏好在于还款来源要能够确保覆盖融资资金的本金和利息,因此势必要求“强增信”。但是,污水处理收益权并不完全具备“强增信”的特征,原因在于:其一,因风险因素的影响,特许经营权无法完全保障特许经营者的稳定预期收益。污水处理特许经营者通过竞争性选择程序获得特许经营权后并非万事大吉,特别是在运营阶段会有很多风险因素影响收益获取。比如,前文中已经谈及的因私设暗管、不定时偷排等造成的进水水质问题导致出水水质超标,此时特许经营者不仅会面临环保行政处罚,而且会对污水处理服务费的核定与拨付、税收优惠等方方面面产生影响,造成借、贷款存续期现金流的中断或不足。其二,因技术壁垒的影响,特许经营权无法完全保障特许经营者的预期收益。随着城市化进程的加快,原本处于城市郊区或城乡接合部的污水处理厂的邻避效应被放大,噪声、臭气投诉与日俱增倒逼当地政府通过特许经营权的调整回应社会关切。地埋式(半地埋式)污水处理厂的快速发展说明特许经营权本身不具备技术壁垒,也无法完全保障特许经营者的稳定预期收益。因此,污水处理收益权属于“弱增信”,不能很好地满足金融机构的风险偏好。

2. 金融机构的风险规避与污水处理PPP项目的贷款融资困局

通常污水处理PPP项目自有资本金比例不低于项目总投资额的20%,占项目总投资额80%的融资需要依靠SPV公司的现金流还款。在贷款时,SPV公司的现金流是预测数字,但鉴于污水处理收益权“弱增信”的特征,金融机构在实操中通常会采取以下措施规避风险:(1)降低项目贷款比例,即按照金融机构保守测算的现金流给予项目贷款,降低融资比例并提升自有资本金比例以降低

项目的融资杠杆比例;(2)要求项目发起人提供主体增信,即特许经营者承担连带责任担保或者作出差额补足承诺〔1〕,或者由地方政府进行可行性缺口补助〔2〕;(3)增加融资技术处理措施以保障优先受偿,如设立融资控制账户增强对现金流的管控力度〔3〕。

金融机构出于风险偏好而采取的风险规避措施实际上起到的是风险传导的作用。一方面,金融机构的风险规避实际上是将风险传导给了地方政府。根据《财政部办公厅关于规范政府和社会资本合作(PPP)综合信息平台项目库管理的通知》(财办金〔2017〕92 号)的规定,政府付费类项目已被要求"审慎开展"。根据《财政部关于推进政府和社会资本合作规范发展的实施意见》(财金〔2019〕10 号),财政支出责任占比超过 5% 的地区,不得新上政府付费项目,若将新上政府付费项目打捆、包装为少量使用者付费项目,项目内容无实质关联、使用者付费比例低于 10% 的,不予入库。由此可见,之所以对政府付费项目进行严格控制,是因为考虑到了地方财政承受能力,严控地方政府债务引发的金融风险。然而,由于我国现行行政规范性文件并未对可行性缺口补助占项目总回报的比例作出规定,加上我国还没有完全建立起以"污染者付费"原则为指引的污水处理收费制度,因此,地方政府的政府责任并没有明显降低。另一方面,金融机构的风险规避实际上是将风险传导给了社会资本方。连带责任担保或出具差额补足承诺函等金融机构的风险规避措施无疑会增加社会资本方的债务负担,使污水处理 PPP 项目融资中 SPV 公司的有限追索融资〔4〕演变为社会

〔1〕 在最高人民法院指导案例 53 号中,福州五一支行与福州市政公司签订了《保证合同》,福州市政公司为长乐亚新公司的借款承担了连带责任保证。

〔2〕 根据统计,在生态环境保护领域中,包括污水处理、垃圾处理、湿地保护等在内的项目均以可行性缺口补助为主,项目数量几乎占到所有项目回报机制中的一半左右。

〔3〕 在最高人民法院指导案例 53 号中,福州五一支行就是因为融资技术处理措施的不到位导致了优先受偿的损失,即虽然在《特许经营权质押担保协议》中约定了融资控制账户的设立条款,但因事实上未设立融资控制账户,福州市政公司和长乐亚新公司已收取的污水处理服务费已无法特定且已转化为两公司的一般财产,福州五一支行从而丧失了对已收取部分污水处理服务费行使优先受偿权的条件。

〔4〕 有限追索融资是指贷款人除依靠项目收益及项目本身的担保权益作为偿债来源外,还要求由 SPV 公司以外的其他与项目有利害关系的第三方当事人提供担保或承诺等增信措施,在项目资产、收益等不足以清偿贷款时以合同约定或担保金额为限承担责任。

资本方的公司融资[1]。以上风险传导的结果是社会资本方获得贷款融资的条件日益苛刻、成本日渐高企，地方政府背负的沉重的可行性缺口补助包袱透支了未来的财政支出能力，造成了污水处理 PPP 项目的贷款融资困局。

3. 污水处理收益质押权实现的未尽事宜

在本案中，法院考虑到由 SPV 公司负责的污水处理 PPP 项目能够正常运营，且社会资本方每月获得的污水处理服务费收益稳定，故法院认为质权人能够通过请求法院判令其直接向出质人的债务人收取金钱的方式实现质权，并对收益享有优先受偿权。那么，在此种情况下是否能够赋予质权人以介入权以便更为有利地保障其权益值得继续探讨。对于出质人处于非正常经营状态时，质权人如何实现其质权的问题本案并未涉及，但此种情形值得继续探讨。本案中虽然确定了质权人对收益享有的优先受偿权，但并未对优先受偿权的行使期限作出规范。以上三点可归纳为污水处理收益质押权实现的未尽事宜。

关于污水处理 PPP 项目正常运营情形下能否赋予质权人以介入权以便更有利地保障其权益的问题，应从介入权的来源、行使的条件和执行效力三个方面进行探讨。其一，介入权的来源。污水处理 PPP 项目融资协议或者其他相关协议中会设定这样的条款，即当污水处理 PPP 项目遇到问题，政府方在处理合同终止及其后果之前，融资机构可以直接参与项目采取措施挽救 PPP 合同。这样的协议被称为“直接协议”（Direct Agreement 或称为“三方协议”），融资机构直接介入项目的权利被称为“介入权”。其二，介入权行使的条件。污水处理 PPP 项目的融资模式是基于 PPP 项目产生的预计现金流而进行的有限追索贷款，融资机构介入权设置的根本目的是保障或担保融资机构顺利收回贷款资金和利息，是污水处理 PPP 项目融资合同中的保护性约定，也是融资机构为污水处理 PPP 项目提供贷款而寻求的额外安全保障，本质上是一种合同权利。然而，必须界定介入权的行使边界以保障介入权行使的可操作性、有效性并防止权利滥用，否则会造成更为复杂且难以控制的局面。其三，介入权的执行效力。在污水处理 PPP 项目融资中，项目收入是 SPV 公司偿还贷款的主要来源，污水

---

[1] 公司融资一般实行完全追索责任，即公司为了建设某一项目，利用公司自身的资信能力，以公司作为债务人而进行的融资方式，贷款银行在进行决策时，系将该公司整体财务状况和资信状况等作为评估的主要依据，而把该公司所要投资的某个具体项目的财务、风险等情况作为次要参考因素。

处理 PPP 项目只有持续运营并产生收入时,融资机构的贷款和利息偿还才有保证。因此,介入权条款设置的本质是保护和担保还款。介入权条款赋予了融资机构对 SPV 公司所形成的各种项目合同关系的控制权,即 SPV 公司应当将其所形成的各种项目合同中的权利义务转让给融资机构。然而,鉴于 SPV 公司是社会资本方为特定污水处理项目的建设和运营而设立的特殊目的实体,社会资本方是因其专业能力而通过竞争性选择程序被赋予特许经营权的实体,由二者的专业性所决定的 SPV 公司所形成的各种项目合同是否具有可转让性是存疑的。根据有关学者的考察,目前 PPP 合同的可转让性几乎没有在任何司法管辖区的法庭上得到过合适的检验。[1]

关于污水处理 PPP 项目非正常运营情形下质权人如何实现质权的问题。当遭遇不可抗力、特许经营者违约等情形出现时,污水处理 PPP 项目都会出现无法正常运营的情况,此时政府方通常会因为污水处理 PPP 项目无法正常运营而减少甚至停止支付污水处理服务费,由此造成污水处理 PPP 项目失去现金流来源,最终影响污水收益权质押的实现。实际上,《基础设施特许经营办法》第 48 条规定了此种情形下政府的临时接管权,即在法国等国家的立法中规定的在社会资本方或者 SPV 公司不能胜任政府委托的项目或者服务的情形下政府的介入权。然而,在何种原因导致特许经营者违约情形的出现以及临时接管的程序设定等问题上,以《基础设施特许办法》为代表的特许经营立法和以《水污染防治法》《城镇排水与污水处理条例》为代表的污水处理立法的衔接并不理想。比如,污水处理厂的出水水质超标就是一种典型的违法违约情形,如果现行制度设计中没有对进水与出水因果关系以及责任认定的条款,其直接结果就是污水处理服务费的减少支付甚至停止支付,直接对污水处理 PPP 项目现金流造成影响。再如,关于临时接管。无论是突发事件、不可抗力还是特许经营者擅自转让特许经营权、擅自停业歇业、出现生产安全事故等情形,都可能引发公共服务中断而导致临时接管,但现行特许经营立法对于这些情形的严重性程度和启动临时接管的程序规定不足,主管部门在是否适用临时接管问题上存在过大的自由裁量空间,其结果是行政协议履行的可持续性、特许经营者应当享有的自

[1] 参见邢钢:《"一带一路"建设背景下 PPP 项目中融资机构介入权法律问题研究》,载《政法论坛》2018 年第 1 期。

主经营权利被忽视，企业经营危机经常替代服务供应危机而成为启动临时接管的原因。对于在适用临时接管之前给予经营者整改和补救的规定不明，造成政府的“硬介入”。例如，在西安户县桑德水务有限公司诉西安市鄠邑区水务局临时接管案中，后者以提标改造扩建项目未按时完工为由对前者实施临时接管，那么，该理由是否属于启动临时接管的法定情形？如若属于法定情形，是否达到了严重影响社会公共利益和安全的程度？

关于优先受偿权的行使期限问题。最高人民法院指导案例 53 号确定了质权人对收益享有的优先受偿权，但并未对优先受偿的行使期限作出规范，所出现的疑问是当事人到底是在质押登记期内享有优先受偿权还是在整个特许经营期内都享有优先受偿权。对此，有的学者认为，PPP 特许经营项目收益权的质权人优先受偿权的行使期限应当始于质押登记之时止于 PPP 特许经营项目终止时。[1] 鉴于《应收账款质押登记办法》已经废止，《动产和权利担保统一登记办法》已经于 2022 年 2 月 1 日起施行，该办法中对登记期限设定了最长期限为 30 年[2]，这与目前污水处理 PPP 项目存续的最长期限相一致，因《应收账款质押登记办法》所造成的优先受偿权的行使期限问题已经得到了解决。

三、项目融资租赁中呈现的法律问题

（一）安徽污水融资租赁合同纠纷案[3]的基本案情

2004 年 7 月 22 日，安徽无为现代污水处理有限公司（以下简称无为现代公司）作为乙方与甲方无为县人民政府（以下简称无为县政府）签订了《无为县污水处理厂建设、运营、移交（BOT）合同》（以下简称《无为县污水 BOT 合同》）。合同约定：甲方授权乙方以 BOT 方式投资、建设、运营、维护无为县无城污水处理厂，特许经营期满后，乙方将无为县无城污水处理厂无偿移交给甲方或甲方

[1] 参见方印、魏维：《PPP 特许经营项目收益权质押若干问题探究——以（2012）榕民初字第 661 号判决为素材》，载《贵州警官职业学院学报》2018 年第 1 期。

[2] 根据《动产和权利担保统一登记办法》第 11 条、第 12 条的规定：登记期限最短 1 个月，最长不超过 30 年；登记期限届满前，担保权人可以多次申请展期。

[3] 安徽无为现代污水处理有限公司与浙江汇金融资租赁有限公司融资租赁合同纠纷案，浙江省杭州市中级人民法院（2019）浙 01 民终 3896 号民事判决书。

指定机构；项目设施指无为县无城污水处理厂厂区以内的所有设施；项目的建设期指从本合同生效之日起到本项目正式运营之日止，为期 2 年（2004 年 1 月 1 日至 2005 年 12 月 31 日）；项目运营期指从建设期结束之日起到项目移交给甲方之日止，为期 23 年；项目特许经营年限指本项目的建设期加运营期（共 25 年）；项目收益权指乙方在特许经营期内履行本合同向甲方收取污水处理服务费的权利；甲方依据本合同授予乙方独家投资、建设、运营和维护本项目的特许经营权；依照本合同，乙方应在特许经营期内自行承担费用、责任和风险，负责无为县无城污水处理厂的投资、建设、运营与维护，并于特许经营期满时将无为县无城污水处理厂内所有设施无偿移交给无为县政府；在特许经营期内甲方将本项目建设用地以零租金形式租赁给乙方使用，乙方不得利用该建设用地作其他用途；本项目预算总投资 3606 万元，在不违反法律、法规并不损害甲方利益的前提下，乙方可以用甲方授予的特许经营期内的收益权进行融资担保；乙方保证融资协议与本合同不相抵触；在未取得甲方同意的情况下，乙方不得将本合同的权利和义务转让第三人，若乙方擅自转让权利义务，甲方有权终止合同，收回授予的特许经营权，造成的实际损失由乙方承担。

2013 年 6 月 24 日，浙江汇金融资租赁有限公司（以下简称汇金租赁公司）作为甲方（出租人）、无为现代公司作为乙方（承租人）签订《融资租赁合同》。合同约定：本合同项下的融资租赁方式为回租，由甲乙双方签订《回租物品转让协议》[1]，乙方将其未设置抵押权或优先权的、拥有完全所有权的物品转让给甲方，再由甲方出租给乙方使用，回租式融资租赁中租赁物的出卖人为乙方，《回租转让物品明细表》项下的标的物即为本合同租赁物；本合同项下租赁物的所有权属于甲方，乙方在租赁期内享有使用权；在乙方清偿本合同项下的所有

---

[1] 《回租物品转让协议》约定，乙方因发展生产进行技术改造和周转资金的需要，愿将已购进原价为 62，887，075.27 元的回租转让物品根据购入年限及完好情况，经双方商定以 5500 万元价款转让给甲方；乙方转让上述回租物品如需经相关部门审批，则由乙方负责办理审批手续，否则由此给甲方造成损失，乙方负责赔偿；乙方保证所转让的回租物品并无向第三人作过抵押或存在其他权属纠纷；在甲方支付回租物品转让价款前，乙方须将购进回租物品时的原始发票及其他有关有效凭证一并转移给甲方，并保证原始发票的真实性；甲方首次支付回租物品价款时，回租物品所有权转移至甲方，甲方再以原物出租给乙方使用，另行签订融资租赁合同；甲乙双方不再办理回租物品交付手续，在租赁期间，甲方有权检查回租物品的使用和完好情况，乙方应提供一切方便予以配合；回租物品出现属于原卖方责任的质量问题时，由乙方向卖方自理索赔事宜，其对外索赔的费用和结果均由乙方自负，甲方对回租设备的质量瑕疵不承担责任。

债务前,全部租赁物的所有权始终属于甲方,除甲方外的其他人无权处理租赁物;甲方向乙方付清租赁物转让价款之日为起租日;甲方支付回租物品转让款后,乙方应按照本合同约定向甲方支付首付租金、服务费和保证金,首付租金、服务费和保证金也可以由甲方在支付转让款时扣收;除首付租金外,各期租金金额相同,各期租金支付时间间隔相同;由于本合同的融资租赁方式为回租,甲乙双方不再办理租赁物的交接手续,甲方首次支付回租物品转让价款,即视为乙方已经接收租赁物并验收完毕;在乙方付清租金等款项(包括可能产生的违约金、保险费等)后,本合同项下租赁物由乙方按附表一所列名义货价留购,名义货价和最后一期租金同时支付;乙方若迟延偿付租金,应按延付金额的每日万分之十向甲方支付违约金;乙方若有一期租金拖欠达两个月以上或出现第二次租金延付,甲方可以要求乙方立即支付全部到期和未到期租金及其他应付款项。

2013 年 6 月 24 日,汇金租赁公司作为债权人与保证人安徽商之都无为县商厦有限责任公司、梁俊、周桂珍签订《保证合同》,约定保证人保证担保的债务所依据的主合同为汇金租赁公司与无为现代公司签订的《融资租赁合同》,保证范围为主合同项下租金、违约金、损害赔偿金、其他应付款项以及债权人为实现债权而支付的诉讼费用、律师代理费和其他费用;保证方式为连带责任保证;保证期间至主合同履行期届满后两年;若保证人保证担保的主债权既有物的担保又有人的担保,当债务人不履行到期债务或发生当事人约定的实现担保权利的情形时,债权人可以就物的担保实现债权,也可以直接要求保证人承担保证责任,保证人不得以存在物的担保而提出抗辩。2013 年 7 月 5 日,汇金租赁公司向无为现代公司汇款 4400 万元。后无为现代公司向汇金租赁公司支付租金至 32 期,合计 35,960,330.56 元,其后未再支付引起双方纠纷。

(二)安徽污水融资租赁合同纠纷案的争议焦点

从以上基本案情可知(见图 3 - 2),本案中的法律关系主体构成如下:(1)政府方是无为县政府;(2)社会资本方是无为现代公司;(3)融资方是汇金租赁公司。在以上法律关系主体所结成的诸种法律关系中,居于基础性地位的是政府方与社会资本方通过缔结《无为县污水 BOT 合同》所结成的特许经营法律关系。之所以说特许经营法律关系居于基础性地位,是因为本案中的融资租赁是针对污水处理设施设备,无为现代公司是否拥有对设施设备的所有权,将直接影响其与汇金租赁公司因签订《回租物品转让协议》而达成的回租目的能否实现。除此之外,无为现代公司与汇金租赁公司通过缔结《融资租赁合同》结成了融资租赁法律关系,由于本案中的融资租赁方式为回租,因此本案中的《回租物品转让协议》是作为《融资租赁合同》的附件存在的。汇金租赁公司与安徽商之都无为县商厦有限责任公司、梁俊、周桂珍通过缔结《保证合同》结成的连带责任保证法律关系,其实质是为融资租赁提供的一种增信措施,因此本案中的连带责任保证法律关系与融资租赁法律关系之间是保障与被保障的关系。本案因无为现代公司欠付租金导致纠纷,双方的争议焦点集中于以下四点:(1)无为现代公司转让案涉标的物是否构成无权处分、《回租物品转让协议》是否有效;(2)《融资租赁合同》的性质及效力;(3)无为现代公司是否构成违约及违约责任如何确定;(4)保证责任如何确定。

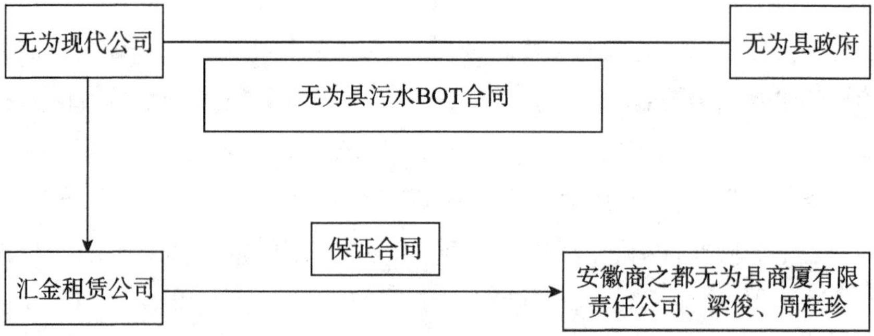

图 3-2　安徽污水融资租赁合同纠纷案示意

1. 关于无为现代公司转让案涉标的物是否构成无权处分问题

《无为县污水 BOT 合同》约定,无为县政府授予无为现代公司独家投资、建设、运营和维护污水处理项目的特许经营权,在特许经营期届满后,无为现代公司应当将污水处理厂无偿移交给无为县政府。法院认为,特许经营权不等同于所有权,该 BOT 项目的经营权和所有权分离,无为现代公司仅享有经营权并不拥有完全的所有权。因此,在特许经营期内,无为现代公司对项目设备仅享有占有、使用、收益的权利而没有处分权。无为现代公司违反合同约定将协议项下设备转让给汇金租赁公司并未取得无为县政府的同意,事后无为县政府也未予追认。汇金租赁公司在签订合同时清楚 BOT 项目存在且知晓租赁物为 BOT

项目设备,因此,该公司以动产已占有的公示方式为由,主张其已尽到谨慎审查义务,法院不予采信。因此,《回租物品转让协议》负担行为虽有效,但其中物权行为归于无效,依法不发生物权转移效果。

2. 关于《融资租赁合同》的性质及效力、无为现代公司是否构成违约及违约责任如何确定问题

由于《回租物品转让协议》物权行为归于无效,依法不发生物权转移效果,故汇金租赁公司依法并未取得合同项下设备的所有权,因此汇金租赁公司与无为现代公司签订的《融资租赁合同》的租赁目的无法实现,导致该合同在法律上履行不能。法院认为,无为现代公司在明知无权处分的情况下仍然擅自转让案涉标的物并向汇金租赁公司承诺其享有标的物的完全所有权,有违诚实守信原则,已构成违约。鉴于《融资租赁合同》并不具有原《合同法》第 52 条规定的无效情形,且在合同签订后无为现代公司按照合同约定支付了相应款项,因此,汇金租赁公司主张的因无为现代公司违约对其所造成的可预见损失,无为现代公司应当赔偿给汇金租赁公司。

至于汇金租赁公司要求确认标的物在债务清偿之前归其所有的,因标的物属于政府,汇金租赁公司在签订合同时对标的物所有权的审核未尽到审慎义务,亦存在过错,因此法院不予支持。

3. 关于保证责任如何确定的问题

法院认为,汇金租赁公司与周桂珍签订的《保证合同》是双方真实意思表示,内容不违反法律、行政法规的强制性规定,应为有效。《保证合同》明确约定,若保证人担保的主债权既存在物的担保又有人的担保,当债务人不履行到期债务或发生当事人约定的实现担保权利的情形时,债权人可以就物的担保实现债权,也可以直接要求保证人承担保证责任,保证人不得以存在物的担保而提出抗辩。因此,周桂珍辩称因作为主合同的《融资租赁合同》无效,其提供担保的从合同也应认定无效,其不需要承担保证责任的抗辩意见,法院不予采信。

(三)安徽污水融资租赁合同纠纷案所反映出的问题

1. 融资租赁法律关系建立的基础是特许经营权还是所有权

从本案来看,汇金租赁公司之所以与无为现代公司签订《融资租赁合同》和《回租物品转让协议》,一是因为无为现代公司从无为县政府处通过竞争性选择

程序依法获得了特许经营权并签订了《无为县污水 BOT 合同》,二是因为无为现代公司有融资需求和意愿。换句话说,融资租赁法律关系是建立在无为现代公司依法获得的特许经营权的基础之上的。然而,根据《基础设施特许办法》第3条的规定,特许经营权的内涵在于在规定期限内享有的排他性投资、建设和运营并获取收益的权利。也就是说,污水处理服务原本属于政府应该提供的公共产品和服务,之所以采用特许经营模式,是要克服污水处理的自然垄断属性所存在的弊端以及弥补政府财政支付能力的不足。至于特许经营者对投资、建设和运营的设施设备是否拥有所有权,要看具体采取的是何种特许经营模式以及与模式相匹配的特许经营协议是如何约定的。从本案来看,污水处理项目采取的特许经营模式是 BOT 而非 BOOT,即便双方签订的是 BOOT 合同,也并不意味着在合同期内的所有时段特许经营者均拥有对项目设施设备的所有权。双方签订的《无为县污水 BOT 合同》中对于合同项下污水处理厂设施设备的所有权并没有特别约定,即没有条款明确约定将污水处理厂设施设备的所有权移交给无为现代公司拥有,因此无为现代公司所拥有的只是对污水处理厂设施设备占有、使用和收益的权利而无处分权。

因此,融资租赁法律关系成立的真正基础在于出租人对租赁物所享有的包括占有、使用、收益和处分等权能在内的完全的所有权,否则,物权行为归于无效,依法不发生物权转移的效果。从根本上说,特许经营权与所有权在本案中是并行不悖的两个概念。对于融资租赁而言,特许经营权是采用融资租赁乃至回租模式的前提和基础,但融资租赁乃至回租关系成立的真正基础并不是特许经营权而是所有权。本案中无为现代公司将特许经营权简单等同于所有权,认为有了特许经营权即可随意处分项目设施设备是本案纠纷产生的根源。

2. 融资租赁合同的性质与效力问题

本案中,无为现代公司认为《融资租赁合同》所确立的法律关系名为融资租赁实际为借贷,汇金租赁公司收取的保证金、财务顾问费、租金、名义货价、违约金等实际为"套路贷",这就牵涉到对本案《融资租赁合同》性质与效力的认定问题。之所以会出现无为现代公司与汇金租赁公司在此问题上的争议,是因为以下几点:其一,融资租赁合同自身的特殊性。融资租赁合同有别于租赁合同:首先,目的不同。租赁合同的目的是通过转移标的物的使用权来收取租金,而融资租赁合同的目的是承租人通过租赁来融资,名为租赁实为借钱。其次,当事人不同。租赁合同表现为出租人与承租人双方当事人，而融资租赁合同表现为出租人、承租人和出卖人三方当事人[1]。最后，合同期满后租赁物的归属不同。租赁合同期满出租人要收回出租物，而融资租赁合同的出租人一般不收回出租物，出租物归属承租人所有。其二，融资租赁合同的生效要件。我国《民法典》第 737 条规定，当事人以虚构租赁物方式订立的融资租赁合同无效。本案中，无为现代公司与无为县政府签订了《无为县污水 BOT 合同》后确实通过投资、建设形成了《回租转让物品明细表》中所列举的格栅及旋流沉砂成套设备、污泥脱水成套设备、提升泵成套设备、自控系统、紫外线消毒系统、化验成套设备、照明系统、明渠流量计、曝气成套设备、在线监测系统、出水系统、氧化沟工程等设施设备，说明无为现代公司在订立融资租赁合同时不存在原《合同法》第 52 条规定的应当认定为无效的情形。

因此，鉴于融资租赁在本质上与借贷的相通性，加上汇金租赁公司非经金融监管部门批准的金融机构身份[2]，汇金租赁公司与无为现代公司之间的融资租赁法律关系容易与借贷法律关系特别是民间借贷关系发生混淆。融资租赁法律关系与借贷法律关系的区别在于：首先，租赁物的存在与转移。融资租赁交易具有融资和融物的双重属性，[3]缺一不可。如果没有实际租赁物或者租赁物所有权未从出卖人处转移至出租人或者租赁物的价值明显偏低无法起到对租赁债权的担保作用，应认定该类融资租赁合同没有融物属性而仅有资金空转，系以融资租赁之名而行借贷之实。其次，租金与利息的计算。在借贷关系中，借款人向出借人支付的利息除合同约定外，还必须符合国家规定的银行贷款利率范围，否则超出部分无效，本金也是在借款期限届满时一次性还清。融资租赁合同中，承租人向出租人支付的是租金，租金的计算比借款合同的还本付息复杂。租金金额包括设备价款、融利息、银行费用等总成本的回收及手续费、保险费等出租人的经营费用以及可得利润等，具体的计算方法有附加率

---

[1] 只有在“回租”中，出租人与出卖人才为同一人。

[2] 根据最高人民法院《关于审理民间借贷案件适用法律若干问题的规定》第 1 条之规定，经金融监管部门批准设立的从事贷款业务的金融机构及其分支机构，因发放贷款等相关金融业务引发的纠纷，不适用本规定。

[3] 参见王永起、王磊：《民间借贷法律关系的审查与认定》，载《山东法官培训学院学报》2019 年第 6 期。

法、年金法(又分为等额年金法、变额年金法、成本回收法)等。租金是租期内分数期支付,且一般高于同期银行贷款本息。

然而,本案中法院在裁判文书中忽略了一个问题,即鉴于《无为县污水 BOT 合同》中并未对污水处理设施设备的所有权给予明确约定,无为现代公司是否拥有设施设备的所有权就处于待定状态。既然所有权状态不明,那么《融资租赁合同》以及《回租物品转让协议》如何生效?从本案证据提交和质证情况来看,无为现代公司可以提供污水处理设施设备的购买发票,设施设备确实处于其实际控制之下。鉴于动产以占有为要件,汇金租赁公司已经尽到了作为买方应当具有的审查注意义务,在此种情况下本着善意取得与无为现代公司签订的《融资租赁合同》以及《回租物品转让协议》,是双方真实意思表示的产物,且没有原《合同法》第 52 条所规定的禁止性情形,因此应认定《融资租赁合同》以及《回租物品转让协议》有效。换句话说,在所有权的判定和《融资租赁合同》、《回租物品转让协议》的生效之间,少了善意取得作为过渡的中间环节,这是本案司法裁判的些微瑕疵。

3. 本案融资租赁的延伸问题

从本案当事人的诉讼请求以及法院裁判意见来看,无为现代公司对污水处理 BOT 项目的运营一直处于正常状态,引起诉讼的原因是无为现代公司在支付了 32 期租金后未再向汇金租赁公司支付租金。然而,如果无为现代公司资金链断裂、资不抵债涉及破产清算等事项时,就牵涉到需要通过特许经营协议对融资租赁的风险加以有效管控,以切实保障公共利益的问题。因为政府方和社会资本方通过成立 SPV 公司以具体实现投资、建设、运营特定污水处理特许经营项目的目的。与社会资本方往往通过直接的资金投入不同,政府方对于 SPV 公司的投入一般是通过将建设用地以零租金形式租赁给 SPV 公司、负责项目边界以外的污水收集管网、供电外线、尾水排放管网和“三通一平”等途径实现的。如果 SPV 公司在对特定污水处理特许经营项目设施设备设定融资租赁之前不征求政府方的意见并得到其授权,或设定的融资租赁占项目总资产的比例过高,都可能会导致较大的融资租赁风险,因为一旦陷入资不抵债破产清算,就会关系到出资人权益调整,此时责任追究不仅会关系到 SPV 公司和出资人,还会波及政府方。政府方是依靠税收保障其正常运转的,如果任由政府方卷入债务清偿,无疑是任由纳税人背负社会资本方风险融资行为的责任,其本质是社会公共利益受损。

第二节　项目融资法律制度完善的法理依据与具体方案

城市污水处理业 PPP 项目融资是货币资金的融通，是与金融机构有关的一种信用活动以及在信用基础上组织起来的货币流通，因此，作为一种狭义金融，其本身的运行理应遵循金融法的基本原则。当然，在解决城市污水处理业 PPP 项目融资法律问题中，仅仅考虑基本原则是不够的，还应当综合考虑法律理念、基本原则和法律规则三者之间的关系。原因在于法律理念是对法律原则的高度概括和抽象的结晶，而法律原则是法律理念的集中体现和外化。[1] 已有学者提出，金融法的基本理念正处于金融深化理论到金融禀赋结构理论的转化过程中。最优金融结构理念在金融法基本原则上的映射是金融市场优先原则，要求国家在进行金融宏观调控和金融监管的过程中，将金融结构作为调控和监管的中介目标，自觉维护和保障金融市场最优结构，以达到国家对金融市场的最优干预绩效。[2] 有了对基本原则的科学认识，法律规则的设计即可在其指引下，实现内容的科学性和严谨性。

值得注意的是，城市污水处理业作为公用事业的重要组成部分，其鲜明的公益性和保本微利特征决定其无法像一般经营者那样，可以实现金融机构对高投资回报收益率、资不抵债时代位运营以最大限度保障自身投资权益等利益诉求。因此，在对具体规则进行调整和完善时，应更多地考虑金融法理念的迭代更新对基本原则的影响，选择适合的基本原则作为具体规则调整的指引。

一、项目融资法律制度完善的法理依据

从学术界通说来看，金融法基本原则一般包括兼顾金融安全、金融自由以及金融公平原则，促进金融业发展原则，分业经营、分业管理原则，保护投资者

〔1〕 参见史际春主编：《经济法》，中国人民大学出版社 2015 年版，第 70 页。
〔2〕 参见刘辉：《金融禀赋结构理论下金融法基本理念和基本原则的革新》，载《法律科学（西北政法大学学报）》2018 年第 5 期。

利益原则和与国际惯例接轨原则等。从污水处理 PPP 项目融资的运行现状来看,无论是贷款融资方式还是融资租赁方式,保护投资者利益原则都不可避免地应成为规则调整和完善的指引。在城市污水处理业中引入 PPP 模式,其目的是借助社会资本的力量增加公共产品和服务的供给效率。作为中介的金融机构,一方面,组织资金以其信誉为投资者提供担保,形成资金聚集;另一方面,代表投资者利益,对社会资本经营活动进行监督,以确保资金的安全。维护投资者利益,就必须保证金融活动中资金的盈利性和安全性。其中,盈利性就是保证资金在运营中能够按照投资者的预期实现增值,保护投资者有取得合法投资收入的权利。当然,考虑到城市污水处理业公益性和保本微利的特征,投资者理应对其可能取得的收益有着清醒的认识。安全性就是要保证投资者投资利益的安全。当然,投资者投资于污水处理 PPP 项目追求的是经济绩效,但政府通过污水处理 PPP 项目要实现的是环境绩效。因此,如何处理好经济绩效与环境绩效之间的平衡,既能保证投资者的投资安全,又可保障污水处理 PPP 项目持续运营,是必须在规则的调整和完善中予以考量的问题。

另外,对于污水处理 PPP 项目,无论是贷款融资还是融资租赁,融资方为了最大限度减少债务人债务不履行的风险,往往要求政府方和社会资本方提供担保。然而,政府方提供担保为目前的制度设计所不允许,社会资本方由于风险和自身能力的限制又不愿提供担保。因此,迫切需要创新适合于城市污水处理业自身特点的标准化金融产品,坚持金融市场对金融资源配置的决定性作用,时刻保持对金融市场机制的充分尊重和敬畏,自觉维护和保障金融市场最优金融结构,以达到国家对金融市场的最优干预绩效。[1] 因此,应以金融市场优先原则和金融市场干预比例原则为指引,通过规则的调整和完善拓宽污水处理 PPP 项目融资渠道。

为此,污水处理 PPP 项目贷款融资和融资租赁中的法律问题的解决对策,主要以保护投资者利益原则为指引,调整和完善规则设计。创新标准化金融产品拓宽融资渠道,主要以金融市场优先原则和金融市场干预比例原则为指引,调整和完善规则设计。

---

[1] 参见刘辉:《金融禀赋结构理论下金融法基本理念和基本原则的革新》,载《法律科学(西北政法大学学报)》2018 年第 5 期。

二、项目贷款融资法律制度完善的具体方案

(一)在污水处理 PPP 项目融资协议中赋予融资机构以介入权

从最高人民法院指导案例 53 号来看,法院对福州五一支行拍卖、变卖《特许经营权质押担保协议》项下的质物并从质物变现所得中优先受偿持否定态度,污水处理收益权建构在污水处理项目能够正常且持续地运营、维护的基础之上,无论是从维护社会公共利益角度还是从维护公平公正角度来考虑,都不宜简单通过拍卖、变卖的方式加以处置。但是,法院裁判并未完全封堵在污水处理 PPP 项目融资协议中赋予融资机构以介入权以更好地维护其权益的路径。换句话说,如果能够对污水处理 PPP 项目融资协议中融资机构介入权行使的条件详加界定,并且通过合同准据法条款的完善对融资机构介入权的效力加以有条件地肯认,则介入权的赋权及其目的的实现就是有意义的,即一是可最大限度地保护融资机构权益及其融资意愿,二是可为 SPV 公司提供稳定且可持续的融资路径。

1. 明确界定污水处理 PPP 项目中融资机构介入权行使的条件

(1)融资机构介入权的行使须得到政府的确认和同意并接受其监督。当社会资本方或者 SPV 公司违约导致污水处理 PPP 合同面临终止的情况下,融资机构的贷款资金及利息必然受到或者即将受到侵害。此时,融资机构可以通过主张介入权以维护其权益。然而,由于污水处理 PPP 项目涉及社会公共利益和安全,因此融资机构介入权的行使必须得到政府的确认和同意并接受其监督。当然,政府可以为污水处理 PPP 项目融资协议提供一项特别许可,即将在污水处理 PPP 合同下应当归属于 SPV 公司的款项存放在融资协议执行阶段设置的特别银行账户(融资控制账户)中,以切实保障融资机构对 SPV 公司银行账户和其中资金的控制权。

(2)融资机构介入权的行使不得有损于政府介入权及公共利益保护。当违约事件同时触发债权人和政府介入权时,应当优先保障政府介入权。当融资机构介入权与所保护的公共利益产生冲突时,应当优先保障公共利益不受侵害。因此,政府的介入权应当在以下情形下行使:其一,SPV 公司的违约不能被融资

机构补救或者在融资机构介入期间发生了新的违约。其二,特许经营协议终止。其三,融资机构没有行使其污水融资协议项下的介入权以及确认进一步的索赔意图。其四,融资机构退出或放弃在污水融资协议下的控制权。

(3)融资机构介入权的行使应当遵循一定的程序要件。在污水融资协议中应按照“介入通知—介入措施—介入退出”设计融资机构介入权行使所遵循的主要步骤和程序:其一,介入通知。在政府方终止污水处理 PPP 合同之前,应当通知融资机构有关 SPV 公司到期尚未偿付的债务和所有必须补救的 SPV 公司的违约,此时,融资机构实际被赋予了介入的选择权。其二,介入措施。如果融资机构决定实施介入权,其应在各方认可的介入期限内提出并实施能够得到政府方认可的补救方案、说明针对 SPV 公司违约所提出的具体补救措施、委任“补救人”以及完成补救的详细时间表。如果融资机构意图将 PPP 合同转让给替代机构,则必须事前获得政府的书面批准并适用与被替代的特许经营者相同的竞争性选择程序。其三,介入退出。如果触发融资机构行使介入权的 SPV 公司违约可以按照补救方案并在各方认可的补救期限内完成,那么融资机构可以选择退出。如果 SPV 公司违约不能按照既定的补救方案和时间表完成,或者新的 SPV 公司通过竞争性选择程序产生,则政府方有权终止污水处理 PPP 合同,融资机构退出。

2. 通过合同准据法条款的完善对融资机构介入权的效力加以有条件地肯认

在未来制定的 PPP 立法中可对特许经营合同或 PPP 合同的项目融资规定融资机构介入权,在《污水处理厂网一体化 PPP 项目合同》(以下简称《污水处理 PPP 示范合同》)中从正反两个方面具体规定融资机构的介入权。从正面而言,其一,融资机构指定的担保代理人有权在 SPV 公司违约期间或介入期间任命第三方与 SPV 公司共同和各自承受 SPV 公司的权利和义务;其二,融资机构指定的担保代理人有权在 SPV 公司违约期间或介入期间将污水处理 PPP 合同中 SPV 公司的权利和义务转让给另外的合适的 SPV 公司;其三,政府方向融资机构承诺在介入期间不终止污水处理 PPP 项目合同,也不采取任何行动解散 SPV 公司、任命政府管理者或者制裁与 SPV 公司相联系的自愿安排。从反面而言,其一,应当明确并非 SPV 公司的所有权利均可转让如 SPV 公司不能将其银行存款和污水处理 PPP 合同付款权转让给融资机构。其二,应当明确“免费的转让”是可以撤销的,即融资机构应当根据污水 PPP 合同支付一定的对价,或者在融资协议中特别声明转让不是免费而是有相应对价的,以此防止因融资机构的不当介入给 SPV 公司带来损失。

(二)完善政府介入权的行使要件

当遭遇不可抗力、特许经营者违约等情形时,污水处理 PPP 项目会出现无法正常运营的情况,此时政府方往往通过临时接管中止污水处理 PPP 合同的正常履行。然而,鉴于临时接管具有强制性和近乎终局性的特点,目前立法对其适用条件的规定主要局限于范围要件〔1〕且规定仍不完善,无法避免因政府方自由裁量权过大而侵蚀特许经营者经营自主权的结果。因此,应通过在立法中增加结果要件、程序要件并完善范围要件来对现状加以矫治。

1. 结果要件

在污水处理 PPP 项目运行中启动临时接管的前提是公共利益遭受损害,但是,“由于公共利益概念的模糊性和不确定性,诱发公权力行为的恣意妄为,容易出现特许经营者对行政主体的介入活动无法预期,并易致公权力机关以公益之名行私利之实。如果单纯以公共利益,作为公权力介入的边界,显然是不科学的”〔2〕。因此,应该对结果要件作出如下界定,即引致临时接管的结果要件是“公共利益受到严重损害且特许经营者在政府方规定的期限内未能或无法纠正和改正或不具备应对能力的”。

2. 程序要件

鉴于在国家担保责任项下,为了保证私人主体的基本权利,国家担保责任的实质是协议约定优先。《污水处理 PPP 示范合同》第 17.1.1 条已经对政府介入权行使的条件进行了界定,这给污水处理 PPP 合同有关条款的制定树立了标杆。然而,合同约定应该有立法规定作为托底,方可收到关于程序要件设置更好的功效。因此,应该在污水处理特许经营立法中规定,“私人主体参与污水处理项目建设和运营,若出现影响项目建设、运营的重大情形,主管部门应首先责

〔1〕 即临时接管适用情形的概括性列举。

〔2〕 周佑勇:《特许经营权利的生成逻辑与法治边界——经由现代城市交通民营化典型案例的钩沉》,载《法学评论》2015 年第 6 期。

令其限期改正;逾期不改或者采取的改正措施无效的,可以责令其停止建设或运营。期满六个月仍未有明显改善的,可以终止特许经营协议并撤销其特许经营权”。

3. 范围要件

(1)突发事件。突发事件中的“紧急情况”是一个不确定的法律概念,如何界定紧急情况是政府方行使临时接管权的关键。因此,在相关的条款中应增加对紧急情况的界定,即“发生紧急情况或危机,且政府方有理由认为该紧急情况或危机已经发展到难以遏制的程度,会使公共利益遭受重大损害,且政府方已无法通过启动应急预案解决问题或者特许经营者不具备应对能力”。

(2)特许经营者违反法律法规。从现有司法判例来看,即便特许经营协议中约定对因进水水质不达标导致出水水质不达标给予特许经营者责任豁免,但法院均以《水污染防治法》和《城镇排水与污水处理条例》中规定出水水质达标是污水处理设施运营单位的法定义务为由判决特许经营协议约定无效而追究特许经营者的责任。因此,除了对相关立法的出水水质达标条款加以完善外,还应该在《污水处理 PPP 示范合同》中对政府方行使介入权的相关条件进行完善,即“非因进水水质不达标造成的出水水质连续或者持续合计某日不达标的”。

三、项目融资租赁法律制度完善的具体方案

(一)明确所有权是项目融资租赁生效不可或缺的基础性条件

正如前文所述,融资租赁法律关系成立的真正基础在于出租人对租赁物所享有的包括占有、使用、收益和处分等权能在内的完全的所有权,否则,物权行为无效依法不发生物权转移的效果。然而,从安徽污水融资租赁合同纠纷案来看,法院判决回避了所有权的认定,为双方当事人产生新的纠纷留下了隐患。原因在于:其一,作为融资租赁关系基础的 PPP 合同应当对所有权作出明确约定而事实上未作约定。诚然,特许经营权的内涵在于在规定期限内享有的排他性投资、建设和运营并获取收益的权利,本案中获得特许经营权的无为现代公司虽然拥有对污水处理设施设备占有、使用和收益的权利,但由于没有对处分

的明确约定,因此其事实上无权对污水处理设施设备设置融资租赁。其二,当事人双方在被抽离了所有权基础上签订的融资租赁合同应当被认定为无效。融资租赁合同的本质是由买卖合同和租赁合同两个合同组成,回租作为融资租赁的一种特殊形式,其特点是租赁合同的承租人与买卖合同的出卖人为同一人。本案中既然无为现代公司没有案涉污水处理设施设备的所有权,那么汇金租赁公司也无法通过买售行为获得所有权,在产权不明的情况下实际上无法实现污水处理设施设备回租的目的。其三,出租人无法凭借其对租赁物的所有权保护其权益。如果融资租赁合同有效,则承租人经营不善而无法支付租金或者有其他严重违约情形出现时,作为出租人的汇金租赁公司可以通过行使对租赁物的处分权利来保护其权益。然而,本案中作为承租人和出卖人的无为现代公司并不享有对租赁物的所有权,因而汇金租赁公司也无法凭借其对租赁物的所有权保护其权益。

(二)在《污水处理 PPP 示范合同》中以共同共有明确权属

在安徽污水融资租赁合同纠纷案中,无为现代公司与无为县政府之间在《无为县污水 BOT 合同》中并未对污水处理设施设备的所有权进行明确约定,为本案的发生埋下了隐患。《污水处理 PPP 示范合同》相关条款中也没有关于所有权的明确约定,其结果必然会使作为污水处理 PPP 项目融资重要方式的融资租赁面临重重法律风险而逐步陷入被弃用的境地。因此,应该在《污水处理 PPP 示范合同》中对所有权权属作出明确约定。

在污水处理 PPP 项目中,政府方与社会资本方是通过特许经营权而结成的特殊的身份关系,即为了实现污水处理设施设备的投资、建设、运营和维护并保护公众环境权益而形成的共同关系。在此种共同关系下,社会资本方通常投入的是资金,而政府方通常是以土地租赁等方式完成投入。在此种情况下,双方很难按照确定的份额对共有财产分享权利和分担义务。因此,双方实际上是基于共同关系不分份额地共享标的物的所有权,形成的是共同共有关系。在共同共有关系项下,首先,社会资本方要对污水处理设施设备进行处分,必须征得政府方的同意,此可防止社会资本方因不当设置担保而给污水处理设施的正常运营乃至公众环境权益造成的风险。其次,明确污水处理设施设备的共同共有,在双方同意设置担保的情况下,也给了融资方以稳定的预期,即在解决了所有权问题后,融资方可以通过行使介入权以保护其权益不受侵害。[1]

四、项目融资法律制度完善具体方案的启示

(一)不宜长期以定向募集资金的方式解决融资问题

在污水处理 PPP 项目的债权融资中,融资方为了保障自身权益、最大限度削减债务人债务不履行的风险,往往要求政府方、社会资本方或者 SPV 公司提供担保。然而,根据《财政部关于推进政府和社会资本合作规范发展的实施意见》的规定,政府方或政府方出资代表不得为项目融资提供各种形式的担保、还款承诺等,以及由政府实际兜底项目投资建设运营风险。实际上堵塞了政府方提供担保的路径。社会资本方鉴于风险和自身融资能力的限制,往往不愿提供担保。因此,由 SPV 公司为自身设立担保就成为各方认可的融资方式。然而,从上文分析可知,SPV 公司希望通过引入融资方以缓解项目现金流的不足、支持项目运营维护的前景并不乐观。无论是最高人民法院指导案例 53 号还是安徽污水融资租赁合同纠纷案,二者的共同点是融资方希望通过拍卖、变卖等方式处置设置担保的资产的路径是不通畅的。[2] 究其原因,主要在于以下几点:

其一,无论是贷款融资还是融资租赁,只要是在污水处理 PPP 项目项下实施,就必须关照到污水处理 PPP 项目的特殊性,即该项目作为基础设施和公用事业的重要组成部分,具有鲜明的公益性和保本微利特征。提供污水处理服务本应是政府方应该履行的准公共物品供给职责,采取 PPP 模式只是通过服务提供方式的创新增加竞争、提高效率,其目的是在保证公众环境权益实现的前提下适当照顾社会资本方经济利益的实现。因此,对于社会资本方而言,无论是采用贷款融资还是融资租赁,其筹集的资金必须用于项目的建设、运营和维护

[1] 前文已经对融资方介入权的行使进行了探讨,此处不再赘述。

[2] 在安徽污水融资租赁合同纠纷案中,虽然没有直接关于拍卖、变卖的案情陈述,但从汇金租赁公司的诉讼请求来看,其主张确认污水处理设施设备在债务清偿之前归其所有。既然汇金租赁公司主张了所有权归属,那么在无为现代公司发生经营困难无法支付租金时,其当然可以采取包括拍卖、变卖等方式在内的资产处置方式保证其权益。

而不能挪作他用，而且融资额占项目总投资额的比例不能过高[1]。对于融资方而言，其不能指望可以像其他商业项目一样，通过对所有权的处置最大限度地实现自身商业利益。

其二，目前有些污水处理 PPP 项目的所有权权属并不清晰，这就导致融资方会陷入因权属不清而无法处分设定了担保的资产的境地。另外污水处理 PPP 项目自身的特点决定政府方往往拥有对融资控制的终局决定权，即便赋予了融资方以介入权，也需要在满足一定条件的前提下方可实现。因此，由于贷款融资和融资租赁必须与利益回报相挂钩，会受到方方面面的限制，其结果是融资机构宁可追求资金的平稳安全，也不愿将资金投入回报率低且必须受到政府控制的领域。

关于所有权，有一种观点认为，所有权应该属于政府。其原因除了污水处理 PPP 项目具有鲜明的公益性和保本微利特征、国家承担"兜底"义务外，通过所有权与社会资本收益权的两权分别配置，还可以减免资产流转过程中的程序问题和财税负担。另一种观点认为，所有权应该属于 SPV 公司。原因在于：其一，从便利 SPV 公司融资的角度而言，SPV 公司没有所有权就无权设置抵押融资。其二，特许经营收益权质押难以满足建设期的融资需求。其三，缺乏所有权会使得 SPV 公司的独立运营管理优势大打折扣。笔者认为，污水处理 PPP 项目提倡公私合作，因此内在地要求创新社会资本与公共服务的供给方式，特别是在制度设计上的创新。因此，笔者提出的在《污水处理 PPP 示范合同》中以共同共有来对所有权权属作出明确约定不失为一种可行的解决方案。

(二)积极推进污水处理 REITs 以多渠道解决融资问题

公开募集基础设施证券投资基金(以下简称基础设施 REITs)是指依法向社会投资者公开募集资金形成基金财产，通过基础设施资产支持证券等特殊目的载体持有基础设施项目，由基金管理人等主动管理运营上述基础设施项目，并将产生的绝大部分收益分配给投资者的标准化金融产品。目前，我国相关主管部门已陆续制定发布了《公开募集基础设施证券投资基金指引(试行)》、《关

[1] 事实上，金融机构为了规避风险，也要求社会资本方降低项目贷款比例，实际上反过来给社会资本方的融资设置了更高的门槛。

于推进基础设施不动产投资信托基金(REITs)试点相关工作的通知》、《关于进一步做好基础设施领域不动产投资信托基金(REITs)试点工作的通知》(以下简称 958 号文)、《关于做好基础设施领域不动产投资信托基金(REITs)试点项目申报工作的通知》、《上海证券交易所公开募集基础设施证券投资基金(REITs)规则适用指引第 1 号——审核关注事项(试行)》(以下简称《上交所 REITs 审核关注事项》)、《深圳证券交易所公开募集基础设施证券投资基金义务指引第 1 号——审核关注事项(试行)》等政策文件以推动和完善对基础设施 REITs 的监管。值得注意的是,目前国内已出现了以污水处理 PPP 项目为底层资产发行 REITs 产品的案例[1]。

1. 富国首创水务 REITs 的基本情况

北京首创生态环保集团股份有限公司(以下简称首创环保)2019 年总资产为 798.72 亿元,其中以无形资产、在建工程、固定资产、长期应收款为主的非流动资产占比 73.3%。这部分非流动资产涉及的 PPP、BOT 项目既沉淀了大量的资金和债务,也存在项目建设运营期限普遍较长、回款周期长等特点,使得首创环保整体资产偏重、流动性不强。首创环保出于盘活存量资产、降低负债率、提升企业现金流等目的发行了富国首创水务 REITs 产品。该产品的底层资产为深圳项目和合肥项目(见表 3-2)。深圳项目为采取 BOT 模式的特许经营项目,由首创环保独资设立的 SPV 公司深圳首创水务负责投资建设,包括福永、松岗、公明三个污水处理项目。合肥项目为 TOT + BOT 模式的 PPP 项目,由首创环保独资设立的 SPV 公司合肥十五里河首创水务负责投资建设,一至三期项目采取 TOT 模式,四期采取 BOT 模式(见图 3-3)。

表 3-2 富国首创水务 REITs 底层资产基本情况

底层资产项目名称	地点	污水处理设计规模	出水水质标准	付费方式
福永污水处理厂	深圳市	近期规模 12.5 万吨/天,远期规模 25 万吨/天	一级 A	政府付费,穿透后实质是使用者付费
松岗污水处理厂	深圳市	近期规模 15 万吨/天,远期规模 30 万吨/天	一级 A	政府付费,穿透后实质是使用者付费

[1] 2020 年 8 月,北京首创生态环保集团股份有限公司发布公告进行基础设施 REITs 的申报发行。2021 年 6 月,富国首创水务 REITs 于上海证券交易所正式挂牌交易。

续表

底层资产项目名称	地点	污水处理设计规模	出水水质标准	付费方式
公明污水处理厂	深圳市	近期规模 10 万吨/天，远期规模 20 万吨/天	一级 A	政府付费，穿透后实质是使用者付费
十五里河污水处理厂	合肥市	近期规模 30 万吨/天，远期规模 60 万吨/天	一级 A	政府付费，穿透后实质是使用者付费

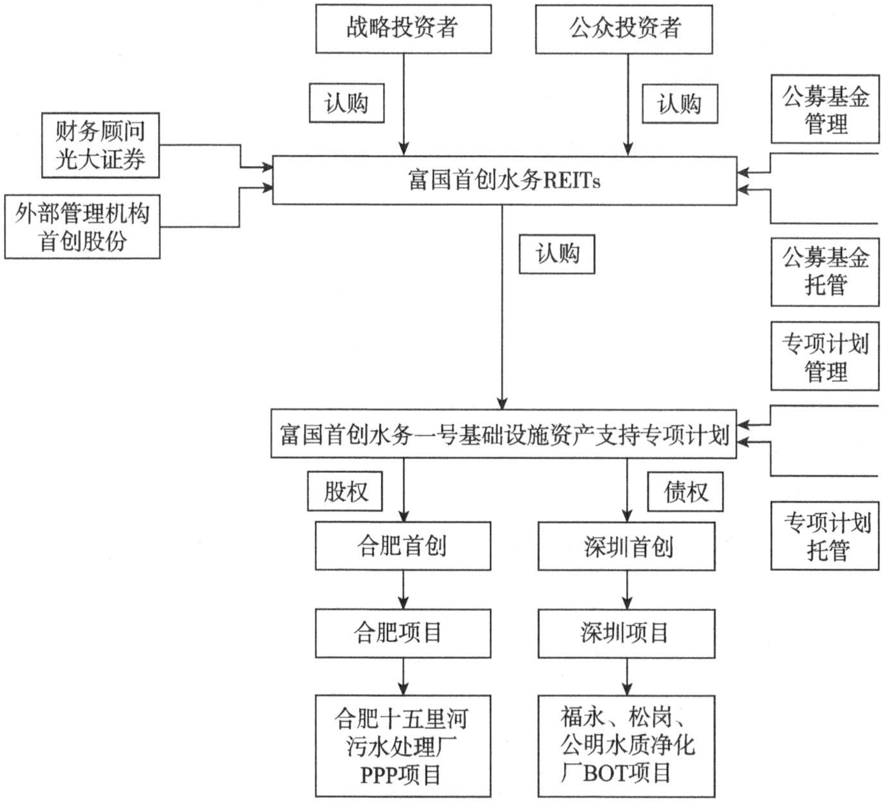

图 3－3　富国首创水务 REITs 产品示意

2. 发行污水处理 REITs 的法律关注点

（1）权利限制。《上交所 REITs 审核关注事项》明确规定，基础设施项目不存在抵押、质押等他项权利设定，基础设施基金成立后能够解除他项权利的除外。最高人民法院指导案例 53 号对污水处理项目收费权质押的裁判意见是，对 2005 年签订的质押担保协议类比公路收益权允许出质，案涉质押担保协议签订于原《物权法》颁布实施以前,应由主管部门进行备案登记。因此,在核查污水处理项目收费权质押情况时,需要结合 REITs 所涉污水处理项目的竣工验收、实际运营时间等来判断适用的法律法规。对于原《物权法》颁布实施以后开始运营的污水处理项目,应当通过中国人民银行征信中心动产融资统一登记公示系统查询其质押登记记录[1];对于原《物权法》颁布实施以前开始运营的污水处理项目,除了通过中国人民银行征信中心动产融资统一登记公示系统查询其质押登记记录外,还应当对污水处理项目主管部门登记记录的信息进行查询。

(2)固定资产投资管理手续的齐备与否。《上交所 REITs 审核关注事项》明确规定,基础设施资产已通过竣工验收,工程建设质量和安全标准符合相关要求,原则上已按照投资建设时的规定履行规划、用地、环评等审批、核准、备案、登记以及其他依据法律法规应当办理的手续。958 号文附件《基础设施领域不动产投资信托基金(REITs)试点项目申报要求》规定在审查项目时要重点关注"依法依规取得固定资产投资管理相关手续",并明确规定了五种应取得的固定资产投资管理手续[2]。从富国首创水务 REITs 公开披露的文件来看,该项目存在部分手续缺失的问题,即深圳项目缺乏建设用地规划许可证、建设工程规划许可证、建筑工程施工许可证。富国首创水务 REITs 项目提供了深圳市水务局出具的说明函,解释相关土地资产根据《特许经营协议》划转至深圳市水务局的过程中的历史遗留问题造成政府审批程序延误,进而影响了建设阶段相关证照的办理,同意 SPV 公司为保障项目进度,在部分前期手续欠缺的情况下提前开工建设。项目审核律师认为上述手续缺失不构成重大不利影响的暂停运营、重大合同纠纷及重大违法违规情形,因此相关管理手续的欠缺未能成为发行富国首创水务 REITs 产品的障碍。可见,部分手续文件的缺失并不必然导致无法开展污水处理 REITs 项目,需结合缺失文件、政府增信等予以综合判断。

(3)涉及 PPP 项目的特殊要求。根据 958 号文附件《基础设施领域不动产投资信托基金(REITs)试点项目申报要求》规定,PPP 项目还需要满足三个方面

---

[1] 虽然《应收账款质押登记办法》已经废止,《动产和权利担保统一登记办法》已经于 2022 年 2 月 1 日起施行,但对于统一登记公示机构的规定是没有发生变化的。

[2] 主要包括:(1)项目审批、核准或备案手续;(2)规划、用地、环评、施工许可手续;(3)竣工验收报告(或建设、勘察、设计、施工、监理"五方验收单",或政府批复的项目转入商运文件);(4)外商投资项目应取得国家利用外资有关手续;(5)依据相关法律法规应办理的其他必要手续。

的条件：其一，以2015年6月为时间节点，之前采用BOT、TOT、股权投资等模式实施的特许经营类项目，应符合当时国家关于特许经营管理相关规定[1]。之后批复实施的特许经营类项目，应符合《基础设施特许办法》有关规定。之后批复实施的非特许经营类PPP项目，应符合国家关于规范有序推广PPP模式的规定，已批复PPP项目实施方案，通过公开招标等竞争方式确定社会资本方，并依照法定程序规范签订PPP合同。其二，收入来源以使用者付费（包括按照穿透原则实际上为使用者付费）为主。收入来源含有地方政府补贴的，需在依法依规签订的PPP合同或特许经营协议中有明确约定。其三，项目运营稳健、正常，未出现暂停运营等重大问题或重大合同纠纷。

从富国首创水务REITs公开披露的文件来看，由于合肥项目是2015年之后批复实施的PPP项目，因此需要结合国家发展改革委《关于开展政府和社会资本合作的指导意见》核查对PPP项目实施方案的批复文件（包括实施方案的复函、项目物有所值评价和财政承受能力论证报告等）。此外，审核的重点聚焦于运营主体相关业务的稳定性、排他性和特定范围内的垄断性，特别是垄断性的来源是否合法合规，即是否经过竞争性选择程序依法取得了特定期限和特定范围内的垄断经营权。因此，对于通过政府直接委托等非竞争性选择程序选定的污水处理项目的运营主体，就需要结合当时有效的法律法规、政府出具的批复文件、污水处理项目运营主体的性质及服务事实等要素，综合判断该运营主体的选定程序是否合法合规。

(4)污水处理项目收费权及SPV公司股权的转让。《上交所REITs审核关注事项》明确规定，基础设施项目不存在法定或约定的限制转让、抵押、质押的情形，主管机关或者相关权利方同意转让的除外。这就意味着对于签署特许经营协议取得污水处理项目收费权的原始权益人，如果需要转让污水处理项目收费权，应当取得特许经营协议项下的特许经营项目实施机构同意。从富国首创水务REITs项目来看，其不涉及资产重组事项，但如若涉及资产重组就会牵涉到特许经营期限的计算问题。在污水处理项目收费权转让时，原始权益人可以与特许经营项目实施机构沟通，采取资产整体划转、污水处理项目收费权承接的方式实现资产重组，且污水处理项目收费权剩余期限可以继续计算。当然，

[1] 实际上就是原建设部颁布实施的《市政公用事业特许经营管理办法》（现已失效）。

具体重组方案要根据污水处理项目的实际情况予以确定。

SPV 公司股权转让是污水处理 REITs 项目交易的必需环节，原始权益人需要将 SPV 公司股权转让给基础设施基金所持有的资产支持专项计划。对于这一点，958 号文附件《基础设施领域不动产投资信托基金（REITs）试点项目申报要求》有明确规定。其中最为重要的一点是，对污水处理项目特许经营协议或批复文件等进行整体审查，如涉及限制性条件，需要协调相关部门或主体出具以 100% 股权转让方式发行基础设施 REITs 无异议函。另外，需要结合污水处理 SPV 公司章程，就公司股权转让事宜履行内部决策程序。从富国首创水务 REITs 项目来看，由于项目原始权益人为北京市国资委实际控制的国有企业，且 SPV 公司为原始权益人的全资子公司，因此原始权益人需要提前与国资部门沟通以获得其出具的豁免进场批复。

第四章　利益调节的辅助
——税收优惠

城市污水处理业 PPP 模式的运行和发展离不开税收优惠的支持和保障。税收优惠是将依据基准税制取得的税收利益部分让与纳税人的课税要素，这种税收优惠包括有关税基、税率、税额的优惠，制度性税收优惠，以及税收政策中附有失效日期等落日条款的临时性税收优惠。[1] 准公共物品的提供本来是政府应当承担的公共职责，鉴于城市污水处理业的自然垄断属性带来的诸种弊端，同时为了引入竞争、提高效率、实施“厂网分离”，城市污水处理业才运用 PPP 模式借助政府和社会资本的合作实现准公共物品高效供给的目的。质言之，无论是采用国有模式还是采用 PPP 模式，有效控制成本并实现盈利是共同的追求。因此，税收优惠对于城市污水处理业 PPP 模式而言，是对承担了准公共物品供给的社会资本方的一种激励性或照顾性措施，其目的是切实降低运营成本以助力其实现“保本微利”的经济绩效目标，满足个体营利性需求，最终引导社会资本实现社会公共环境利益的最大化。

然而，税收是国家合法正当取得公民私有财产的基本手段，也是国家对经济社会发展进行宏观调控的重要工具，

[1] 参见叶姗：《税收利益的分配法则》，法律出版社 2018 年版，第 24 页。

因此税收优惠兼具税负重新分配与国家宏观调控的二元目的。[1] 税收优惠不仅要重视国家宏观调控工具功能的发挥,更不能忽视对纳税人权利和市场公平竞争的保护。也就是说,在城市污水处理业 PPP 模式的税收优惠中,不能背离法治财税所要求的法律保留原则、法律优位原则、平等原则等形式要义和限定元权力、提供目的指引和保障权利底线等实质要义。[2] 因此,本章从城市污水处理业 PPP 模式税收优惠的运行现状入手,通过典型判例的分析,观察税收优惠在实体和程序两个层面的运行中存在的问题,继而有针对性地提出相应的法律规制对策和建议。

第一节 税收优惠的规范依据与运行现状

一、税收优惠的规范依据

城市污水处理业 PPP 模式的税收优惠涉及增值税、企业所得税等税种。

(一)增值税方面

1. 污水处理劳务享受"即征即退 70%"的税收优惠政策

根据财政部、国家税务总局《关于印发〈资源综合利用产品和劳务增值税优惠目录〉的通知》(以下简称财税 78 号文)的规定,从 2015 年 7 月 1 日开始,污水处理劳务现行全额征收增值税后即征即退 70%,污水处理企业实际向国家承担 30% 的增值税额。享受"即征即退 70%"税收优惠政策的条件是,取得生态环境主管部门出具的检测报告,证明污水经加工处理后符合《城镇污水处理厂污染物排放标准》(GB 18918—2002)规定的技术要求或达到相应的国家或地方水污染物排放标准中的直接排放限值。

---

〔1〕 参见蒋悟真:《税收优惠分权的法治化:标准、困境与出路》,载《广东社会科学》2020 年第 1 期。
〔2〕 参见熊伟:《法治财税:从理想图景到现实诉求》,载《清华法学》2014 年第 5 期。

2. 再生水销售享受“即征即退 70%”的税收优惠政策

根据财政部、税务总局 2021 年第 40 号《关于完善资源综合利用增值税政策的公告》第 4 条的规定，纳税人从事《目录》2.15“污水处理厂出水、工业排水（矿井水）、生活污水、垃圾处理厂渗透（滤）液等”项目、5.1“垃圾处理、污泥处理处置劳务”、5.2“污水处理劳务”项目，可适用本公告“三”规定的增值税即征即退政策，也可选择适用免征增值税政策；一经选定，36 个月内不得变更。选择适用免税政策的纳税人，应满足本公告“三”有关规定以及《目录》规定的技术标准和相关条件，相关资料留存备查。该公告附件 2.15 对再生水享受优惠政策的技术标准和相关条件的规定，一是产品原料 90% 以上来自所列资源，二是产品应达到相关用途的再生水水质标准。再生水享受即征即退税收优惠的比例为 70%。

3. 代收污水处理费免征增值税

根据财政部、国家发展改革委、住房城乡建设部《关于印发〈污水处理费征收使用管理办法〉的通知》的规定，污水处理费属于政府非税收入，全额上缴地方国库，纳入地方政府性基金预算管理，实行专款专用。使用公共供水的单位和个人，其污水处理费由城镇排水主管部门委托公共供水企业在收取水费时一并代征，并在发票中单独列明污水处理费的缴款数额。因此，自来水公司代为收取的污水处理费不属于销售自来水的价外费用，不得单独开具发票，在代收水费并开具增值税发票时，应当在增值税发票备注栏中注明代收污水处理费的缴款数额。该增值税发票可以作为纳税人缴纳污水处理费的会计核算原始凭证。

（二）企业所得税方面

1. “三免三减半”税收优惠

根据《企业所得税法》第 27 条第 3 项及《企业所得税法实施条例》第 88 条的规定，污水处理企业所得税享受“三免三减半”税收优惠。企业从事符合条件的环境保护、节能节水项目的所得，自项目取得第一笔生产经营收入所属纳税年度起，第一年至第三年免征企业所得税，第四年至第六年减半征收企业所得税。

2. 专用设备抵免企业所得税

根据《企业所得税法》第 34 条及《企业所得税法实施条例》第 100 条的规定,企业购置并实际使用规定范围内的环境保护专用设备,该专用设备投资额的 10% 可以从企业当年的应纳税额中抵免,当年不足抵免的可以在今后 5 个纳税年度结转抵免。《环境保护专用设备企业所得税优惠目录(2017 年版)》列举了城市公共污水处理可抵免企业所得税的 4 种专用设备。企业在购置该类设备时,要与供应商签订相应的采购合同、开具发票,并在办理税收优惠备案时,提交该类设备的性能参数及实际运行过程中的性能参数的检测结果。

二、税收优惠的运行现状

从城市污水处理业 PPP 模式税收优惠运行的现状来看,国务院税务主管部门一直致力于通过完善各种税种的税收优惠措施降低税负,为城市污水处理业 PPP 模式创造良好的税收环境。然而,措施的效果必须由实践加以检验,方可知是否存在问题以及问题的症结所在。城市污水处理业 PPP 模式的税收优惠使税收主管部门与污水处理企业之间形成税收征纳关系。通过典型司法判例来审视税收征纳主体之间的纠纷并提炼其间的法律问题,则可见城市污水处理业 PPP 模式税收优惠运行的实践现状。

(一) 肇庆同济税务行政征收案[1]的基本案情

肇庆市同济水务有限公司(以下简称同济公司)于 2010 年 9 月 13 日成立,经营范围为环保工程项目投资及经营管理、污水处理,其中污水处理的劳务符合免征增值税的规定。同济公司自 2011 年 1 月 1 日至 2015 年 6 月 30 日期间向肇庆市高要区国家税务局(以下简称高要国税局)办理备案并申报享受污水处理劳务免征增值税优惠。2010 年 11 月,同济公司控股的高要市中天恒基水务有限公司与高要环保局签订了《高要市城市污水处理厂 TOT 特许经营协议》,其中约定,如果污水进水水质超标,同济公司对污水处理项目没有能力处理,由同济公司与高要环保局共同协商处理办法,制定改造方案……并豁免由

[1] 肇庆市同济水务有限公司诉肇庆市高要区国家税务局等税务行政管理案。

此造成同济公司的出水水质超标的责任。2014 年 1 月 15 日,广东省肇庆市环境保护局(以下简称肇庆环保局)对同济公司废水排放情况进行监测,并作出了(肇)环境监测(S)字(2014)第 0115124—JD 号监测报告。经监测,同济公司排放废水超标。2014 年 2 月 12 日,高要环保局向同济公司发出整改通知,要求同济公司加强废水处理设施的管理和维护,确保水污染物达标排放。2014 年 2 月 14 日,同济公司向肇庆环保局提交《关于请求重新取样监测的申请》,告知肇庆环保局因进水指标超标,导致出水指标超标,请求重新监测。同月 17 日,肇庆环保局对同济公司废水排放情况进行了重新监测,并作出了(肇)环境监测(S)字(2014)第 0217163—JD 号监测报告,监测结果显示同济公司废水排放中悬浮物超标 0.6 倍、粪大肠菌群超标 8.2 倍、总磷超标 0.17 倍。2014 年 5 月 20 日,肇庆环保局向高要环保局发出肇环字〔2014〕73 号环境监察通知书,责成高要环保局对同济公司环境违法事实征收 118,963 元两倍的排污费,并于 2014 年 7 月 9 日在肇庆环保局网站信息公开页面上公布了同济公司行政处罚直接作出的环境违法行为限期改正决定。同月 21 日,同济公司缴纳了排污费。

2016 年 12 月 12 日,高要国税局要求同济公司提交关于其是否符合享受资源综合利用增值税优惠政策相关情况并上报相关材料。同月 14 日,同济公司向高要国税局提交了《肇庆市同济水务有限公司享受资源综合利用增值税优惠政策的自查报告及情况说明》,说明其于 2014 年 2 月 17 日因超标排放受到过处罚,但自 2015 年 7 月 1 日起成为增值税纳税人后未受到过环境保护法律法规的处罚,是可以享受国家增值税即征即退优惠政策条件的纳税人,并附送了福建省莆田市国家税务局网站 12366 热点和难点问题集。2017 年 1 月 17 日,同济公司向高要国税局提交了关于其享受资源综合利用增值税优惠政策的补充说明。2017 年 2 月 10 日,高要国税局向肇庆环保局发出《关于核实肇庆市同济水务有限公司超标排污有关情况的函》,告知将委派工作人员到该局了解同济公司 2014 年超标排污的具体情况。肇庆环保局致电高要国税局告知其 2014 年未对同济公司作出过行政处罚,对同济公司征收双倍排污费的相关资料可向高要环保局获取。同月 14 日,高要国税局作出高国税税通〔2017〕1027 号税务事项通知书,要求同济公司提供 2014 年以来因违反环境保护法律规定而被处理导致减免税条件发生变化的自查说明,并于 2017 年 2 月 15 日将该通知书送达给同济公司。2017 年 2 月 21 日，同济公司向高要国税局提交了《肇庆市同济水务有限公司享受资源综合利用增值税优惠政策的自查报告及情况补充说明》。2017 年 3 月 9 日，高要国税局向高要环保局发出高国税函〔2017〕5 号《肇庆市高要区国家税务局关于核实肇庆市同济水务有限公司超标排放有关情况的函》，提请该局协助提供对同济公司 2014 年存在排放水污染物超过国家规定的水污染物排放标准的违法事实进行处理的有关证明材料，并于次日送达高要环保局。高要环保局于 2017 年 3 月 14 日向高要国税局提供了同济公司《整改通知》、(肇)环境监测(S)字(2014)第 0115124—JD 号监测报告。

2017 年 3 月 15 日，高要国税局作出高国税税通〔2017〕4967 号税务事项通知书，通知同济公司因其 2014 年 1 月 15 日污染物排放未达标，不再符合免税条件，要求同济公司对 2014 年 1 月 15 日至 2015 年 6 月 30 日发生的免税收入补缴相应税款及滞纳金，并于同月 16 日将该通知书送达给同济公司。2017 年 3 月 20 日，同济公司向肇庆环保局发出《关于 2017 年 3 月 15 日高要区国税局下发的肇庆市同济水务公司补缴税款通知书的相关情况查证确认申请》，申请肇庆环保局查证确认同济公司对税务事项通知书的相关异议点。次日，肇庆环保局函复同济公司，确认其 2014 年 2 月 17 日因进水超标导致出水超标的相关事实，并说明在对同济公司废水排放口超标事件的调查中，未发现同济公司存在环境违法违规行为。同月 22 日，同济公司向高要国税局申请延缓支付税款。2017 年 3 月 24 日，高要环保局要求撤回 3 月 14 日向高要国税局提供的关于同济公司的《整改通知》、(肇)环境监测(S)字(2014)第 0115124—JD 号监测报告并附送了《广东省肇庆市环境保护局复函》。2017 年 4 月 20 日，高要国税局向同济公司发出高国税税通〔2017〕6462 号税务事项通知书，告知同济公司因高要环保局撤销了关于同济公司的相关证明材料，遂决定撤销已经对同济公司送达的高国税税通〔2017〕4967 号税务事项通知书。2017 年 3 月 28 日，高要国税局向肇庆环保局发出高国税函〔2017〕6 号《肇庆市高要区国家税务局关于核实肇庆市同济水务有限公司超标排污有关情况的函》，提请肇庆环保局协助提供同济公司 2014 年是否存在污染物排放未达标的事实并提供具体日期。2017 年 4 月 5 日，肇庆环保局函复高要国税局，其认为同济公司 2014 年 2 月 17 日出水超标的客观事实存在，但是超标是由于进水污染物指标超出该厂设计能力造成的，在对同济公司废水排放超标事件的调查中，未发现同济公司存在环境违法违规行为。肇庆环保局随函附送了（肇）环境监测（S）字〔2014〕第 0217163—JD 号监测报告及 0003405 号广东省排污费缴纳通知单。

2017 年 4 月 20 日，高要国税局就同济公司涉税问题处理工作进行座谈，听取同济公司情况说明，并制作了《税企负责人座谈会会议纪要》。同日，高要国税局做出高国税税通〔2017〕6464 号税务事项通知书并依法送达给同济公司，通知同济公司经肇庆环保局查证确认，同济公司 2014 年 2 月 17 日污染物排放未达标，不再符合增值税免税条件，要求同济公司对 2014 年 2 月 17 日至 2015 年 6 月 30 日发生的免税收入进行更正申报，补缴税款并交纳滞纳金。2017 年 4 月 25 日，同济公司补缴了相关税款及滞纳金。2017 年 6 月 15 日，同济公司向肇庆税务局申请行政复议，肇庆税务局经审查后于同月 21 日作出了肇国税复受字〔2017〕第 1 号受理复议通知书并于同月 22 日将该通知书送达同济公司。同月 26 日，肇庆税务局向高要国税局做出肇国税复答通字〔2017〕第 1 号行政复议答复通知书，要求高要国税局在法定期限内提交当初做出具体行政行为的证据、依据和其他材料，并于同日送达高要国税局。2017 年 8 月 11 日，因案情复杂，肇庆税务局做出肇国税复延字〔2017〕1 号行政复议延期审理通知书决定延期审理并于同日将通知书分别送达给同济公司及高要国税局。2017 年 9 月 5 日，因肇庆税务局向广东省国税局请示关于污水处理劳务增值税优惠政策问题，决定对复议案件中止审理，并于同月 6 日送达给同济公司及高要国税局。2017 年 12 月 7 日，肇庆税务局做出肇国税恢复审字〔2017〕1 号行政复议恢复审理通知书对同济公司的复议案件恢复审理，并依法将通知书送达给同济公司及高要国税局。2017 年 12 月 12 日，肇庆税务局经审查后做出肇国税复决字〔2017〕第 1 号行政复议决定书，维持了高要国税局做出的高国税税通〔2017〕6464 号税务事项通知书，并于同日将该复议决定书送达给各方当事人（案件基本情况见图 4 – 1）。

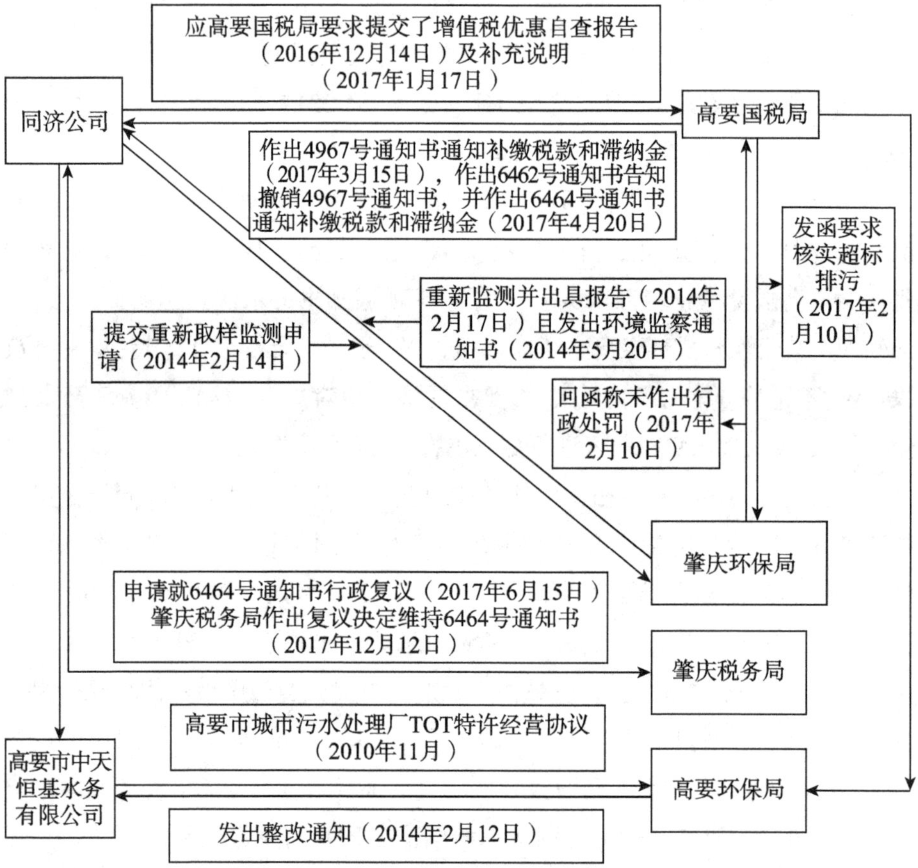

图 4－1　肇庆同济税务行政征收案示意

(二)肇庆同济税务行政征收案的争议焦点

1. 同济公司是否存在违规排放行为

结合本案一审诉讼请求和二审上诉请求及答辩意见来看，高要国税局和肇庆税务局是依据财政部、国家税务总局《关于享受资源综合利用增值税优惠政策的纳税人执行污染物排放标准有关问题的通知》(已失效)(以下简称财税 23 号文)第 3 条对同济公司做出税务事项通知书的。根据该条规定，“对未达到相应的污染物排放标准的纳税人，自发生违规排放行为之日起，取消其享受资源综合利用产品及劳务增值税退税、免税政策的资格……纳税人自发生违规排放行为之日起已申请并办理退税、免税的，应予追缴”。可见，违规排放行为的认定是是否享受税收优惠政策的前提。那么,(肇)环境监测(S)字(2014)第0217163—JD号监测报告及0003405号广东省排污费缴纳通知单能否证明同济公司存在违规排放行为呢?从违规排放行为的文意本身来分析,当事人是应该有主观意志、意思表示的内容的,而(肇)环境监测(S)字(2014)第0217163—JD号监测报告显示的是同济公司废水排放超标的事实。0003405号广东省排污费缴纳通知单显示的是,根据同济公司废水排放超标的事实,对其征收排污费而非行政处罚的事实。结合肇庆环保局于2017年3月21日发给同济公司的复函来看,函件明确载明"在该厂废水排放口超标事件的调查中,未发现该厂存在闲置或不正常运行污染治理设施、暗管偷排、稀释排放等环境违法违规行为"。再结合肇庆环保局于2017年4月5日发给高要国税局的复函来看,函件明确载明"在这次企业废水排放超标整个事件的调查过程中,未发现该厂存在不正常和运行污染治理设施、稀释排放等环境违法违规行为"。可见,同济公司不存在违规排放的主观意志和意思表示内容,不构成违规排放。简单将违规排放与出水超标相等同是双方争议的诱因。

2. 认定税收优惠的法律依据

结合本案一审诉讼请求和二审上诉请求及答辩意见来看,高要国税局和肇庆税务局主张以财税23号文作为认定税收优惠的法律依据,而同济公司主张税收优惠认定的依据是财税78号文。从上述行政规范性文件的实施和废止时间来看,财税23号文已经在财税78号文发布后于2015年7月1日废止,这里就牵涉到新旧法律规范的适用规则问题。从本案来看,对于同济公司超标排放事实的认定始于2014年2月17日,有肇庆环保局做出的(肇)环境监测(S)字(2014)第0217163—JD号监测报告为证。《关于审理行政案件适用法律规范问题的座谈会纪要》规定,"三、关于新旧法律规范的适用规则。根据行政审判中的普遍认识和做法,行政相对人的行为发生在新法施行以前,具体行政行为作出在新法实施以后,人民法院审查具体行政行为的合法性时,实体问题适用旧法规定,程序问题适用新法规定。但下列情形除外:(一)法律、法规或规章另有规定的;(二)适用新法对保护行政相对人的合法权益更为有利的;(三)按照具体行政行为的性质应当适用新法的实体规定的"。高要国税局认定同济公司自2014年2月17日起至2015年6月30日是否符合增值税免税条件属于实体问题,故应适用旧法即财税23号文的规定。然而,财税23号文与财税78号文,是同一行政机关针对同一类型的纳税主体、同一税种、同一优惠政策先后制定的有替换关系的两个行政规范性文件，虽然纳税人享受的具体优惠方式有所不同，但纳税人享受增值税优惠政策的法律依据的性质没有发生改变，因此符合《关于审理行政案件适用法律规范问题的座谈会纪要》的除外情形。退一步说，即便要适用财税23号文，根据该文件的规定，税务机关作出案涉税收事项通知书也要查实同济公司是否存在违规排放行为，而违规排放行为的认定是环保部门而非税务机关的职能，况且由上文分析可知，同济公司不存在违规排放的主观意志和意思表示内容，也不构成违规排放，因此高要国税局显然也不具备适用财税23号文取消同济公司税收优惠的基础。

第二节　税收优惠运行中存在的法律问题

税收优惠是形式合法性与实质合理性的双重统一。首先，形式合法性意味着税收优惠应置于法定原则之下，利用法定原则的刚性来规制税收优惠的无序，以形成规范有序、运转顺畅的税收优惠法律体系。其次，实质合理性意味着税收优惠应置于量能课税原则之下，充分保障纳税人的基本权利和公平竞争需求。形式合法性与实质合理性的载体离不开税收优惠措施的制定和执行，必然会存在实体和程序两个层面。因此，下文对法律问题的阐述也分别从这两个层面展开。

一、税收优惠运行中存在的实体法律问题

(一)环保行政处罚不应与增值税优惠相挂钩

无论是财税23号文还是财税78号文，均将环保行政处罚与增值税优惠相挂钩。这样的制度设计在实践中必然会带来以下三个方面的问题。

其一，污水处理企业享受增值税优惠的难度很大。从现行立法来看，污水集中处理企业是污水经过处理进入自然水体的最后一道关口，因此，无论是《水污染防治法》第50条还是《城镇排水与污水处理条例》第29条都规定，污水集

中处理企业必须对出水水质达标排放负责。从前文阐述来看，在大多数司法判例中法院也是将此作为对污水集中处理企业追责的依据。然而，排水管网配套滞后、上游排污单位私设暗管和不定时偷排等诸多外在因素也是可以引致污水集中处理企业出水水质超标这一“结果”的。换句话说，污水集中处理企业超标排污并不都是由其内在因素造成的。因此，只要出现出水水质超标引发行政处罚就会影响税收优惠的享受，则污水处理企业享受税收优惠的难度很大。虽然财税 78 号文将单次 1 万元以下的罚款排除在外，财政部、国家税务总局《关于完善资源综合利用增值税政策的公告》将 1 万元罚款的上限进一步调高至 10 万元，但随着各地对污水集中处理企业的出水水质一再提标[1]，10 万元的上限也未必能够成为污水集中处理企业享受税收优惠的“护身符”。此外，即便有污水集中处理企业在有关超标排污的行政复议、行政诉讼中胜诉，现行部门规章中也没有明确的恢复享受税收优惠措施的制度条款。

结合肇庆同济税务行政征收案，首先，在同济公司的 SPV 公司高要市中天恒基水务有限公司与高要环保局签订的《高要市城市污水处理厂 TOT 特许经营协议》中明确约定，“如果污水进水水质超标，同济公司对污水处理项目没有能力处理，由同济公司与高要环保局双方共同协商处理办法，制定改造方案……并豁免由此造成同济公司方的出水水质超标的责任”。这说明协议双方在签订协议时，已经预见到进水水质超标将可能会带来出水水质超标的结果。无论同济公司因出水水质超标面临行政处罚时是否能援引协议条款而豁免责任，但至少说明出水水质超标这一结果是进水水质超标这一外在因素造成，而非同济公司的内在因素所致，这一点在本案一审的裁判意见中得到了印证[2]。其次，本案中同济公司在发现进水水质超标时已经按照《城镇排水与污水处理条例》的规定履行了报告和采取措施消除影响的义务，在主观方面已经采取了一切可以采取的措施，努力削减了污染物的排放，将影响降到最低。因此，无论是从客观方面还是从主观方面而言，都不存在生态环保部门应对其科以行政处罚的基础。然

---

[1] 比如，2020 年 6 月河南省新郑市环境攻坚办发布《关于污水处理厂提质增效出水水质达到地表水环境质量标准Ⅲ类水质各项指标的函》，要求污水处理厂入河水质要达到地表水Ⅲ类标准。

[2] 本案一审裁判意见认为，“……监测报告显示，同济公司出水超标的原因是进水指标超过了同济公司污水处理厂的设计最大能力……肇庆环保局针对同济公司进水和出水超标的特殊性并未对同济公司做出行政处罚”。

而，本案的特殊之处是，在生态环保部门并未对同济公司科以行政处罚的前提下，税务部门径行对违规排放行为进行了认定，并据此取消了同济公司的税收优惠，明显有越俎代庖之嫌。

其二，无法发挥税收优惠的正向激励作用。让污水集中处理企业享受增值税优惠的根本目的，是发挥税收优惠的正向激励作用，促进污水集中处理企业通过改进、优化工艺和管理，不断提高出水水质标准，以实现经济绩效与环境绩效的统一。换句话说，既然污水集中处理企业达标排污是《水污染防治法》《城镇排水与污水处理条例》等规定的法定义务，那么税收优惠就不应该是与达标排污相挂钩，而应该是与“优标排污”相挂钩，即污水集中处理企业的出水水质品质越高，相应享受到的税收优惠力度也就越大。实际上，污水集中处理企业的出水水质达标与否，不仅在行政处罚上已经有所体现，而且在污水处理服务费的核定与支付上也已经有所体现了。如果还要在税收优惠上有所体现，则不仅不利于其保本微利，而且还容易对其运营造成影响。

其三，易因税收执法自由裁量权行使不当而影响增值税优惠的享受。在肇庆同济税务行政征收案中有一个细节值得注意，即同济公司下辖的四个污水处理厂均可独立核算，出现污水出水水质超标的仅为其中的一个污水处理厂，但高要国税局要追缴四家污水处理厂2014年2月至2015年6月期间的全部增值税和滞纳金。高要国税局的行为显然不符合税收执法的行政目的，且没有考虑到行政行为的必要性和适当性并符合比例原则。税收执法行政行为的目的是税收行政主体通过税收行政行为所要实现的利益或好处，无论是财税23号文还是财税78号文，其目的都是通过扶持包括污水处理在内的环境保护产业，吸引更多的社会资本投入这个保本微利行业，通过税收优惠取得环境绩效与经济绩效的平衡，一方面让进入这一领域的社会资本有利可图，另一方面有效弥补政府资金和投入的不足以实现水环境质量的提升。为此，各级税务部门在执行财税23号文或财税78号文时，都应该准确认定包括污水处理在内的环境保护产业的性质和特点，进而准确认定税收优惠措施对于环境保护产业发展的意义与作用。从行政行为的必要性和适当性来说，税收执法行政自由裁量权必须是“足以达成目的之手段，且为多数皆能达成目的之手段中所附带之不利益为最少者”。高要国税局的做法明显超过了行政行为的必要性和适当性，且不符合比例原则，因为比例原则要求在手段和目的上达到一种“手段对当事人最小影响、最小侵害”的状态。确定税收执法行政自由裁量权最小侵害状态时，要把税收目的、利益平等保护和税收行政手段等因素综合起来进行考虑，方可避免裁量权的滥用。

（二）企业所得税优惠不符合城市污水处理业特点

其一，污水集中处理企业难以享受企业所得税优惠。根据《企业所得税法》第27条第3项及《企业所得税法实施条例》第88条的规定，污水集中处理企业所得税享受“三免三减半”税收优惠，即污水集中处理企业享受企业所得税税收优惠的周期在6年内。然而，污水处理业与其他行业相比，确实具有特殊性：首先，初始投资大。以污水集中处理常用的BOT和TOT模式为例，初始投资需要满足25～30年不等的特许经营期运营的要求，且地下设施投资比例大、金额高，建设标准和要求严格。其次，资金成本高。污水集中处理企业投资资金普遍债务成本较高且债务压力较大，污水处理中标价格较低且调价因受听证等程序限制，地方政府补贴金额高反过来压缩了污水集中处理企业的合理利润空间。在水源管理不甚严格的地区，供水量与处理量差异较大导致到账水费与处理成本差异大。再次，污水集中处理企业收回成本的周期较长。从目前所签订的特许经营期在25～30年的污水集中处理PPP合同来看，污水集中处理企业收回成本的周期一般在12～15年。从运营来看，污水集中处理企业处理的污水量初期较少，以后逐年增加，到5～6年逐步接近满负荷。复次，污水集中处理企业的运营受地方政府的影响很大。这不仅表现在污水集中处理企业的运营必须依托政府排水管网投资力度的加大以及服务区域内经济持续发展带来的人口持续增长，更表现在污水集中处理企业开始取得收入需要取得当地政府的批准，批文日期与批准收费日期常存在跨年度现象。最后，成本支出与污水处理量并非同比率变化。电费、人工、维修费等付现成本支出与水量并不保持同比率变化，与处理量同比相关的成本只有药剂费和污泥处理处置费用，这两项成本支出还不时会受到因进水水质超标冲击带来的额外增长，折旧却与水量完全无关。这样做的后果是，项目初期毛利率极低，甚至可能出现收入无法补偿成本支出的现象。因此，结合上述特点，从财务核算角度来看，污水集中处理企业自取得第一笔生产经营收入起的5年内，其财务报表基本处于亏损状态，进入获利期时其所得税优惠也基本到期，污水集中处理企业实际上难以享受到企业所得税优惠。

其二,污水集中处理企业享受企业所得税的认定困难。根据《企业所得税法实施条例》第 88 条第 2 款的规定,“企业从事前款规定的符合条件的环境保护、节能节水项目的所得,自项目取得第一笔生产经营收入所属纳税年度起”享受“三免三减半”税收优惠,即应以污水处理项目认定税收优惠对象。然而,实践中很多地方政府为了吸引投资、降低风险,往往将当地多个污水处理项目整体打包授予特许经营权,而社会资本方也希望通过多项目的投资运作,利用规模化来摊薄管理成本。在此种情况下,一个污水处理企业往往运营多个污水处理项目。这些项目规模不一,生产经营状况差异明显,取得第一笔生产经营收入不尽相同,项目的获利能力也参差不齐。同时,污水处理项目一般在 5 ~ 6 年内接近满负荷,必然需要进行扩建并与政府方就扩建项目重新进行污水处理特许经营 BOT 协议的谈判和签署。因此,一个污水集中处理企业会在运营多个污水处理项目的同时,各个项目内还有一期、二期乃至三期等多个子项目,这就为税收优惠对象的认定带来了很大的难度。

二、税收优惠运行中存在的程序法律问题

“租税优惠系对相同负担能力者,为管制诱导其为特定作为或不作为,将量能原则作一部分牺牲,创造租税特权取得租税利益。”[1] 税收优惠作为一种利益配置机制,其制定权的配置将影响特定纳税人的利益分置和行为方向。从城市污水处理业 PPP 模式税收优惠的制度现状来看,国家税务总局始终掌握着税收优惠的制定权。那么,对于污水处理业而言,为什么要给予其税收优惠?给予的税收优惠要达到什么样的效果?当时间、地点、条件发生变化时,是否应增加、减少甚至取消税收优惠?以上问题的回答客观地呼唤着税收优惠中程序制度的配套。因为只有有了程序制度的配套,税收优惠的实体规定才能更加契合社会的需求,税收优惠才能实现其本源的“激励”作用,纳税人的权利和市场公平竞争的保护才能有所着落。然而,不仅是城市污水处理业,而且针对众多行业的税收优惠均存在程序问题上的缺失,具体表现在以下方面。

---

[1] 葛克昌:《所得税与宪法》,北京大学出版社 2004 年版,第 16 页。

（一）税收优惠制定权配置的失范

从城市污水处理业享受的税收优惠来看，《增值税暂行条例》第 15 条规定，增值税的税收优惠由国务院规定。《企业所得税法实施条例》第 88 条规定，享受“三免三减半”项目的具体条件和范围由国务院财政、税务主管部门商国务院有关部门制订，报国务院批准后公布施行。据此，税收优惠制定权大多是通过授权立法的形式由国务院乃至相关部委行使。这就造成了立法机关与行政机关之间在税收优惠制定权配置上的失范，客观地形成了以下问题：首先，税收优惠制定权过度集中于行政机关形成了税收优惠立法的“碎片化”。不论是实体问题还是程序问题，均应通过统一的税收优惠立法给予一体性的制度安排。否则，税收优惠制定权缺乏相应的制衡和制度制约，容易发生“部门利益凌驾于国家利益之上”的风险。[1] 其次，税收优惠制定权的转授权容易导致税收法定原则的失灵。税收优惠牵涉的行业众多，由各行业本身所具有的特点和复杂性所决定，税收优惠要提炼出各行业税收优惠的机理和公因式，并通过特定的法律形式载体予以呈现，而这一过程绝非特定政府部门能全权包办的。从财税 23 号文到财税 78 号文的变化，以及高要国税局数次向当地生态环保部门发文函询行政处罚的认定，都说明税收优惠制定权的转授权比之于过度集中于国务院带来的危害更大。财税部门从部门本位角度出发行使税收优惠的制定权和执行权，不可避免地会带来税收优惠与实务操作环节的不匹配甚至脱节，最终未能真正起到对纳税人的激励作用，造成了税收优惠制度在严谨性、规范性等问题上的一系列问题。

（二）税收优惠制定权载体的性质不明

目前有关城市污水处理业的税收优惠由财税部门发布的一系列以“通知”命名的法律文件构成。作为税收优惠制定权的载体，明晰这些法律文件的性质是首要的问题。根据国家税务总局于 2002 年制定、2019 年修正的《税务部门规章制定实施办法》第 6 条的规定，“税务规章的名称一般称‘办法’‘规定’‘规程’‘规则’‘决定’或者‘实施细则’，不得称‘条例’”。根据国家税务总局于

〔1〕 参见熊伟：《法治视野下清理规范税收优惠政策研究》，载《中国法学》2014 年第 6 期。

2017年制定，历经2019年、2021年两次修正的《税务规范性文件制定管理办法》第7条第1款的规定，“税务规范性文件可以使用‘办法’‘规定’‘规程’‘规则’等名称，但是不得称‘条例’‘实施细则’‘通知’‘批复’等”。由此可知，以“通知”命名的法律文件是被明确排除在税务规范性文件的命名范围之外的，但结合税务规章的命名范围来看，无论是积极性范围还是消极性范围，“通知”都未被囊括在内，这事实上造成了以“通知”命名的法律文件实际上处于“两不管”的尴尬境地。由此带来的后果是，这些法律文件无法被纳入税务部门规章或税务规范性文件两者中任何一个程序规则之下，使得这一领域的税收优惠实际上逸出于程序控制范围之外，给执行和适用埋下了隐患和风险。

（三）总量控制机制存在缺失

税收优惠是对量能课税原则之平等原则的违反，本质上是一种租税特权，其合法性与正当性在于它所承载的特定价值追求。[1] 作为程序意义上的事前控制措施，税收优惠理应受到《预算法》的严格限制。然而，以城市污水处理业为观察视角来看，国家财税部门出台的税收优惠法律文件均带有较为鲜明的随意性和不稳定性。比如，有关城市污水处理业税收优惠法律文件的制定理由可以分为长期和短期两类。长期理由包括推动资源综合利用、促进节能减排和环境保护等；短期理由主要是针对特定领域需要制定和调整相关政策，包括垃圾发电和资源综合利用水泥、农林剩余物资源综合利用产品以及部分资源综合利用产品及劳务等。短期理由往往是导致政策频繁调整的原因，而即便是长期理由，也无法从中确知这些税收优惠支出是否受到了预算法的限制，导致无论是社会公众还是政府部门只能获知之所以要制定和调整税收优惠是经过了“国务院的批准”或“落实国务院精神”，而无法有效衡量税收优惠的规模与结构。从本质上说不符合《预算法》规定的“政府的全部收入和支出都应当纳入预算”的法定要求。

---

〔1〕 参见叶金育、顾德瑞：《税收优惠的规范审查与实施评估——以比例原则为分析工具》，载《现代法学》2013年第6期。

(四)审查评估机制存在不足

上文中提到的城市污水处理业税收优惠中存在的种种实体问题,从一个侧面说明对于该领域税收优惠法律文件的审查评估机制存在不足。原因是税收优惠牵涉的行业点多面广,税收优惠本身又时常处于动态发展调整之中,需要关照到其专业性和时效性,通过事中与事后的程序制约来促进政府调控行为的经济理性。[1] 从目前的制度规定来看[2],税收优惠法律文件的审查限于税务机关的内部审查,审查主体为政策法规司,且审查标准主要侧重于"合法性审查和世界贸易组织规则合规性评估"。这里存在的突出问题有两点:

其一,公众参与和信息公开的制度设计还不完善。首先,对于向社会公众公开税务规章征求意见稿及其说明的地点和方式没有规定。比如,由何种媒体向社会公众公开税务规章征求意见稿及其说明没有规定。其次,对于社会公众参与的期限规定较短。比如,目前期限不少于30日的规定包含了法定休假日,留给社会公众有效参与的时间不足。最后,对于起草专业性较强的税务规章,仅将吸收相关领域的专家参与或者委托有关专家、教学科研单位、社会组织起草作为备用选项。实际上,发挥以上主体在审查中的主体作用可以构筑起一个相对完整的外部审查机制,以此发挥对内部审查机制的补强作用。

其二,所有的程序制度设计缺乏法律责任的制约。目前的制度设计中包含一系列政策法规司和起草司局需要履行的程序义务,如拟定计划报批、深入调研广泛听取意见、审查送审稿、论证咨询等。然而,鉴于作为上位法的《规章制定程序条例》中没有规定制定主体不履行程序义务或履行程序义务不当的法律责任,因此虽然所有的程序制度环环相扣,但由于其执行依靠主要责任人员和具体经办人员的推动,因此在执行层面出现的打折扣、搞变通等不可避免地会使现有的审查机制流于形式且效果难以彰显。

此外,税收优惠是国家在不减少公共服务提供基础上,对纳税人所应当缴纳的税款对价所做的一种折让,其最终目的是获得更加充足的财政利益。因

---

〔1〕 参见王霞:《税收优惠法律制度研究:以法律的规范性及正当性为视角》,法律出版社2012年版,第1~3页。

〔2〕 由于以财税主管部门出台的以"通知"命名的法律文件被明确排除在税务规范性文件的范围之外,因此此处的阐述以《税务部门规章制定实施办法》作为制度依据。

此,对税收优惠进行规范管理,需要在科学测算其规模和结构的基础上编制税式支出预算和税式支出执行情况报表,根据政府的税式支出数额,建立税收优惠绩效考核评价机制,实现由原来的事后评价向事前、事中、事后的全过程评价转化,对税收优惠对象的受益程度以及形成的社会经济效益进行测算,最后对税收优惠效果进行评价,并根据评价结果决定税收优惠法律文件的存废去留。因此,应该在目前的程序制度设计中增加有关税收优惠绩效评估机制的条款,对评估主体、评估内容、评估形式、评估方法、评估程序、评估标准等进行确定。

三、税收优惠运行中法律问题的产生根由

城市污水处理业 PPP 模式税收优惠中存在的实体问题和程序问题中,立法问题有之,执法问题有之,守法问题亦有之。为什么出现上述诸种问题,需要从税法基本原则找寻答案,因为税法基本原则是一国调整税收关系的基本规律的抽象与概括,是贯穿税法的立法、执法和守法全过程的具有普遍性指导意义的法律准则。[1] 从税法基本原则来反思目前的城市污水处理业 PPP 模式的税收优惠,可以验证目前的税收优惠制度设计是否能够体现税法所追求的公平、正义等价值目标,更可以验证税法基本原则是否能够对目前的税收优惠制度设计起到规范、指导作用。有学者指出,税法基本原则由税收法定、量能课税与稽征经济共同建构,分别对应税收的形式正义、实质正义与技术正义的三个层次。[2] 因此,对城市污水处理业 PPP 模式税收优惠法律问题根由的找寻,也从以上三个层面展开。

(一)税收法定原则指引下的审视

税收法定原则是法治国家法律保留原则在税法中的体现,在税收优惠领域中的体现即为“无法律则无优惠”。由于税收优惠对于国家与纳税人之间、纳税

[1] 参见刘剑文主编:《财政税收法》,法律出版社 1997 年版,第 154 页。
[2] 参见黄茂荣:《法学方法与现代税法》,北京大学出版社 2011 年版,第 57 ~ 63 页。

人之间、地方政府之间的利益平衡以及纳税人基本权利保障都具有重大影响作用,[1]因此,出于对人民民主与法安定性的考虑,税收法定原则必然要求税收优惠满足税收优惠制定权的配置有序、税收优惠与预算管理相衔接、税收优惠程序法定这三项核心要求。因此,以税收法定原则为指引来审视城市污水处理业 PPP 模式的税收优惠,有以下问题值得注意:

其一,制度性税收优惠和政策性税收优惠边界不清,造成了税收优惠制定权配置的失序。有学者指出:"税收优惠政策统一由专门的税收法律法规规定,是税收法定原则的题中应有之义。要实现这一目标必须区分政策的类型:制度性税收优惠必须规定在税收法律法规和其他相关法律中,而政策性税收优惠的制定权则应当由国务院及其财税主管部门通过制定税务规范性文件来行使,这种规范的制定需要遵循法律规定的制定和执行税务规范性文件的程序规则,而且,必须附有'落日条款'。"[2]从城市污水处理业本身来看,其作为环境公用事业确实具有与其他行业迥然不同的特点:保本微利的盈利模式、提供的是环境公共产品和服务、受政府行为的影响较大、"治污者的角色承担大于排污者"等。这些特点决定了给予其税收优惠不应该是权宜之计,而应该是长期坚持、一以贯之的制度性安排。然而,目前的税收单行法中,无论是《增值税暂行条例》还是《增值税暂行条例实施细则》,都没有相应的制度性税收优惠安排。其他法律中,无论是《水污染防治法》还是《城镇排水与污水处理条例》,也都缺乏相应的制度性税收优惠安排。此外,在政策性税收优惠的制度设计中,应着重考虑城市污水处理业的行业特点,避免对所有环境保护项目做"一刀切"式的制度安排。

其二,税收优惠法律文件的性质不明,税收优惠与预算法定的衔接不到位。我国《预算法》第 4 条第 2 款规定"政府的全部收入和支出都应当纳入预算",确立了全口径预算管理制度,但税收优惠这一隐形支出并未纳入预算管理的范围之中。鉴于前文中所提到的国家财税主管部门制定的以"通知"命名的一系列法律文件性质不明,也无法按照相应的税务规范性文件的程序规则进行考察,

〔1〕 参见王霞:《税收优惠法律制度研究:以法律的规范性及正当性为视角》,法律出版社 2012 年版,第 1~3 页。

〔2〕 叶姗:《税收优惠政策制定权的预算规制》,载《广东社会科学》2020 年第 1 期。

因此税收优惠极易“逸出”预算管理范围,其结果是税收优惠没有被纳入预算控制与监督之下,税收优惠无法作为各级预算的税式支出进行规范化管理,也就无从构建符合税收优惠特性的预算编制、审批、执行、调整与决算程序。

其三,税收优惠的程序法定存在缺位,造成了对政府调控行为的制约和对纳税人权利保护的途径不畅。正如有学者所指出的,“正当程序理念作为一种规范国家征管权和保障纳税人基本权的法律概念,它意味着征管主体只能按照税收法律所确立的方式和法律为保护纳税人权利对征管主体施加的限制进行活动”[1]。前文已指出,公众参与和信息公开的制度设计还不完善,所有的程序制度设计缺乏法律责任的制约,税收优惠绩效考核评价机制尚付阙如,这些程序制度设计的缺项都使得税收优惠缺乏基本必要的程序控制,无法构筑起囊括事前、事中与事后的完整程序制度设计。程序性事项并非全然属于技术性事项,但关乎正当程序的落实与纳税人权利保障。[2]

(二)量能课税原则指引下的审视

“税法之持续长期之权威,只能基于其合乎事理与平等课征。量能课税原则本身,有意在创设国家与具有财务给付潜能的纳税义务人之间的距离,以确保国家对每一国民给付之无偏无私,不受其所纳税额影响。”[3]量能课税原则作为宪法平等原则在税法中的体现,承担着追求税收优惠的实质合理性的使命。符合量能课税原则的税收优惠就有其存在的正当性和必要性,否则会从实质上损害纳税人的合法利益,违背税收中性的要求。[4] 以量能课税原则来审视税收优惠,不仅要分析“量”的税负能力,还要考量“质”的税负能力。[5] 因此,以量能课税原则为指引来审视城市污水处理业 PPP 模式的税收优惠,就需要注意以下问题。

其一,税收优惠没有发挥出正向“激励”作用,不符合“质”的税负能力的需

[1] 朱大旗、胡明:《正当程序理念下我国〈税收征收管理法〉的修改》,载《中国人民大学学报》2014 年第 5 期。

[2] 参见聂森:《耕地占用税的规范审查与实施评估——基于税法基本原则的分析》,载《南京工业大学学报(社会科学版)》2018 年第 4 期。

[3] 葛克昌:《税法基本问题(财政宪法篇)》,北京大学出版社 2004 年版,第 121 页。

[4] 参见赵庆功:《从税收中立视角看我国税收优惠制度改革》,载《现代经济探讨》2018 年第 10 期。

[5] 参见[日]北野弘久:《税法学原论》,吉田庆子等译,中国检察出版社 2001 年版,第 106 页。

要。有学者基于“量质兼顾”的税收优惠正当性判断标准,将税收优惠分为保障型税收优惠和激励型税收优惠两类。[1] 前者重点以促进公益活动开展与保障纳税人基本权为目标,后者重点强调培育市场和发展经济的目的。城市污水处理业属于环境保护产业,而节能环保产业正是“十四五”规划所提出的八大战略新兴产业之一,恰是需要国家重点扶持和鼓励发展的产业和项目,需要稳定、持续且足质的税收优惠的支持。然而,前文中所指出的城市污水处理业 PPP 模式税收优惠中存在的实体问题,大部分反映出税收优惠的正向“激励”作用不足的问题。总结起来看,主要是纠结于“出水水质标准”和“污水处理行业自身特点”等问题。鉴于上文已有阐述,在此不再赘述,只是还需在“出水水质标准”上做一补充说明。因为目前将“出水水质超标”导致的行政处罚与增值税优惠相挂钩,确实对污水集中处理企业享受税收优惠产生了不小的影响,是“质”的税负能力需要的一大扰动因素。

污水集中处理企业作为污水进入自然水体的最后一道关口,因为其排放会对水环境质量产生直接影响,对其出水水质进行严格要求无可厚非。然而,是否对出水水质的要求越严就越能提高水环境质量?已经有越来越多的专家提出了不同意见并已得到了国家相关部委的回应。比如,王家卓提出,一些地方没有厘清“源头治污”的概念,只用超高出水标准来要求污水处理厂,出水水质要达到地表水准Ⅳ类标准,甚至不少地方还要求污水处理厂出水水质达到地表水Ⅲ类,这意味着污水从污水处理厂“走一遭”后“摇身一变”就能达到饮用水标准,这样盲目追求过高的污水处理排放标准,必然会使运行费用过高,给城市财政造成过重负担,一些城市已经出现了污水处理厂“建得起用不起”的情况。[2] 2022 年 3 月 28 日,住房和城乡建设部、生态环境部、水利部和国家发展改革委等四部委联合制定发布了《关于印发〈深入打好城市黑臭水体治理攻坚战实施方案〉的通知》,明确提出“不应盲目提高污水处理厂出水标准、新扩建污水处理厂……”由此可见,对污水处理厂出水水质标准的要求已经逐渐回归理性认识的层面,将出水水质标准与环境行政处罚继而与税收优惠相挂钩的做法

---

〔1〕 参见王霞:《税收优惠法律制度研究:以法律的规范性及正当性为视角》,法律出版社 2012 年版,第 8 页。

〔2〕 参见《为何不应盲目提高污水处理厂出水标准?》,载人民资讯网 2022 年 4 月 27 日,https://baijiahao.baidu.com/s?id=1731275820585300673&wfr=spider&for=pc。

也理应进行反思。把税收优惠放置在污水集中处理企业生产经营的动态过程中,以出水水质的高低与税收优惠相挂钩,让税收优惠真正发挥出正向激励作用并符合"质"的税负能力的需要,是以量能课税原则为指引完善税收优惠的客观必然要求。

其二,量能课税原则没有贯穿到税收执法中而发挥其指导性作用,不符合"质"的税负能力的需要。税务机关不仅有防止纳税义务人脱法避税、违法偷税漏税,保证国家财政收入的义务,也有有效地实现课税公平的责任,以达成使每个纳税义务人都相信经济负担能力相同之邻人,亦缴纳相同之税,从而自觉纳税的局面。[1] 前文中所提到的城市污水处理业 PPP 模式税收优惠对象的认定问题即为典型代表。既然一个污水处理企业所运营的项目之间情况不同,每一个项目内部又会存在一期、二期或三期项目情况各不相同的情况,那么在税收优惠执法中就应该统一标准和尺度以利于裁量,否则就会出现因对诸如《企业所得税法实施条例》第 88 条第 2 款规定中"项目"理解不一而造成各地在税收优惠执法认定中形成的"高地"和"洼地"。这对于各污水集中处理企业而言是不公平的,因为既然这些企业作为纳税义务人"所负担之纳税义务均系基于公共平移之平等牺牲义务",那么就不应出现"厚此薄彼"的情形。

(三)稽征经济原则指引下的审视

稽征经济实际上源自比例原则的要求,适应性(手段有助于目标的实现)、必要性(为达目标别无损害更小的手段)、狭义比例性(增进的法益超过损害的法益)是比例原则的基本要求。[2] 以比例原则来审视税收优惠会发现,税收优惠本就是对一般税收要素的偏离,是对普遍均衡的某种扰动,只有适度,才可望通过比例原则测试。[3] 以上文中提到的污水集中处理企业享受的企业所得税优惠为例。由污水处理业本身初始投资大、资金成本高、回收成本的周期较长、运营受地方政府影响较大、成本支出与污水处理量并非同比率变化等特点所决定,目前污水集中处理企业很难真正享受到企业所得税"三免三减半"带来的税

[1] 参见许多奇:《论税法量能平等负担原则》,载《中国法学》2013 年第 5 期。
[2] 参见黄学贤:《行政法中的比例原则研究》,载《法律科学(西北政法学院学报)》2001 年第 1 期。
[3] 参见侯卓:《税收优惠的正当性基础——以公益捐赠税前扣除为例》,载《广东社会科学》2020 年第 1 期。

收优惠红利。因此,有必要对目前税收优惠的减免比例进行调整。当然,比例原则要求制度规范对法益的侵害尽量最小,增进之公共利益要显著超过减损之法益。因此,有以下几点值得关注:其一,应当针对不同体量和处理规模的污水处理项目,对其自取得第一笔生产经营收入起财务报表处于亏损状态的平均年限进行测算。其二,应该将测算结果作为设定污水处理业享受企业所得税优惠比例的支撑依据,向社会公众公布并征求意见。其三,国家税款利益的让渡,本为国家利益的损失,亦可能使依赖财政资金提供公共服务的纳税人利益部分受损,[1]故而不宜将扣除比例设置过高,但可以考虑适当延长税收优惠的时限以达到让纳税义务人真正受惠的目的。

此外,比例原则要求税务部门在进行税收执法时要符合税收执法的行政目的,且要考虑到行政行为的必要性和适当性,避免因一个污水处理项目不符合税收优惠条件而连累其他污水处理项目税收优惠享受的情形出现。因此,有必要制定出台税收优惠执法裁量权基准,统一税收优惠执法尺度。另外,对于因税务机关认定税收优惠不当而造成纳税义务人多缴税款的情形,根据《税收征收管理法》第 51 条的规定,退还多缴税款的期限是以发现的渠道来界定的:由税务机关发现的纳税人多缴的税款,退还没有时间限制,即无论是何时多缴的税款,税务机关都应当予以退还;由纳税人自己发现的多缴税款,应当是自纳税人结算缴纳税款之日起 3 年内的多缴税款,税务机关才能予以退还。结算期结束已经超过 3 年的多缴税款,税务机关就不能再退还多缴的税款了。这种退还多缴税款的期限以发现的渠道来界定的做法因为没有区分多缴税款是由征纳双方谁的责任造成而存在不妥之处。如果多缴税款是税务机关的责任,只是由于是纳税义务人发现就要受到 3 年时间界限的限制,对于纳税义务人而言有失公平,且容易使税务机关逸出于责任承担之外。

---

[1] 参见叶姗:《社会财富第三次分配的法律促进——基于公益性捐赠税前扣除限额的分析》,载《当代法学》2012 年第 6 期。

第三节 税收优惠法律制度完善的法理依据与具体方案

税收优惠作为非常规性的调控工具,具有较为突出的管制诱导性功能,善加运用有利于促进包括城市污水处理业在内的环境保护产业结构的调整和优化,对于打赢"碧水""蓝天""净土"的污染防治攻坚战具有重要意义。然而,目前在城市污水处理业 PPP 模式的税收优惠中存在着包括实体和程序等种种法律问题,亟待规制主体以法律规范为依据展开规制活动。鉴于税收优惠法律规制所依据的是财税法等经济法律规范,而这种经济法规制活动的目标是维护社会公共利益,[1]那么,为了达至法益目标所构架的法律规范就必须以法律的基本原则为指引展开。更为确切地说,城市污水处理业 PPP 模式税收优惠法律规范的构架应该以税法基本原则为指引展开,因为基本原则是法律规范具体制度设计的高度概括、抽象和凝练,又可反过来对法律规范的适用起到规范和指导作用。

一、以税收法定原则为指引的具体方案

税收法定原则内在地要求税收优惠"无法律则无优惠",我国目前的税收优惠条款面广、量大,几乎覆盖了所有的部门税法,但行政主导的税收优惠解释体系缺乏整体协调,妨碍了税收优惠的统一性和合理性,削减了税收优惠制度所应有的内在逻辑和公平正义。可以说,税收优惠法律规制所依托的法律规范呈现出鲜明的"碎片化"特征,其结果是由于缺乏基础性的制度设计,税收优惠的正向"激励"作用不显、成效不彰。有鉴于此,早有学者提出构建税收优惠法律体系,此体系"主要是为了理顺法律各组成部分之间的关系,使其出于同一指导思想之下,消除价值判断上的矛盾。体系确立后,各种法律规范可以按照一定的原理分类排列,从外观上呈现一种透视的效果,这对于法律解释以及制定法

[1] 参见杨尊源:《规制四阶层论的形成机理、内容构造与运用实践——基于规制国理论与后规制国理论的思考》,载《河北法学》2021 年第 2 期。

的漏洞补充大有好处。一个完整科学的体系首先必须与上位阶的宪法价值以及规范体系相符合,其次必须与其他相同位阶的规范体系相调和,最后必须保证本身没有相互矛盾的现象"[1]。除了在第一位阶的宪法中对税收优惠法定做出界定外,在第二位阶的立法中,无论是"一元模式"还是"二元模式"[2],均应对税收优惠的实体和程序进行规定。在第三位阶的立法中,应制定统一的税收优惠法及其实施细则,重在落实第二位阶立法的实体和程序规定。限于本书篇幅和论证重点,不宜全面展开论述以证成税收优惠法律体系的架构,仅以税收法定原则为指引,对城市污水处理业 PPP 模式税收优惠存在的法律问题,提出有针对性的法律规制对策。

(一)在中央层面明确税收优惠制定权的配置

税收优惠权作为税权基本权能的重要组成部分,应通过国家统一立法予以规定。[3] 税收优惠制定权收归中央统一立法是实现税收法定的基本要求,中央层面应该妥善处理好立法机关、行政机关在税收优惠制定权配置上的分工问题。为此,建议从制度性税收优惠和政策性税收优惠两个方面,结合污水处理业自身的特点,妥善处理立法机关与行政机关在税收优惠制定权配置上的分工:

其一,对于城市污水处理业 PPP 模式的制度性税收优惠,建议由立法机关在税收法律法规和其他相关法律中予以规定和完善。除了目前《企业所得税法》第 27 条第 3 项及《企业所得税法实施条例》第 88 条的规定之外,还建议在将来的增值税法及其实施条例中增加有关污水处理业享受增值税优惠的制度规定,相关条款可以表述为:"从事规定的符合条件的污水处理劳务、再生水和污泥销售、代征污水处理费享受增值税即征即退,具体条件和比例由国务院财政、税务部门商有关部门制定,报国务院批准后执行。"此外,建议在《水污染防治法》中仿照《土壤污染防治法》第 73 条增加有关税收优惠的制度规定,相关条

---

[1] 刘剑文、熊伟:《财政税收法》(第 5 版),法律出版社 2009 年版,第 10 页。

[2] 所谓"一元模式"即立足于现有的《税收征收管理法》,在其中设立税收优惠专章对实体问题和程序问题给予一体化规定。所谓"二元模式"即分立税收基本法和税收征收管理法,以前者对税收优惠的实体问题进行规定,以后者对税收优惠的程序问题进行规定。

[3] 参见叶姗:《税收优惠政策制定权的法律保留》,载《税务研究》2014 年第 3 期。

款可以表述为:“从事城镇污水集中处理、再生水生产与销售,污泥处理处置销售的单位依照法律、行政法规的规定,享受税收优惠。”

其二,对于城市污水处理业 PPP 模式的政策性税收优惠,建议由国务院及其财税主管部门结合污水处理行业的特点,确定享受税收优惠的具体条件和比例。但在此之前建议首先解决以“通知”命名的税收优惠法律文件的性质问题,将政策性税收优惠的制定权置于法定框架和程序的控制范围之内。因此,建议对《税务部门规章制定实施办法》第 6 条进行修改,修改后的条款可以表述为:“税务规章的名称一般称办法、规定、规程、规则、决定、通知或者实施细则,不得称条例。”

(二)建立税式支出制度

鉴于税收优惠与预算法定的衔接不到位,税收优惠极易逸出于预算管理范围之外的现状,建议探索建立税式支出制度。有学者认为,税式支出概念的提出,反映了税收优惠政策的法律规制从传统的规制进路向新型的预算规制发展,两者分别遵循限权的思路和控权的逻辑。编制税式支出预算的做法,旨在通过预算编制的方法来控制税式支出的规模和结构。[1] 实际上,近年来全国已有多个省份在探索建立税式支出制度(见表 4 -1)。除了山东省 2016 年制定发布了《山东省税式支出管理办法》对于税式支出的概念、形式、信息范围和适用、效应评价、工作规范等内容进行规范外,其他省份均停留在税式支出指标体系的建立和完善、数据测算等层面上。可以说,目前税式支出制度的构建还较为滞后,原因是要建立该制度首先要梳理各项税收优惠政策,税式支出是要量化到具体一项优惠政策给纳税人减免了多少,政府少收入了多少。因此,税式支出制度的构建不应止步于如 2 年有效期的《山东省税式支出管理办法》,建议在此基础上从绩效评价、公众参与、信息公开等方面进一步对现有内容框架予以丰富和完善,待时机成熟时上升为部委规章位阶以利于彻底消解税收优惠与预算法定衔接不到位的问题。

---

〔1〕 参见叶姗:《税收优惠政策制定权的预算规制》,载《广东社会科学》2020 年第 1 期。

表 4-1 各省在探索建立税式支出制度上的举措

省份	具体举措
黑龙江	《黑龙江省财政厅关于印发税政处 2012 年工作要点的通知》提出,进一步完善税式支出指标体系,做好信息的日常收集与分析整理……全面掌握税收优惠政策执行情况。
河北	2016 年发布的《石家庄市人民政府关于深化税式支出改革优化税收征管服务的意见》提出,落实税式支出政策,助力供给侧改革,包括营改增结构性减税、小微企业减免税费、营造支持企业创新的税收政策环境、鼓励企业改革重组和资源整合、支持企业节能减排和新技术新能源的推广应用等十大类税收优惠。
青海	2015 年发布的《青海省人民政府关于深化预算管理制度改革的实施意见》提出,2016 年全面推行税式支出管理改革,动态掌握税收政策执行情况。
辽宁	2017 年发布的《辽宁省财政厅关于做好 2016 年度税式支出测算工作的通知》提出,根据财政部要求完成分配的 308 项测算任务。
山东	2016 年制定发布了《山东省税式支出管理办法》(已于 2018 年 12 月 31 日到期)。

(三)完善税收优惠的程序要件

设定税收优惠均要通过制度规范并涉及立法,而法律规范中是否包含较为完善的程序制度设计是税收法定原则的内在要求。建议通过制定统一的税收优惠法及其实施条例,对程序制度设计给予一体性安排。一个相对完整的税收优惠程序制度应涵盖事前、事中和事后三个阶段。事前对应的是在税收优惠法律规范进入实施阶段以前公众参与和信息公开机制的构建;事中和事后对应的是税收优惠绩效考核评价机制的构建。作为兜底和保障,应构建涵盖所有程序关键节点的政府责任追究机制,始终以严格的程序制度设计保障税收优惠行稳致远。

其一,建议在税收优惠程序立法中建立公众参与和信息公开机制。建议在税收优惠法律规范的起草和审查中引入公众参与和信息公开,构建起以起草司局和法制工作部门为主体的内部审查和以专家及社会组织为主体的外部审查互助共济的审查机制。相关条款可以表述为:“起草税收优惠法律文件,应当深入调查研究,广泛听取相关司局、基层税务机关、利害关系人和社会公众的意见。相关内容与其他部门关系紧密的,应当征求其他部门的意见。除依法需要保密的外,起草司局应当将税收优惠法律文件的征求意见稿以及说明通过所属部委官方网站持续向社会公开征求意见，期限一般不少于 30 个工作日。在公开征求意见期限内不得将税收优惠法律文件征求意见稿以及说明撤换。依法需要听证的，起草司局应当举行听证会，听证规则由税务部门另行制定。起草专业性较强的税收优惠法律文件，应当委托教学科研单位组织有关专家、社会组织起草，由起草司局统合后形成税收优惠法律文件送审稿。专家和社会组织的遴选规则由税务部门另行制定。”“法制工作部门应当按照规定，对税收优惠法律文件送审稿涉及的主要问题进行深入调查研究、广泛听取意见；涉及重大利益调整的，应当开展包括专家、利害关系人等在内的论证咨询。出现较大争议的，法制工作部门应当认真研究争议焦点和各方面意见，会同起草司局对送审稿进行修改并附具理由向有关方面进行反馈，在此基础上形成草案修改稿报请审议公布实施。”

其二，建议在税收优惠程序立法中建立税收优惠绩效考核评价机制。相关条款可以表述为：“国家建立税收优惠绩效考核评价机制，由全国人民代表大会常务委员会负责组织实施。税收优惠绩效考核评价以是否符合税收法定原则、量能课税原则和稽征经济原则为标准，评价的对象是税收优惠法律文件及其执行情况。评价方法采取定性评价与定量评价相结合的方法。税收优惠绩效考核评价程序应涵盖事前、事中和事后三个阶段。事前阶段的评价应重点围绕税式支出预算和税式支出执行情况展开。事中和事后阶段的评价应重点围绕税收优惠实施效果按照成本—收益分析法的基本原理展开。对于无法采用具体指标分析的部分，可以采取向社会公众征求意见的方式进行。税收优惠绩效评价的结果作为税收优惠法律文件立、改、存、废的重要依据。”

其三，建议在税收优惠程序立法中建立政府责任追究制度。相关条款可以表述为：“税收优惠法律文件的起草司局和法制工作部门存在下列行为，利害关系人、社会公众和社会组织可以向纪律检查部门举报，待其查实后追究主管人员和主要经办人员的行政责任：（一）未按照规定时限和要求向社会公开税收优惠法律文件征求意见稿及其说明的；（二）对于税收优惠法律文件征求意见稿及其说明依法需要组织听证而未按照相关规定组织的；（三）对于涉及重大利益调整的税收优惠法律文件送审稿未组织论证咨询的；（四）修改后的税收优惠法律文件送审稿及附具理由未向有关方面反馈的。”

二、以量能课税原则为指引的具体方案

作为衡量税收负担是否公平、平等的原则，量能课税原则最基本的要求是"税收安排必须遵循最小牺牲原则的同时，税收必须按照纳税人的负担能力平等征收"[1]。税收的分配依据必须是负担能力，纳税能力不同者负担不同的税收。据此，包括污水处理业、固体废弃物处理处置业等在内的环境保护产业具有鲜明的保本微利属性，作为环境公用事业提供的是公共产品和服务，"治污者"角色的承担大于"排污者"，这就决定了对其科以的税收负担必然应迥然不同于其他行业。在"量质兼顾"的税负能力平衡中要重点突出"质"的税负能力，方可平衡税负实现公平、平等。因此，以量能课税原则为指引，对城市污水处理业 PPP 模式税收优惠存在的法律问题，提出以下法律规制对策。

（一）取消将出水水质与行政处罚继而与增值税优惠相挂钩的规定

污水集中处理企业必须对出水水质达标负责是《水污染防治法》和《城镇排水与污水处理条例》规定的法定义务，然而，并不能据此直接理解为只要出水水质超标就必然引致行政处罚，这一点在 2020 年生态环境部出台的《关于进一步规范城镇（园区）污水处理环境管理的通知》中"合理认定处理超标责任"条款部分已然得到印证。况且，本书在前文对水质分析的部分中已指出，应通过对《城镇排水与污水处理条例》相关条款的修改，进一步优化出水水质达标引致行政处罚的制度设计，把污水集中处理企业从"兜底式"的责任承担中彻底解脱出来。税收优惠的实质是发挥对污水集中处理企业的正向"激励"作用，其应该落脚于水质标准本身而非与行政处罚相挂钩。因此，建议取消目前将污水处理业与其他行业统一在资源综合利用行业而给予增值税优惠的做法。税务部门应根据将来制定的增值税法及其实施条例中有关污水处理业享受增值税优惠的制度规定，通过制定税收优惠部门规章的方法，建立"浮动阶梯式"增值税优惠制度，即根据污水集中处理企业出水水质满足的相应标准和时间，挂钩不同的

[1] See David N. Hyman, *Public Finance: A Contemporary Application of Theory of Policy*, Boston: South-Western College Publishing, 1999, p. 62 – 63.

增值税退税比例。比如：出水水质满足一级 A 类标准，增值税享受即征即退 70% 的税收优惠；出水水质满足地表水Ⅳ类标准，增值税享受即征即退 80% 的税收优惠；出水水质满足地表水Ⅲ类标准，增值税享受即征即退 90% 的税收优惠。考虑到污水集中处理企业的出水水质处于动态变化之中的实际情况，税务部门应联合环保部门制定相应的计算标准，先行全额征收增值税，在一个计算周期结束后，按照污水集中处理企业在出水水质上的实绩进行核算并开展退税工作。

（二）完善对企业所得税税收优惠的认定

建议国家税务总局出台税务行政规范性文件，对企业所得税税收优惠的认定进行解释，相关条款可以表述为："对于《企业所得税法》第 88 条第 2 款所指的环境保护、节能节水项目采用 PPP 模式的，以具有法人资格的 SPV 公司运营的项目作为企业所得税税收优惠的认定对象。存在多个项目打包授予特许经营权情形的，每一个项目单独作为企业所得税税收优惠的认定对象。SPV 公司运营的项目分期建设投产运营的，以一个整体作为企业所得税税收优惠的认定对象。"

三、以稽征经济原则为指引的具体方案

（一）调整城市污水处理企业所得税税收优惠比例

根据《企业所得税法》第 88 条第 2 款的规定，企业所得税"三免三减半"的税收优惠是针对公共污水处理、公共垃圾处理、沼气综合开发利用、节能减排技术改造、海水淡化等行业所做的统一规定。然而，这些行业有各自特点，整齐划一地以"三免三减半"作为税收优惠显然无法满足各个行业的特殊性，无法让纳税义务人真正享受到税收优惠带来的红利。据此，建议删除《企业所得税法》第 88 条第 2 款的规定，由国家税务总局起草税务部门规章，对《企业所得税法》第 88 条第 1 款所列的环境保护、节能节水项目分类规定企业所得税税收优惠的条件和比例，并附具针对不同体量和处理规模的环境保护、节能节水项目，自取得第一笔生产经营收入起财务报表损益情况和年限的测算结果，按照相关规定向

社会公布征求公众意见，并在此基础上履行法定程序后，最终制定出台细化到环境保护、节能节水项目细分行业的企业所得税税收优惠条件和比例。

（二）完善税收优惠执法程序性规定

建议由国家税务总局研究制定出台税收优惠执法裁量基准，对税收优惠类型、违法行为、认定依据、裁量阶次、裁量基准等进行规定，避免出现各地在税收优惠执法中出现尺度不一而影响公平竞争的情形出现。此外，现行税收立法对税务部门不当减征、免征税款有相应规范，但对税务部门不当多征税款的规定还不完善，势必在税收优惠的执行中影响纳税义务人正当权益的维护。因此，建议对《税收征收管理法》第 51 条进行修改，相关条款可以表述为："纳税人超过应纳税额缴纳的税款，税务机关发现后应当立即退还；纳税人发现的，可以向税务机关要求退还多缴的税款并加算银行同期存款利息，税务机关及时查实后应当立即退还；涉及从国库中退库的，依照法律、行政法规有关国库管理的规定退还。"

第五章　污水达标处理中的责任分配

由社会资本方运营的采用PPP模式的污水处理企业能否依法达标排放，关系能否持续运营而不被政府以危及社会公共利益为理由临时接管，需要构建相应的责任分配机制。政府为了追求环境绩效实现社会公共利益，主要关注的是“达标处理”问题。

在污水处理PPP项目运营全生命周期构成的三个关键节点中，污水处理既是责任分配要解决的首要问题，也是污水处理PPP项目能否持续运营的基础，同时关乎利益调节的顺畅运行。原因在于：首先，在城市污水处理业中引入PPP模式，政府关注的是环境绩效的实现与社会公共环境利益的最大化。污水处理PPP项目处理的污水能否达到国家或地方制定的排放标准，恰是衡量环境绩效与社会公共环境利益实现的数据依据。其次，污水处理PPP项目如若不能实现达标排放，则社会资本方实现保本微利的基础被抽离。因为政府对环境绩效及社会公共利益实现的基本价值期望落空，其就不可能适当兼顾社会资本对个体营利性的追求，其直接表现就是对项目收入分配产生的影响。何况，超标排放还会对社会资本享受税收优惠、争取项目融资产生一系列连锁影响，侵蚀利益调节的基础。

因此，在污水达标处理中，政府、社会资本方、上游排污单位等法律关系主体之间的责任分配能否兼具合法性与合理性,就成为本章研究的关键。特别是在社会资本方运营的 PPP 污企与上游排污单位之间如何分配责任,显得尤为重要。

第一节　污水达标处理中责任分配的基点

我国城市污水处理业 PPP 模式在运营中呈现了两种情形:一种是城市污水处理业 PPP 模式运营的实际运行情形,即城市污水处理业 PPP 模式运营中所呈现的客观事实。另一种是城市污水处理业 PPP 模式运营的法律关系情形,即有关法律关系主体之间权利义务安排的一种概括性、抽象性描述。

一、污水处理 PPP 模式运营的实际运行情形

通过对污水处理工艺流程的考察会发现,城市污水处理业 PPP 模式运营链条主要由排水、处理和排放三个环节构成。

(一)排水环节

1."雨污混流""生活污水与工业污水混流"仍然存在

在排水环节,"雨污混流""生活污水与工业污水混流"仍然是目前污水处理 PPP 项目运营中未能根除的实际状况。前者是指雨水和污水混合流入城市排水管网输送到 PPP 污企。其危害在于三点:其一,造成河道污染。"雨污混流"后,污水通过雨水管道排入河道,会引起水体黑臭,危害水生动植物并破坏水生态平衡,影响生态环境质量。其二,影响排水管网运行。"雨污混流"进入排水管网会直接影响污水输送能力,造成污水冒溢、道路积水、窨井盖移位等现象,存在较大安全隐患。其三,造成 PPP 污企负荷浪费。"雨污混流"无形中增加了进入 PPP 污企的水量,然而由于雨水对污水的稀释效应降低了污染浓度,浪费了 PPP 污企的运行负荷。后者是指工业排污单位直接或通过私设暗管等方式将工业污水排入市政排水管网。由于工业污水中含有随水流失的工业生产用料、中间产物、副产品以及生产过程中产生的污染物,成分复杂且毒性大,如果工业污水与生活污水混流进入以生活污水为主要处理对象的 PPP 污企,不

仅会对运行负荷造成严重冲击,严重时还可造成设施瘫痪。

虽然住房和城乡建设部、生态环境部、国家发展改革委已于 2019 年 4 月发布了《关于印发〈城镇污水处理提质增效三年行动方案(2019—2021 年)〉的通知》(以下简称《提质增效方案(2019—2021)》),贵州、吉林、安徽、甘肃、广东、广西、江苏、江西、宁夏、青海、辽宁等省、自治区也先后出台了以此命名的行政规范性文件,但设施的建设、调试和运行以及效用的发挥受制于国家和地方政府财政支持力度、规划实施等多方面因素的影响,不可能一蹴而就。《中国城市建设统计年鉴》显示,截至 2016 年我国仍有"雨污混流"管道 10.9 ×104 公里,占城市排水管道总长度的 18.8%,且在 31 个省级行政区(港澳台未列入统计)均有分布。鉴于我国特殊条件下的"雨污混流"排水系统的复杂性和多样性,更需要因地制宜地制定实施路径、编制长期规划并逐步跟踪评估并适时调整。[1]对于"生活污水与工业污水混流",虽然我国多地已经启动了工业排污单位的"入园入区"(将工业排污企业集中搬迁进入工业园、产业园和经济开发区等),但园区的发展与地方政府产业政策的调整、招商引资政策之间的竞争等因素相关,即进入园区的工业排污企业的数量并非恒定,也并非所有的工业排污单位均能"入园入区"。在这种情况下,"稀释排放"[2]、"私设暗管"[3]、"不定时偷排"[4]等现象并不鲜见,时至今日仍时有发生。

2. 排污许可对排污单位的全覆盖和精细化管理仍需加强

要保证 PPP 污企实现运营绩效的最大化,除实现排水管网与 PPP 污企的匹配以避免出现"雨污混流""生活污水与工业污水混流"等情况外,还必须使位于 PPP 污企上游的排污单位实现达标排放。因为即便是在实现了"雨污分流""生活污水与工业污水分流"的理想状态下,除"两园一区"等工业污水收集和处理边界十分清晰的地方外,一般位于 PPP 污企上游收水范围内的排污单位数

[1] 参见赵杨、车伍等:《中国城市合流制及相关排水系统的主要特征分析》,载《中国给水排水》2020 年第 14 期。

[2] 比如 2020 年 8 月有公众向广东省生态环境厅反映,某制卡企业将生产上产生的清洗废水(含有油墨、脱模剂等)未做任何处理后排至厂内生活污水管网。

[3] 比如 2021 年 3 月山西省运城市虹桥药用中间体有限公司私设暗管,直接将工业污水排入生活污水管网,导致污水处理厂进水水质严重超标。

[4] 比如 2019 年 4 月有不明有毒废水进入山东省潍坊市荣怀污水处理厂,导致进水水质严重超标,活性污泥出现死亡现象。

量众多、行业千差万别，一旦出现排污单位超标排污或不定时偷排给 PPP 污企运行造成较大影响时，PPP 污企难以进行精准的污染源回溯和证据固定。因此，只有通过排污许可对排污单位的全覆盖摸清底数并进行精细化管理，才能为 PPP 污企的持续、稳定、达标运营创造良好的条件和基础。

从 2017 年 3 月对火电、造纸等先行先试行业完成第一张排污许可证的核发开始，生态环境监督管理部门按照应发尽发的原则开展了排污许可证的发放工作，努力做到“抓大抓小，抓点抓面，抓好抓坏”，尽最大可能避免排污单位游离于环境监管之外。此外，持续开展了固定污染源的清理整顿工作来保障排污许可证的应发尽发。截至 2020 年年底，全国已全面完成固定污染源排污许可全覆盖工作。然而，现有的排污许可工作可以说在“量”上取得了长足的进步，但在“质”的层面仍存在较大可以完善和提升的空间：首先，需要对排污许可证上所记载的管理类别、主要排放口、污染物排放标准及限值、许可量控制因子等内容开展质量审核。其次，需要规范排污许可证的核发流程，推动排污许可事项在不同地域无差别受理、同标准办理。最后，需要建立排污许可证质量复核工作机制，适时开展排污许可证质量现场复核工作。此外，除了需要在以上的排污许可工作中取得“量”与“质”上的显著成绩，还需要一定量的污染源数据的累计以及相应的分析、加工、处理能力的提升，这样才能在充分占有和分析数据的基础上说清现状、趋势和问题，实现对排污单位的精细化管理。

(二)处理和排放环节

之所以将处理和排放环节放在一起阐述，是因为它们是对进入厂界的污水进行加工处理进而达标排放而相互关联的一个整体。在 PPP 污企的实际运营中，一般会在排水管网进入厂界的入口处加装在线监测装置开展污染物自行监测，当 PPP 污企发现进水水质严重超标时，应根据《水污染防治法》《城镇排水与污水处理条例》等相关法律法规的规定向政府有关主管部门报告并进行应急处置，但不得擅自停运污水处理设施。根据《排污许可管理条例》的规定，PPP 污企也作为排污单位被纳入生态环境监督管理部门的监管范围之内。因此，生态环境监督管理部门会在 PPP 污企排放进入自然水体的出水排放口加装在线监测装置并与其中控联网，24 小时不间断地进行数据传输。一旦发现出水水质超标时即根据《水污染防治法》《城镇排水与污水处理条例》等法律法规的规定对 PPP 污企科以法律责任。

如果将排水、处理和排放三个环节进行梳理会发现,无论是排污单位还是 PPP 污企,都是根据《排污许可管理条例》管理的排污单位,都应该达标排放,那么排污单位排放进排水管网输送进 PPP 污企厂界范围内的进水水质也应该是达标的。鉴于 PPP 污企是整个城市污水处理链条中的最后一个环节,从某种意义上讲,只要管住了 PPP 污企的出水水质就等于管住了整个城市污水处理链条。对于生态环境监督管理部门而言,可以用最小的监管投入获得最大的监管产出。从近年来 PPP 污企的运营实际来看,因不服生态环境监督管理部门对出水水质科以行政处罚而提起的诉讼就一直未中断过。

二、污水处理 PPP 模式运营的法律关系情形

(一)特许经营合同关系

特许经营合同关系,即 PPP 污企与政府有关主管部门之间通过签订特许经营合同进而实现对权利义务和责任分配的安排。根据《城镇排水与污水处理条例》第 6 条、第 28 条的规定,城镇排水主管部门代表政府采取特许经营、政府购买服务等多种形式选择污水处理单位作为城镇污水处理设施的运营单位,并与其签订特许经营合同以及城镇污水处理设施维护运营合同。实践中,城镇污水处理设施维护运营合同的内容一般会包含于特许经营合同中,“水质”、“水量”和“水价”等条款作为其核心内容必然会体现其间。从表面上看,位于 PPP 污企上游收水范围内的排污单位(以下简称上游排污单位)作为污水的产生主体,PPP 污企作为污水的处理主体,后者是在向前者提供有偿的专业污水处理服务,因为前者要在排污的同时缴纳污水处理费。然而,此种平等主体之间的民事合同关系事实上是不存在的。因为城市污水处理业的自然垄断属性,上游排污单位事实上是无法自由选择向其提供有偿污水处理服务的企业的,而是由政府有关主管部门通过竞争性机制选择特定的经营者来担当 PPP 污企的角色,双方进而签订特许经营合同来约定双方的权利义务和责任分担。根据《行政协议司法解释》第 2 条的规定,将特许经营合同的属性认定为行政合同,因此,事实

上存在的是 PPP 污企与政府有关主管部门之间的行政合同关系。至于上游排污单位所缴纳的污水处理费则并未直接支付给 PPP 污企,而是根据《城镇排水与污水处理条例》第 29 条、第 33 条的规定,PPP 污企得到的是政府有关主管部门根据其履行特许经营合同的绩效所核定的费用,即污水处理服务费。

既然特许经营合同是行政合同而非民事合同,就不限于合同双方在权利、义务上的“对等”,而应该同时涵括双方在权力与权利上的“结构性均衡”,即社会公共利益的维护与实现应该是政府有关主管部门一切行政行为的出发点与落脚点,行政合同的使用只是社会公共利益维护与实现的手段,因此,行政优益权存在于特许经营合同中是不可避免的。从司法实践来看,不少 PPP 污企与政府有关主管部门的诉讼都是围绕特许经营合同中有关进水水质、出水水质的条款展开的。比如,在以湖北浦华水务有限公司诉潜江市环境保护局等环境保护行政管理案〔1〕中,双方在特许经营合同中明确约定,“进水水质不合格导致的出水水质不合格应对污水处理单位予以免责”。然而,当出现此种合同约定的情形时,生态环境监督管理部门仍然对 PPP 污企科以了法律责任。原因是根据原《合同法》第 52 条和《行政协议司法解释》第 12 条的规定,PPP 污企违反的是《水污染防治法》第 50 条、第 83 条和《城镇排水与污水处理条例》第 34 条关于出水水质达标的强制性规定,即出水水质达标是 PPP 污企必须履行的法定义务,不得以任何声明或协议的方式予以减轻、修改或免除。至于此种对合同约定的违反是否影响合同效力,已有学者指出,“此类违反不影响合同效力,但合同当事人需要依据法律或者行政法规的规定承担相应的行政责任,并须承受诸如因法律上的障碍不履行或者不完全履行合同义务等带来的不利法律后果”〔2〕。

(二)达标排污行政监管关系

达标排污行政监管关系,即 PPP 污企、上游排污单位与政府有关主管部门之间围绕达标排污所结成的行政法律关系。在武汉沃特科凌投资有限公司诉

〔1〕 湖北省高级人民法院行政判决书,(2018)鄂行申 439 号。

〔2〕 王轶:《行政许可的民法意义》,载《中国社会科学》2020 年第 5 期。

武汉市环境保护局、武汉市人民政府环境保护行政管理案[1]、商丘康润环保科技有限公司诉商丘市生态环境局案[2]、石嘴山市润泽供排水有限公司诉石嘴山市生态环境局行政处罚案[3]中,法院裁判认为,根据《排污许可管理条例》第2条、第8条的规定,无论是PPP污企还是上游排污单位,都是根据排污许可证管理的排污单位,根据《水污染防治法》第10条、第83条的规定,"排放水污染物,不得超过国家或者地方规定的水污染物排放标准和重点水污染物排放总量控制指标"。也就是说,从属性上讲,生态环境监督管理部门与上游排污单位以及PPP污企之间存在的都是达标排污行政监管关系。然而,从种类上讲,生态环境监督管理部门对上游排污单位以及PPP污企达标排污的行政监管是各自独立的法律关系,即生态环境监督管理部门是否对上游排污单位进行调查处罚与其对PPP污企超标排污的责任核定之间没有关联性。PPP污企不得超标排放水污染物是法律的强制性要求,现行法律没有规定任何可以免予处罚的例外情形和免责事由。

然而,《城镇排水与污水处理条例》第31条第2款、第3款的规定实际上明确架构了上游排污单位与PPP污企在责任核定之间的关系,即"城镇污水处理设施维护运营单位在出现进水水质和水量发生重大变化可能导致出水水质超标,或者发生影响城镇污水处理设施安全运行的突发情况时,应当立即采取应急处理措施,并向城镇排水主管部门、生态环境主管部门报告。城镇排水主管部门或者生态环境主管部门接到报告后,应当及时核查处理"。据此,立法者已然考虑到了进水水质与出水水质之间的关联关系,但可能是考虑到作为上位法的《水污染防治法》对PPP污企在履行达标排污义务上的法定强制性要求,《城镇排水与污水处理条例》在责任核定上没有突破《水污染防治法》的边界,而是在PPP污企履行了法定监测义务、应急处理义务和报告义务后,把责任的核定又交还给了政府有关主管部门。然而,对于政府有关主管部门是否应对进水水质超标与出水水质超标之间的因果关系进行核查,并在此基础上出具确定性结论,以及在核查属实的基础上是否应对PPP污企在责任核定上给予特别考虑,

[1] 湖北省武汉市中级人民法院行政判决书,(2016)鄂01行初94号。
[2] 河南省商丘市梁园区人民法院行政判决书,(2019)豫1402行初108号。
[3] 宁夏回族自治区石嘴山市大武口区人民法院行政判决书,(2019)宁0202行初50号。

立法并未予以明确。因此,由于立法的缺位,负有行政专长的生态环境监督管理部门缺位于因果关系的查明,司法机关在裁判案件时由于缺少判断因果关系的智识,往往将进水水质超标与出水水质超标之间是否存在因果关系作为责任分配的重要依据,使因果关系的查明实际上是由 PPP 污企完成举证责任。因此,在以乌鲁木齐市经济技术开发区西站污水处理厂诉乌鲁木齐市环境保护局环保行政征收案[1]为典型代表的大多数案件中,均以 PPP 污企败诉为结果就并非意料之外的事情。

三、污水处理 PPP 模式运营中责任分配的基点

从上文对于污水处理 PPP 模式实际运行情形的阐述和分析来看,"雨污混流""生活污水与工业污水混流"仍然存在,排污许可对排污单位的全覆盖和精细化管理仍需加强。也就是说,支撑污水处理公平归责的前提和基础并不稳固且仍待加强。污水处理链条形成闭环运行至少应该满足以下要件:其一,实现排污许可对排污单位、排水许可对排水户的全覆盖以及二者之间的协同配合。其二,排污单位实现达标排污、排水单位实现达标排水且不存在数据造假。其三,实现排污许可数据和排水监测档案数据在生态环境监督管理部门与排水主管部门之间的共享、分析与应用。其四,在"雨污分流""生活污水与工业污水分流"的基础上,实现排水管网设施对排污单位和排水户的全覆盖、全收集。其五,PPP 污企能够实现精准的污染源回溯,持续、稳定运营并保证出水水质达标。事实上,近年来,从中央到地方出台的行政规范性文件中的制度设计,都在从制度层面不断推动着污水处理链条闭环运行的实现。比如,《水污染防治行动计划》(以下简称"水十条")和《提质增效方案(2019—2021)》中规定的取缔"十小"企业、专项整治十大重点行业、强化工业集聚区内工业废水预处理达标排放和加强污水集中处理设施建设、建立污水收集处理地理信息系统(GIS)和严查工业企业违法排污等。然而,我国大部分城市仍然处于"合流制"("雨污混流""生活污水与工业污水混流")向"分流制"转变的过程中,无论是管网设施配套还是排污许可、排水许可精细化管理水平的提高都尚需时日。然而,从

[1] 新疆维吾尔自治区乌鲁木齐市新市区人民法院行政判决书,(2018)新0104 行初27 号。

污水处理 PPP 模式运营的法律关系情形来看，无论是立法、执法还是司法，都是建构在“分流制 + 管网设施配套 + 排污许可、排水许可精细化管理”此种污水处理链条闭环运行的理想状态基础之上的。显然，在污水处理 PPP 模式运营的法律关系情形与实际运行情形之间存在不小的鸿沟，用建构在“分流制”模式基础上的现行立法去解决“合流制”模式下出现的责任分配问题，必然会导致规制错配。

（一）规制错配的根本原因

导致规制错配的根本原因在于对 PPP 污企主体身份“双重性”认知的不足。诚然，根据《排污许可管理条例》的规定，PPP 污企与上游排污单位都是受到排污许可管理的排污单位。此外，PPP 污企还在扮演着“治污者”的角色。当然，上游排污单位也在扮演此种角色，因为根据《水污染防治法》《城镇排水与污水处理条例》等法律法规的规定，其负有正常运行污染治理设施对污水进行预处理的义务。然而，由于在城市污水处理链条中所处位置、处理工艺和模式、污水处理达标要求等方面存在的差异，在“排污者”和“治污者”的双重角色中，PPP 污企与上游排污单位是存在显著差异的：首先，从水污染物的产生来看，上游排污单位作为理性经济人，使用水资源是为其生产或生活服务的，在水污染物的产生中具有主动性。在清洁水资源因生产或生活使用而变为污水的过程中，上游排污单位必定对于污水中所包含的水污染物的类型具有清晰的认知。而 PPP 污企鉴于其自然垄断属性，持续运行义务的履行要求 PPP 污企不得擅自停止运营，其承担的是对持续接收的污水中水污染物的消纳、分解任务，基本与水污染物的产生无涉。又鉴于其收水范围内的排污单位数量众多，与排污单位相比对于水污染物类型的识别存在典型的信息偏在，不易实现精准的污染源回溯。其次，从达标排放责任的承担来看，PPP 污企与上游排污单位承担的是“共同但有区别”的责任。因为上游排污单位运行污染治理设施处理后的污水一般是不能直排自然水体的，仍然需要通过管网输送 PPP 污企经过“活性污泥法”等污水处理工艺方法才能直排。近年来，国家和地方都对城市污水处理厂的提标改造提出了要求，除将《城镇污水处理厂污染物排放标准》的执行从一级 B 提升至一级 A 外，很多地方还制定了“城镇污水处理厂主要污染物排放标准”，对化学需氧量、氨氮、总氮和总磷等 4 项主要水污染物控制项目提出了更加严格的要求。显然,相较于上游排污单位,PPP 污企自身“治污者”的身份属性要远大于其“排污者”的身份属性,即 PPP 污企的排污是因为治污而出现的。

(二)规制错配的现实表征

此种规制错配的现实表征体现在两个方面:其一,PPP 污企难以自证清白。前文中已经提到,无论是对上游排污单位还是 PPP 污企,政府有关主管部门对其监管主要存在于排放口环节。然而,进入 PPP 污企厂界的进水水质并未纳入政府有关主管部门的监管范围,而是依托 PPP 污企的自行监测和主动报告。实践中,存在“私设暗管”“不定时偷排”“稀释排放”等情形的上游排污单位是藏身于 PPP 污企收水范围内的众多排污单位之中的。PPP 污企固然可以依托进水水质的自行监测,通过某一项或几项水污染物的超标大致框定超标排污的企业类型,但要做到精准到个体的污染源回溯是非常困难的。加上 PPP 污企与上游排污单位是平权主体,前者无权进入后者厂界范围内去完成证据取样和固定。由于 PPP 污企对于进水水质不具备实验室级的监测条件和能力,在出现进水水质严重超标时,其除依据《城镇排水与污水处理条例》第 31 条的规定向政府有关主管部门报告外,是无力完成自证清白的举证责任的。其二,持续运营义务的履行加剧了 PPP 污企兜底式责任的承担。根据《城镇排水与污水处理条例》第 31 条的规定,PPP 污企负有持续运营义务,只有因检修等需要停运或者部分停运污水处理设施且履行了向有关主管部门报告并获得批准的前提下,方可停运污水处理设施。那么,当进水水质严重超标时,PPP 污企已经尽其所能采取应急处理措施仍然无法保证出水水质达标的情况下,能否在责任核定上给予特殊考虑和处理呢?对此,现行立法没有明确规定。然而,在 PPP 污企保证出水水质达标上现行立法是有明确规定的。因此,在从合法性角度考察不存在问题但从合理性角度考察明显欠妥的前提下,无论是执法机关还是司法机关都会选择默认这种兜底式担责的现状。当然,也有司法机关在裁判案件时意识到了这个问题,注意到了 PPP 污企的特殊属性。比如,在四平三达净水有限公司诉四平市城市管理行政执法局、四平市人民政府行政处罚及行政复议案[1]等典型案件的裁判中,法院认为,污水处理单位相较于上游排污单位而言并非普

---

〔1〕 四平市铁西区人民法院行政判决书,(2018)吉 0302 行初 70 号。

通的市场主体,而是承担并完成社会公共服务职能的特殊市场主体。那么,按照法院的裁判意见,既然是特殊市场主体,是否应该在属性认知和责任核定中对于其特殊性给予足够的考虑?显然,只有矫正这种规制错配才能真正站稳污水处理中责任分配的基点,进而实现各方主体之间的公平归责。

第二节　污水达标处理中责任分配的调整

前文已提到,只有矫正规制错配才能站稳污水处理中责任分配的基点进而实现责任分配的调整。然而,如何正确矫正规制错配需要正确的方向指引。污水处理中责任分配的调整,其实质在于在政府有关主管部门、上游排污单位、PPP 污企之间实现“环境正义”,即环境利益与环境负担的公平分配。环境正义理论体现了实质法治的要求,然而,“环境法治”不仅要在实质层面要求环境法律体系体现正义、平等、公平等“良法”不可或缺的价值要素,也要求在形式层面注重规则构建与程序完备以追求法的普遍性、稳定性和可预期性。环境法的基本原则恰恰体现了形式法治的要求,是“环境正义”法律化的重要途径。[1] “正所谓贯彻于法律运行的始终者方为基本法律原则,而部门法的基本法律原则能确保法律规则在法律的制定、解释、执行和司法各环节始终保持其统一性,并能有助于解决上述各法治和运行环节可能出现的冲突。”[2] 因此,以环境法基本原则为指引来矫正规制错配,不仅为污水处理中责任分配的调整提供了坚实的法理依据,也可与“环境正义”一道促成城市污水处理领域形式法治与实质法治的统一。

一、污水处理 PPP 模式运营中责任分配的法理依据

根据《环境保护法》第 5 条的规定,“损害担责原则”、“预防为主、综合治理

---

〔1〕 参见杨欣:《“环境正义”视域下的环境法基本原则解读》,载《重庆大学学报(社会科学版)》2015 年第 6 期。

〔2〕 竺效:《论公众参与基本原则入环境基本法》,载《法学》2012 年第 12 期。

原则”、“保护优先原则”和“公众参与原则”是环境法的四大基本原则。这些原则对污水处理中责任分配具有指引作用。

(一)损害担责原则

有的学者将该原则称为“环境责任原则”,认为该原则是“谁污染,谁担责”“谁主管,谁负责”等原则的概括,是促使导致环境问题的主体承担责任并建立相应的环境责任制度的一项环境法基本原则。[1] 有的学者认为该原则属于实体性法律规范范畴,相较于其他原则而言具有工具性价值,是在维护环境法实施合法性、正当性目的上的利益填补或补偿。[2] 有的学者将该原则的内容和实施归纳为“污染者付费、利用者补偿、开发者保护、破坏者恢复”。[3] 从污水处理中的责任分配来看,首先,上游排污单位只要使用了水资源就会产生污水,而只要有污水就会有处理的需求存在。因此,从“污染者付费、利用者补偿”角度而言,就不能允许自备井等设施的存在,因为上游排污单位对于从这些设施中提取的水资源在使用过程中产生的污水并未付费,而 PPP 污企与政府有关主管部门签订的特许经营合同是根据“水量”和“水质”计费的,由此就会出现政府有关主管部门代位污染者付费的怪象。其次,上游排污单位即便按照规定缴纳了污水处理费,仍然有义务避免在生产经营过程中或者生活活动中对水环境造成更大负荷的行为。如果有“私设暗管”“不定时偷排”“稀释排放”等污染行为,不仅应承担政府有关主管部门对其科以的行政责任甚至司法部门对其追究的刑事责任,还应当承担该行为给他人造成妨害或者损害所带来的民事责任。当然,在这个承担责任的过程中,应对 PPP 污企与上游排污单位相比“治污者”属性大于“排污者”属性的特殊性给予必要的关注,在责任核定上对政府有关主管部门和 PPP 污企做出明确的制度安排,这样才能让真正的污染“元凶”为其污染行为承担责任而不至出现推卸现象,也才能真正让 PPP 污企不至陷入兜底式担责的窘境。

---

〔1〕 参见蔡守秋主编:《环境资源法教程》,高等教育出版社 2010 年版,第 35 ~ 70 页。

〔2〕 参见曹明德主编:《环境与资源保护法》,中国人民大学出版社 2020 年版,第 27 ~ 59 页。

〔3〕 周珂主编:《环境与资源保护法》,中国人民大学出版社 2020 年版,第 25 ~ 37 页。

(二)预防为主、综合治理原则

有的学者将该原则定义为“对污染的整体、系统、全过程、多种环境介质的防治”,[1]其意义相当于“预防原则”。有的学者认为,该原则包含两层含义:一是运用已有的知识和经验,对开发和利用环境行为带来的可能的环境危害事前采取措施以避免危害的产生;二是在科学不确定的条件下,基于现实的科学知识去评价环境风险,即对开发和利用环境行为可能带来的尚未明确或者无法具体确定的环境危害进行事前预测、分析和评价,促使开发决策避免这种可能造成的危害及其风险的出现。[2] 显然,在城市污水处理中,现有科学研究对于水污染物已有了相当的认知和经验,对于污水排放对环境带来的危害也有着较为充分的研究。因此,采取必要的措施以避免危害的产生是该原则对于污水处理中责任分配的现实要求。要将“预防原则”真正贯彻于污水处理过程中有赖于对致害风险点的清晰识别。从城市污水处理链条来看,上游排污单位的污水排放环节和纳管环节、污水通过排水管网进入 PPP 污企厂界的进水环节、污水经过 PPP 污企处理排放进入自然水体的出水环节是三个主要的致害风险点。这些风险点致害的背后因素在于两点:其一,在政府有关主管部门、上游排污单位和 PPP 污企之间存在的严重的信息偏在。其二,由于 PPP 污企持续运营义务的负担,上游排污单位能够将责任推卸给 PPP 污企。因此,一方面,在我国已进入大数据时代,新型基础设施建设方兴未艾的背景下,凭借技术和数据打破信息偏在,则可有效防范风险产生;另一方面,在“两园一区”等污水处理边界清晰的地方,能否赋予 PPP 污企“拒绝收水权”,以此倒逼上游排污单位勤勉地履行源头控制义务以达标排污,则可有效防范风险产生。

此外,有的学者提出,综合治理原则是指法律规定一切单位和个人都有保护环境的义务,并通过行政的、市场的和自治的等各种机制和手段,积极有效地治理环境问题。此原则是协商民主与公共治理理念在环境保护中的体现。[3] 因此,“综合治理”要求在尊重政府权力为环境治理的核心力量、主导力量的同

---

[1] Doherty M. G. et al., *Environmental Principles from Political Slogans to Legal Rules*, King's law Journal, Vol. 14, p. 93 - 97(2003).

[2] 参见汪劲:《环境法学》,北京大学出版社 2014 年版,第 79 ~ 90 页。

[3] 参见周珂主编:《环境与资源保护法》,中国人民大学出版社 2020 年版,第 25 ~ 37 页。

时,要求环境治理主体的“社会化”。[1] 从上文的阐述中不难发现,在规制错配的背景下,政府有关主管部门、上游排污单位以及 PPP 污企之间的关系存在较为明显的“对抗”色彩。一方面,上游排污单位与政府有关主管部门围绕达标排污与有偿使用水资源存在“对抗”;另一方面,上游排污单位与 PPP 污企之间围绕“进水”水质达标存在“对抗”。再者,政府有关主管部门与 PPP 污企之间围绕进、出水水质之间的因果关系的认定存在“对抗”。自备井的使用、“私设暗管”、“稀释排放”、“不定时偷排”等现象屡禁不止,说明以政府有关主管部门为核心的治理体系下,上游排污单位与 PPP 污企从未真正成为治理主体的一分子并享有与治理主体身份相适应的话语权。如果能在污水处理责任分配的调整中,通过法律关系和运营模式的创新,将三者的关系由“对抗”转变为“合作”,则可在多元共治中达至“善治”。

(三)保护优先原则

已有学者经过对相关立法、论著和立法政策文件的分析得出,“保护优先原则”在环境法中承担了风险防范原则在学理上的功能。[2] 风险的分析由“风险评估”和“风险管理”两部分组成。风险评估是对特定环境决策行为的后果进行科学调查和数据测量,[3]风险管理是政府在风险评估基础上进行的政策调整。有学者对风险防范原则的内部结构进行了刻画,即在简单不确定性的条件下,可以通过数理方法形成有关危害预期的估计,将比例原则作为对预防措施的整体要求;在复杂不确定性条件下,应暂且将风险“最糟糕情景”作为重点来考虑危害预期,将“最小最大值原则”作为对预防措施的整体要求。反向证明机制对于所有风险预防措施普遍适用,随时修正对危害预期及不确定性的认识,并对预防措施进行动态调整。[4]

---

〔1〕 参见张文松:《从管制到合作:环境法合作原则下水污染治理模式的反思与重构》,载《中南大学学报(社会科学版)》2017 年第 1 期。

〔2〕 参见竺效:《论中国环境法基本原则的立法发展与再发展》,载《华东政法大学学报》2014 年第 3 期。

〔3〕 Kannan P. M., *The Precautionary Principle: More than a Cameo Appearance in United States Environmental Law?* William & Mary Environmental Law and Policy Review, Vol. 31, p. 409 – 458 (2007).

〔4〕 参见苏宇:《风险预防原则的结构化阐释》,载《法学研究》2021 年第 1 期。

在现有的科学技术水平下，污水处理中的风险易于被识别和管控，需要做的就是通过生态环境监测与检测、管网与设施的智慧化改造，将污水处理 PPP 项目运营中产生的海量数据进行收集、分析，并通过数据建模等一系列手段，将有关危害预期的估计变成一个真正可量化和衡量的实施目标，并通过反向证明机制不断加以修正和完善。在此基础上，作为风险管理的行政决策机制就必须处理好内外两方面的关系：其一，在内部关系的处理上，通过治理模式的创新，将不同区域政府以及各相关部门之间的合作意识通过制度规范予以外化。其二，在外部关系的处理上，通过引入公众参与原则，形成行政系统与外部社会双向互动的交互格局，推动广开言路式的风险管理体制趋向稳定化与常态化。[1]《奥尔胡斯公约》将公众参与的内容简化为获得信息的权利、参与决策的权利、寻求司法救济的权利三项，即环境知情权、环境决策参与权和司法救济权。那么，在污水处理 PPP 项目运营中如何实现好以上三项权利就是具体的制度设计中必须予以回应的问题。

(四)公众参与原则

环境法上的公众参与原则是指“公众有权通过一定的程序或途径参与一切与公众环境权益相关的开发决策等活动，并有权得到相应的法律保护和救济，以防止决策的盲目性、使得该项决策符合广大公众的切身利益和需要”[2]。在 2014 年《环境保护法》正式颁布实施之前，对于公众参与是否作为基本原则写入立法，是经过了学术界的呼吁的。令人欣慰的是，2014 年《环境保护法》不仅将公众参与作为基本原则写入立法，而且增加了第五章“信息公开和公众参与”，规定了公众的知情权、参与权、表达权、司法救济权等有关公众参与环境保护的权利。当然，以上权利并非环境权，而应被称为程序性环境权，属于保护和实现环境权的派生性权利。[3]

在污水处理 PPP 项目运营中迫切需要以公众参与原则为指引来展开相应的制度设计，其原因在于：首先，破除“邻僻效应”的客观需要。随着我国城市化

---

〔1〕 参见秦天宝：《论风险预防原则在环境法中的展开——结合〈生物安全法〉的考察》，载《中国法律评论》2021 年第 2 期。

〔2〕 汪劲：《环境法学》，北京大学出版社 2018 年版，第 120 ~ 130 页。

〔3〕 参见杨朝霞：《论环境权的性质》，载《中国法学》2020 年第 2 期。

进程速度的加快,曾建设于城市偏僻地带的污水处理 PPP 项目周边也已楼宇林立。污水处理 PPP 项目的运营者作为排污者会产生废水、废气、固体废物甚至危险废物,及时、充分的信息公开对于打破产生“邻僻效应”源头的“信息偏在”意义重大。其次,实现“社会共治”的客观需要。在保障信息充分供给的前提下,污水处理 PPP 项目运营还需要来自公众的参与和监督。在城市污水处理业引入 PPP 的本质是为了公众利益的实现,这就客观地要求在污水处理 PPP 项目运营的监督管理中,明确有关公众参与和监督的制度设计,防止污水处理 PPP 项目成为政府及其主管部门和社会资本方之间的所谓“圈内人游戏”,而公众沦为“最熟悉的陌生人”。最后,打破“信息偏在”的客观要求。PPP 污企向排污单位和排水户提供的是污水处理有偿服务,处理达标的污水汇入自然水体,从而成为人人均能共享的良好环境的组成部分,这与其他有偿提供的商品或服务最终惠及购买者个体是有明显不同的。就此而言,引入公众参与原则的意义在于将除排污单位和排水户之外的公众最大限度地纳入信息分享的圈子,将排污单位的排污行为、排水户的排水行为、政府及有关部门的监管行为、PPP 污企的污水处理和排污行为纳入公众知情和监督的视野。

二、污水处理 PPP 模式运营中责任分配的规范调整

在污水处理责任分配的调整中,鉴于规制错配的现状,现行以《水污染防治法》《城镇排水与污水处理条例》为代表的法律法规有明显的局限性,即“在法治社会中,法律是制度性和普遍性规范”[1],“法律系统必须承认自身理性的有限性,并善用其他系统的认知开放,通过培养对其他系统的反思能力来提高自身机能”[2]。因此,以环境法四大基本原则为污水处理中责任分配的法理依据,来指引法律规范的调整,既需要在法律系统内部通过增补和调整政府有关主管部门、上游排污单位、PPP 污企等法律关系主体之间的权利义务和责任分配实现“环境正义”,也需要在法律系统外部通过行政规范性文件的制定,构建

〔1〕 胡平仁:《法律政策学的学科定位与理论基础》,载《湖湘论坛》2010 年第 2 期。
〔2〕 丁延龄:《社会治理创新的反思理性法模式——以反思环境法为例》,载《政法论丛》2015 年第 4 期。

与法律规范相匹配的配套机制，以发挥弥补、增强法律制度的功能和优势的作用。[1]

(一)在法律系统内部构建的责任分配机制

从现行立法来看，《水污染防治法》是关于水污染防治的全局性立法，对于城市污水处理中的责任分配做出的是划定边界式的制度安排，即无论是上游排污单位还是 PPP 污企，达标排污是其必须履行的法定义务。《排污许可管理条例》是针对所有排污单位进行许可证管理的专项立法，由其“规范企业事业单位和其他生产经营者排污行为，控制污染物排放，保护和改善生态环境”的立法目的所决定，该条例对于《水污染防治法》中达标排污的制度安排起到的是一种事实上的“补强”作用，不会牵涉城市污水处理中具体的责任分配问题。从我国近年来的立法实践来看，法律和行政法规的修订周期通常在 10～15 年，希望通过《城镇排水与污水处理条例》的修订而实现责任分配机制的调整尚需时日。目前，全国已有 12 个省、自治区、直辖市先后制定了以“污水处理设施运行监督管理办法”（以下简称“污水处理监督办法”）命名的政府规章和行政规范性文件（见表 5－1），其中也涉及责任分配的制度条款。

表 5－1　以污水处理监督管理命名的政府规章和行政规范性文件

时间	制定主体①	名称/性质
2010 年 9 月（2018 年 1 月修正）	内蒙古自治区人民政府	《内蒙古自治区城镇污水处理厂运行监督管理办法》（地方政府规章）
2011 年 12 月	河南省人民政府办公厅	《河南省城镇污水处理厂运行监督管理办法》（行政规范性文件）
2019 年 1 月	天津市人民政府办公厅	《天津市城镇污水处理厂管理办法》（行政规范性文件）
2019 年 2 月	贵州省住房和城乡建设厅、贵州省生态环境厅	《贵州省城市污水处理设施运营管理办法（试行）》（行政规范性文件）

[1] 参见郭武、刘聪聪：《在环境政策与环境法律之间——反思中国环境保护的制度工具》，载《兰州大学学报（社会科学版）》2016 年第 2 期。

续表

时间	制定主体	名称/性质
2019 年 9 月	山西省人民政府办公厅	《山西省城镇污水处理厂运行监督管理办法(试行)》(行政规范性文件)
2020 年 6 月	四川省住房和城乡建设厅、四川省生态环境厅	《四川省城市生活污水处理设施运营管理办法(试行)》(行政规范性文件)

①此处制定主体的称谓以规范性文件制定发布当时的名称为准。

然而,鉴于城市污水处理业 PPP 市场是全国性的,如果在责任分配问题上无法作出统一明晰的制度安排,显然不利于城市污水处理业 PPP 市场的可持续发展。另外,各地方政府有关主管部门制定的行政规范性文件不可能创设权利义务,对司法没有法律上的约束力。法院至多只能给予行政规范性文件低于行政立法的尊重。[1] 因此,应由住房和城乡建设管理部门、生态环境监督管理部门、发展与改革部门、财政部门等部委联合制定以“污水处理设施运营监督管理办法”(以下简称“污水运营监督办法”)命名的部委规章,并以环境法基本原则为指引,来设计责任分配的制度安排。

第一,以损害担责原则为指引,明晰 PPP 污企与政府有关主管部门之间的责任分配。其一,在《水污染防治法》和《城镇排水与污水处理条例》的基础上对有关进出水水质的责任核定条款进行完善。该条款可表述为:“污水处理单位[2]应当保证出水水质符合国家和地方规定的排放标准,在出现进水水质和水量发生重大变化可能导致出水水质超标,或者发生影响城镇污水处理设施安全运行的突发情况时,应当立即采取应急处理措施,并同时向城镇排水主管部门、生态环境主管部门报告。城镇排水主管部门、生态环境主管部门接到报告后,应当及时核查处理。经核查,确因进水水质和水量发生重大变化导致出水水质超标,污水处理单位也采取了应急处理措施的,有关部门依法行使行政裁量权时,应当将其作为从轻、减免的情形。因进水水质超标给污水处理单位造成损失的,污水处理单位有权依法进行追偿。”其二,增加地方人民政府有关主

〔1〕 参见王留一:《论行政立法与行政规范性文件的区分标准》,载《政治与法律》2018 年第 6 期。

〔2〕 由于法条所针对的是普遍意义上的“污水处理单位”,既包括了采取特许经营模式的污水处理单位,也包括了采取其他模式的污水处理单位。因此,严谨起见,下文中所有涉及法条表述的地方均采用“污水处理单位”这种一般性称谓。

管部门和人员的责任核定条款。该条款可表述为:“县级以上地方人民政府负有污水处理监督管理职责的部门在工作中,有下列情形之一的,由其所在单位、上级主管部门责令改正,对直接负责的主管人员和其他直接责任人员依法给予处分:(一)接到污水处理单位因异常情况影响处理效果或者停止运行可能导致出水水质超标的报告,未及时核查处理的;(二)对于确因进水水质和水量发生重大变化导致出水水质超标的,不依法行使行政裁量权的;(三)阻挠污水处理单位与重点排水单位和重点排污单位实现在线监测数据共享的;(四)接到对违法排水和排污行为的举报后,不及时履行执法职责的;(五)因监管不力造成污水处理单位进水水质长期或者严重超标的;(六)因监管不力造成污水处理单位长期或者严重超标排放的;(七)不按污水处理特许经营合同约定及时向污水处理单位拨付污水处理服务费的;(八)有影响污水处理设施正常运营监管并造成不利后果的其他行为的。”

之所以做出以上制度安排有两点考虑:其一,前文已提到,既然政府有关主管部门与 PPP 污企之间围绕进出水水质存在较为明显的对抗关系,那么在责任的核定中,就应该从主体、主观方面、客体、客观方面四要件出发加以全面考察。在客观方面上,不仅要看是否存在出水水质超标的事实,还要看其与进水水质超标的事实之间是否存在因果关系。在主观方面上,要看污水处理单位是否采取了应急处理措施,尽可能地减小因进水水质超标带来的影响和造成的损失。其二,之所以设定政府有关主管部门的责任核定条款,是因为县级以上地方人民政府负有污水处理监督管理职责的部门(以下简称污水处理监管部门)都是负有行政专长的部门,理应积极履职以保障污水处理设施的正常运行。在污水处理 PPP 项目运营中,一方面,污水处理监管部门不仅要对包括上游排污单位和 PPP 污企在内的排污单位严格监管保证达标排放,而且在有了关于进出水水质责任核定的明确制度依据后,可以通过环境行政处罚裁量基准的制定,实现其内容的理性化和控权功能,[1]在行使行政处罚自由裁量权时兼顾合法性与合理性,这样可在宽严相济中消减政府有关主管部门与 PPP 污企之间的对抗关系。另一方面,由政府有关主管部门追求环境绩效、PPP 污企追求经济绩效的

---

〔1〕 参见朱晓勤、李天相:《环境行政处罚裁量基准的多元共治路径探析》,载《法学杂志》2019 年第 6 期。

不同价值导向所决定,后者进入城市污水处理领域代替政府有关主管部门完成城市污水处理服务供给,其正常的盈利空间理应得到保障。同时,由政府有关主管部门与 PPP 污企所签订的特许经营合同的特殊性所决定,作为行政合同,政府有关主管部门的行政优益权不容忽视,严格监管、理性监管是其象征。另外,政府有关主管部门作为特许经营合同的一方理应具有基本的契约精神,这不仅是因为污水处理服务费的及时拨付是 PPP 污企正常运营的保证,也是降低环境风险切实保障社会公众环境权益的保障,同时是社会公众环境权益的切实保障。

此外,前文已提到,鉴于自备井等设施的存在,上游排污单位对于从这些设施中提取的水资源在使用过程中产生的污水并未付费,而 PPP 污企与政府有关主管部门签订的特许经营合同是根据"水量"和"水质"计费的,因此出现政府有关主管部门代位污染者付费的怪象。应根据《水法》、《取水许可和水资源费征收管理条例》和各地方出台的水资源管理条例,加快对城市公共供水管网覆盖范围内的自备井的关停进度。封井的对象应包括:(1)宾馆、酒店、餐饮、商业经营等一般服务业和洗浴、洗车、游泳等特种行业的自备井;(2)行政事业单位、医疗卫生(美容)机构、学校、幼儿园等用于办公、医疗、科研、教学与环境卫生的自备井;(3)公共住宅小区的自备井;(4)工业企业生产自备井;(5)调整划入城区的原农村安全饮水工程供水井;(6)住宅小区和居民庭院的小压井等。封井的方式应采取永久封填和封存备用两种。一律封填城市公共供水管网覆盖范围内无取水许可证或取水许可证已到期的自备井。对于地下水位水质观测井、城区应急避难场所备用井、城市消防专用井、城市集中供水备用水源井、不具备再生水浇灌条件区域的市政绿化专用井等特殊用途和水质要求的自备井,应经有关主管部门审定后封存备用,需要取水的核发取水许可证纳入管理。

第二,以预防为主、综合治理原则为指引,明晰 PPP 污企与上游排污单位之间的责任分配。鉴于以《排污许可管理条例》等为代表的立法和以"水十条"、《提质增效方案(2019—2021)》等为代表的行政规范性文件正在合力促进城市污水处理管网、设施、达标排放等方面"提质量、上档次",可以预见"合流制"向"分流制"的彻底转变未来可期。在这一背景下,污水运营监督办法可以分类施治为思路指引划定责任分配:其一,针对生活污水处理,可以赋予污水处理单位以"数据共享权",即位于污水处理单位收水范围内的重点排水单位的排水监测数据、重点排污单位的排污监测数据,除应各自与城镇排水主管部门、污水处理监管部门联网外,还应与污水处理单位联网并不间断提供在线监测数据。其二,位于“两园一区”的工业污水处理,鉴于其污水处理边界清晰,在有条件的地方[1]可赋予污水处理单位以拒绝收水权,即当污水处理单位发现园区中位于其收水范围内的排污单位的纳管水质超过纳管标准时,可以采取关闭排污单位的纳管设备、阀门等有效措施以防止总排口出水水质超标,并及时报告所在地政府有关主管部门。

之所以做出以上制度安排有两点考虑:其一,生活污水较之于工业污水,其水质变化小,污染物浓度低,在实现“雨污分流”“生活污水与工业污水分流”的前提下,只要抓住了重点排水单位和重点排污单位,即便有超标排污等情况出现也基本在污水处理单位的运行负荷以及应急处理能力范围之内。实现数据共享可帮助污水处理单位更为精准地实现污染源回溯,也可倒逼重点排水单位和重点排污单位严格按照排水许可证和排污许可证达标排水、排污。其二,在采用单管、明管方式排放污水的园区,由于排除了其他排污单位可能出现的偷排行为,在技术上完全可以实现污水处理单位对上游排污单位达标排污行为的监督和精准的污染源回溯,此时完全可以以污水处理单位与排污单位之间的民事合同来替代特许经营合同,污水处理单位提供有偿污水处理服务的前提是排污单位向其排放输送的是达标且符合污水处理单位运行负荷的污水,否则,污水处理单位行使拒绝收水权可在第一时间实现对排污单位超标排污行为的锁闭。

第三,以公众参与原则为指引,加大排水信息公开和污水处理运行监督管理信息公开的力度。PPP 污企收水范围内不仅包括排污单位还包括排水户[2]。对于排污单位的信息公开,《排污许可管理条例》第 23 条确立了污染物排放信息公开制度,即排污单位按照许可证规定,如实在全国排污许可证管理信息平台上对相关信息予以公开。从对全国排污许可证管理信息平台公开端

[1] 传统的工业污水处理大多采用暗管或压力管过计量井进入排污总管,这为个别企业违法偷排工业污水创造了条件。新型的工业污水处理鼓励采用单管、明管方式直接联通污水处理单位,可有效避免偷排等问题的发生。

[2] 根据现行有效的《城镇污水排入排水管网许可管理办法》第 2 条的规定,排水户是指从事工业、建筑、餐饮、医疗等活动的企业事业单位、个体工商户。

的查询来看,可以清晰地获知排污许可证正本及副本,主要污染物类别,相应污染物排放种类、规律和执行标准,排污许可证执行报告,监督执法信息和自行监测信息,包括了生产经营点位、污染物排放口在内的 GPS 定位地图等数据信息。这些信息无疑大大便利了公众环境知情权、环境参与权、环境监督权等权利的行使。然而,对于排水户的信息公开,即便是在住房和城乡建设部于 2020 年 8 月 3 日公布的《城镇排水许可管理办法(征求意见稿)》中仍然力度偏弱。该办法仅在第 17 条、第 25 条中对工业企业排水户的信息公开、城镇排水主管部门监督检查情况的信息公开作出了相应规定,但较之于《排污许可管理条例》确立的污染物排放信息公开制度明显力度偏弱。须知,排水许可执行情况的好坏同样关乎 PPP 污企是否可得良性运转,因为无论是雨污分流、工业污水与生活污水分流还是排水管网是否对排水户做到了全覆盖,都是引致进水水质是否与 PPP 污企的运行负荷相匹配的主要风险点。

因此,建议在《城镇排水许可管理办法(征求意见稿)》中加入并确立排水信息公开制度,即排水户根据许可证规定,如实在全国排水许可证管理信息平台上对相关信息予以公开。排水户中若包含工业企业等兼领排污许可证的主体,可在排水许可查询窗口项下设置排污许可查询窗口,点击进入可直接链接至全国排污许可证管理信息平台方便查询。这样做的目的,一是可以打破 PPP 污企与排污单位以及排水户之间所存在的“信息偏在”,让 PPP 污企的排污和排水信息处于阳光之下。二是方便公众对 PPP 污企、排污单位以及排水户的监督,对通过自行监测等方式所形成的民间环境信息的公开,不仅可以弥补政府环境信息公开存在的不足,还可以通过对比来有效提升政府环境信息的真实性,甚至还可以间接提升政府的公信力。[1]

目前,有关污水处理运行监督管理信息公开的力度还偏弱。从现行有关污水处理运行监督管理的行政规范性文件来看,信息公开呈现以下两点问题(见表5-2):首先,湖南省和山东省制定的行政规范性文件中关于信息公开的内容规定最为全面,然而由于这些信息中包括商业秘密且缺乏政府责任的配套,在实践中的落实情况并不如人意。其次,信息公开主要集中于污染事件、超标排

---

〔1〕 参见严厚福:《公开与不公开之间:我国公众环境知情权和政府环境信息管理权的冲突与平衡》,载《上海大学学报(社会科学版)》2017 年第 2 期。

放及处理结果等，缺乏对于运营单位整体运营情况的绩效评价结果。根据《环境信息公开办法（试行）》（已失效）第 11 条的规定，有关环境质量状况、环境统计和环境调查信息属于环保部门应当主动公开的政府环境信息。鉴于 PPP 污企已经按照《企业事业单位环境信息公开办法》（已失效）和《排污许可管理办法（试行）》的相关规定进行了微观层面的信息公开，污水监督管理部门理应从宏观层面结合排污许可、排水许可、运营成本和产出、设备运行、安全生产等多方面因素，对运营单位展开绩效评价及信息公开。这样既可以让公众对获得特许经营权的 PPP 污企的运营能力和实绩有一个客观的认识和评价，也可给污水处理 PPP 项目特许经营权的提前终止乃至临时接管打下基础。因此，应该在新制定的污水运营监督办法中明文规定，“城镇污水主管部门应按季度和年度，通过信息化手段向社会公众公布对辖区内污水处理运营单位的绩效评价结果。绩效评价文本参照示范文本制作，绩效评价流程参照相应技术规范执行”。

表 5－2　污水处理运行监督管理的规章、行政规范性文件中有关信息公开的制度设计

规章、行政规范性文件名称、制定主体及发布时间	有关信息公开的制度设计
《湖南省城市污水处理厂运行监督管理办法》（湖南省建设厅）（2008 年 4 月）	第 15 条第 2 款：“运营单位应于每年的 1 月底前向当地城镇污水处理监督管理部门报告上年度的组织机构、职工总数、处理水质、水量、运营成本、安全生产、污水处理费使用、污泥处置、固定资产投资等生产经营情况，并将有关内容在当地媒体上发布，接收公众监督。”
《河南省城镇污水处理厂运行监督管理办法》（河南省人民政府办公厅）（2011 年 12 月）	第 27 条第 1 款：“在污水处理厂运营过程中，污水处理运行监督主管部门要组织专家对运营单位工作情况进行评估，一般每 2 年进行一次。”
《山东省城市污水处理厂运行监督管理办法》（山东省建设厅）（2012 年 12 月）	第 15 条第 2 款（《湖南省城市污水处理厂运行监督管理办法》第 15 条第 2 款相同）。
《山西省城镇污水处理厂运行监督管理办法（试行）》（山西省人民政府办公厅）（2019 年 9 月）	第 17 条：“各级生态环境主管部门……每月在本部门网站或主要媒体公布城镇污水处理厂超标排放情况及依法处罚情况。”

(二)在法律系统外部构建的配套机制

配套机制构建的目的,是在法律系统外部通过行政规范性文件的制定发挥弥补、增强法律制度功能和优势的作用。因此,配套机制的构建一定要结合城市污水处理业 PPP 模式运营的特点,对数字时代背景下现代化的环境治理要求给予回应:首先,近年来,PPP 模式对于推进我国城市污水处理能力的跨越式发展发挥了很大的作用,但也面临项目落地难、运营难、社会资本踌躇不前等一系列问题而亟待制度创新。[1] 作为顶层制度设计的《基础设施特许办法》虽然以特许经营合同(包括合同的订立、履行、变更、终止和争议解决)和监督管理为两条主线搭建起了特许经营立法的骨架,然而,如何以此骨架为基础,在关照到城市污水处理业 PPP 模式运营自身特点的基础上增添血肉、畅通经脉,迫切需要完善相关制度设计。其次,鉴于以数据驱动、人工智能、大数据、区块链、5G 等重点技术支撑的智慧城市正在逐步形成,"作为一种新型的人类合作模式,其通过运用信息通讯技术(ICTs)手段来实现更优结果和更开放的治理过程。摒弃单纯的技术视角(technical perspective)而以社会技术视角(social-technical perspective)来审视智慧城市,就会发现其并非只是技术议题,而是一个复杂的制度变化过程,其社会技术治理背后蕴含有政治性"[2]。那么,以智慧城市的理念和技术架构[3]为指引,加快智能中枢建设,深化大数据智能化应用,推动城市污水处理设施由传统基础设施向数字化赋能后的新型基础设施的转变,理应在配套机制的构建中有所体现。鉴于此,配套机制的构建应从以下三个方面入手。

---

[1] 参见刘双柳、徐顺青等:《城镇污水治理设施补短板现状及对策》,载《中国给水排水》2020 年第 22 期。

[2] 谢嘉婷等:《治理智慧城市:智慧城市治理的文献回顾》,载《治理研究》2020 年第 2 期。

[3] 国务院八部委已于 2014 年出台了《关于印发促进智慧城市健康发展的指导意见的通知》,9 个省级人民政府于 2020 年先后出台了《关于加快新型基础设施建设行动方案(2020—2022 年)》,确立了"五横两纵"的技术架构。所谓"五横"是指基础资源层、数据汇聚层、数据管理层(城市大脑)、应用支撑层和智慧应用层,是智慧城市建设的核心。"两纵"是指标准规范和安全保障、政策法规和管理制度,是智慧城市建设的保障。该技术架构在运行中,依托基础资源层和应用支撑层将产生的数据集中到数据汇聚层,通过数据汇聚层(城市大脑)对各类数据进行深度加工,凭借智慧应用层将经过加工的数据用于城市治理、民生服务等领域,并将应用中产生的数据进行再汇聚、再加工。

第一,以保护优先原则为指引,加快制定出台促进智慧水务发展的规范性文件。水务是以水的收集、开采、加工、输配、利用、保护等为核心内容的事务。水利是人类为了生存和发展的需要,采取各种措施,对自然界的水和水域进行控制和调配,以防治水旱灾害,开发利用和保护水资源。从二者的概念表述来看,相互间既存在区别又存在高度的交叉和重叠。从我国目前的行政监管架构来看,水利部、生态环境部等部委均承担着涉水事务的监管职责。这些部委也都在各自职责范围内在推进着涉水事务发展和监管的智慧化。比如:水利部在2021年6月制定出台了《关于大力推进智慧水利建设的指导意见》,意图构建安全实用、智慧高效的水利信息大系统。生态环境部在推动《排污许可管理条例》于2021年1月颁布实施之前,就已经开始构建全国排污许可证管理信息平台并逐步实现污染物排放信息的汇聚。住房和城乡建设部于2021年5月发布了《关于印发〈城市市政基础设施普查和综合管理信息平台建设工作指导手册〉的函》,旨在指导支持各地全面系统开展设施普查和综合管理信息平台建设。然而,从城市尺度范围来看,智慧水务要求将水利、生态环境、住房和城乡建设等部门主管范围内的涉水事务加以智慧化有机统筹,实现"原水""管网水""加工水""末梢水""排放水""再生水"等不同类型涉水事务的协同配合、无缝对接。

因此,无论从部委层面如何建构各自的智慧涉水事务体系,在新制定的促进智慧水务发展的规范性文件中,都应该突出地方政府的主体地位,即地方人民政府作为智慧涉水事务的统筹主体,其管辖行政区域范围内以及可能对其管辖范围产生影响的涉水事务信息,均应汇聚于该城市构建的智慧城市技术架构中的数据管理层(城市大脑),由专家、专业技术人员组成的团队进行分析和研判,并在此基础上实现风险评估。对于经过数据管理层(城市大脑)处理的数据,通过智慧应用层向有关单位反馈,达成指挥调度、处置突发事件、辅助行政执法等目标任务。此外,应在新制定的促进智慧水务发展的规范性文件中突出社会公众的主体地位,即要求在数据汇聚层中设置便利公众参与的数据窗口,鼓励社会公众通过文字、图片、视频等资料数据的上传和汇聚,汇聚起社会公众参与监督的磅礴之力,不仅可以激发社会公众主动参与智慧水务的积极性,并于无形中实现对社会公众的环境教育、提升他们的生态环境保护意识和水平,而且可以无限地扩大环境监督主体的数量、范围,提升监督主体代表阶层的广泛性,最大限度地汇聚民智民力,以帮助智慧涉水事务的发展和监管上规模、上档次。

第二,以预防为主、综合治理原则为指引,让优化城市污水处理环境管理的行政规范性文件系列化、体系化。前文已提到,“水十条”、《提质增效方案(2019—2021)》等行政规范性文件的发布实施,其目的是从管理层面给 PPP 污企营造一个良好的城市污水处理环境。生态环境部于 2020 年 12 月发布的《关于进一步规范城镇(园区)污水处理环境管理的通知》(以下简称《污水环境管理通知》)中很多条款涉及包括 PPP 污企在内的各方法律关系主体之间的责任分配,《污水环境管理通知》的很多条款与“水十条”、《提质增效方案(2019—2021)》是一脉相承的,制度条款之间呈现相互接续的关系脉络。然而,除《污水环境管理通知》外,还应注意相关行政规范性文件的系列化、体系化:

其一,《污水环境管理通知》中提到了“依法明晰各方责任”。那么,既然谈到责任,则责任的分担和追究必然会牵涉行政执法和司法。在此基础上,生态环境监督管理部门是否能够联合水行政主管部门、住房和城乡建设行政主管部门等负有涉水事务行政监管职能的部门,将污水环境管理放置在一个完整的水务管理链条中,通过定期发布典型行政执法案例的方式,对于各地在落实《污水环境管理通知》中存在的经验和问题进行总结和交流。此外,生态环境监督管理部门是否能够与最高审判机关、最高检察机关一道,定期发布关涉污水环境管理的典型司法判例,对于《污水环境管理通知》中提及的责任分配问题对地方各级法院、检察院处理类似案件起到积极的示范和指导作用,借助案件公诉和审判反过来对政府有关主管部门、上游排污单位、PPP 污企等主体的行为起到规范和教育作用。

其二,《污水环境管理通知》中提到了“推动各方履职尽责”。那么,一方面,可以建立定期公示制度,定期对各方履职尽责的进度和先进经验进行介绍和交流,起到“先进带动后进”的示范效应。另一方面,可以建立典型创新项目发布制度,对于制度和实践创新的污水处理 PPP 项目经验及时总结和推广。比如,鼓励 PPP 污企与上游排污单位以及金融企业在规定时限内组建 SPV 公司。通过地方政府及其实施机构与 SPV 公司签订的《合作项目协议》,明晰 PPP 污企在设施维护运营中的主导地位。PPP 污企与金融企业的权利义务安排则主要围绕资产的保值增值问题。在此种项目结构安排下,作为 SPV 公司股东的上游排污单位为了自身资产的保值增值,不仅乐于与PPP污企在设施的维护运营上展开合作,更乐于与其在污水排放的预处理环节展开合作。又如,在园区等污水处理边界清晰的地方,可以鼓励PPP污企直接与上游排污单位签订民事合同,约定水质水量、监测监控、信息共享、应急响应、违约赔偿、解释和争议解决等内容。在责任明晰的基础上,双方可以协商确定纳管浓度,报送生态环境部门并依法载入排污许可证后作为监督管理依据。借此,实现由“通过权力的治理”转向“通过契约的治理”。[1]

第三,以公众参与原则为指引,依托现有网络平台对信息公开内容进行优化和丰富,实现信息之间的无缝衔接,防止“信息孤岛”和“数据烟囱”的出现。除上文中提到的应在《城镇排水许可管理办法(征求意见稿)》中加入并确立“排水信息公开制度”,建设全国排水许可证管理信息平台外,应尤其注意全国排水许可管理信息平台和全国排污许可管理信息平台、排水信息公开与排污信息公开之间的无缝衔接。比如,根据《排污许可管理条例》第8条第2款的规定,PPP污企属于申请取得排污许可证的特殊管理对象,即除提交排污许可证申请表外,还应当提交排污单位的纳污范围、管网布置、最终排放去向等说明材料。因此,围绕PPP污企运营的信息公开,除其执行排污许可证的情况外,还应在全国排污许可管理信息平台的GPS地图上,能够查询并链接查询到该PPP污企收水范围内的排污单位、排水户的位置和排放信息,以及排水管网接入PPP污企的进水水质和水量等信息。也就是说,PPP污企运营关键节点中产生的信息均应被串并打通予以公开,而要做到这一点,需要打破部门利益的束缚实现数据的互联互通。建议依托国家信息中心,通过标准编制、技术指导、管理信息平台及数据使用绩效评估等方式方法,对现有的信息公开内容加以优化和丰富,以实现信息之间的无缝衔接,为公众行使环境知情权、环境参与权、环境监督权等权利打下坚实的信息基础。

---

[1] 参见章志远:《迈向公私合作型行政法》,载《法学研究》2019年第2期。

第六章 污泥达标处理处置中的责任分配

在探讨污泥处理处置中的责任分配问题之前，有必要对“污泥”“处理”“处置”几个概念予以明确。首先，本书中所探讨的“污泥”，是指“污水处理单位”在工业污水和生活污水的处理中所产生的大量固体悬浮物质，准确的称谓应该是“污水污泥”，其有别于河流、湖泊等自然水体中天然存在的污泥。其次，本书中所涉及的污泥的“处理”和“处置”实际上代表了污泥处理的不同阶段，并非同一概念。之所以将“处理处置”作为一个词汇与“污泥”连用，主要有两点原因：其一，现行的法律规范没有准确界定“处理”和“处置”的内涵。《城镇排水与污水处理条例》把污泥的处理处置链条分为产生和处理处置两个环节，并规定了相关法律关系主体的法定义务。相比《城镇排水与污水处理条例》的制度设计，《水污染防治法》没有明显不同，但《固体废物污染环境防治法》少了“处置”的表述。显然，在未清晰界定“处理”和“处置”内涵的前提下，《固体废物污染环境防治法》是否有意将“处理”和“处置”区别对待有待观察（见表 6－1）。其二，之所以将“处理”和“处置”连用，是为了能够始终找到归责主体。从现行法律规范来看，关于主体的表述均以“或”为连接，意味着无论是污水处理单位还是污泥处理处置单位均负有污泥安全处理处置的法定义务和责任。无论是在污泥的处理、运输、处置等哪个环节出现问题,均可找到归责主体。

表 6-1 现行法律规范关于污泥"处理、处置"的制度条款

法律规范名称	相关制度条款
《城镇排水与污水处理条例》(2014 年 1 月 1 日)	第 30 条:"城镇污水处理设施维护运营单位或者污泥处理处置单位应当安全处理处置污泥,保证处理处置后的污泥符合国家有关标准,对产生的污泥以及处理处置后的污泥去向、用途、用量等进行跟踪、记录,并向城镇排水主管部门、环境保护主管部门报告……"
《水污染防治法》(2018 年 1 月 1 日)	第 51 条:"城镇污水集中处理设施的运营单位或者污泥处理处置单位应当安全处理处置污泥,保证处理处置后的污泥符合国家标准,并对污泥的去向等进行记录。"
《固体废物污染环境防治法》(2020 年 9 月 1 日)	第 71 条:"城镇污水处理设施维护运营单位或者污泥处理单位应当安全处理污泥,保证处理后的污泥符合国家有关标准,对污泥的流向、用途、用量等进行跟踪、记录,并报告城镇排水主管部门、生态环境主管部门……"

诚然,污水处理单位作为污泥的产生主体,必然负有对污泥的处理义务,即对污泥采取浓缩脱水等处理措施。然而,污水处理单位是否承担污泥的处置义务,要看其获得的是单纯的污水处理特许经营权还是连带了污泥处理处置的特许经营权。如果是前者,污水处理单位实际上只承担的是污泥的处理义务。污泥出厂后,"污水处理单位"应当根据现行法律规范承担对污泥的流向、用途、用量等进行跟踪、记录的义务,但污泥是否得到了安全处置,则并非污水处理单位当然的法定责任。因此,有必要通过明晰"处理"和"处置"内涵或污泥处理处置相关法律关系主体内涵的方式,将污泥处理处置中责任分配的网络织细织密。实际上,各地出台的有关污泥处理处置的行政规范性文件已有了很多有益的尝试。比如,在广东省住房和城乡建设厅于 2019 年 7 月印发的《广东省城镇生活污水处理厂污泥处理处置管理办法(暂行)》中,已将污泥处理处置链条中涉及的法律关系主体明确为污泥产生单位、污泥处理单位、污泥处置单位和污泥运输单位四类[1]。又如,在四川省眉山市住房和城乡建设局、眉山市生态环

〔1〕 污泥产生单位是指城镇生活污水处理厂运营单位;污泥处理单位是指对污泥进行浓缩、调质、污泥脱水及稳定等一系列的过程,通过合格的污泥处理流程,使污泥达到减量化、稳定化的单位;污泥处置单位是指通过污泥堆肥、污泥焚烧、建材利用等各类方式达到无害化、资源化处置的单位;污泥运输单位是指依法从事污泥运输的单位。

境局于2020年9月印发的《眉山市城镇生活污水处理厂污泥处理处置管理办法(试行)》中明确,污泥处理主要是指对污泥进行稳定化、减量化和无害化处理的过程,污泥处置是指对处理后污泥进行消纳的过程。

第一节　污泥达标处理处置中责任分配的基点

我国城市污水处理业PPP模式在污泥处理处置中呈现两种情形:一种是污泥处理处置的实际运行情形,即污泥处理处置的客观事实;另一种是污泥处理处置的法律关系情形,即对法律关系主体之间权利义务安排的一种概括性、抽象性的描述。

一、污泥处理处置PPP模式运营的实际运行情形

通过对污泥处理处置工艺流程的考察会发现,污泥处理处置链条主要由污泥的产生、处理处置和循环利用三个环节构成(见图6-1)。PPP污企将污水处理至达标排放自然水体之前,会产生城市污水污泥(以下均简称污泥)。PPP污企对污泥进行浓缩脱水等初步处理后,由具备资质的污泥运输单位将污泥拉运至污泥处理处置单位进行深度处理和处置,最终做到污泥的循环利用。在这一污泥处理处置链条中,会涉及PPP污企、污泥处理单位、污泥处置单位、污泥运输单位等主体[1]。鉴于任何单位和个人都应承担不得擅自倾倒、遗撒污泥的法定义务,因此也是法律关系主体的重要组成部分。

---

〔1〕 根据《固体废物污染环境防治法》《城镇排水与污水处理条例》等法律法规的规定,任何单位和个人也负有不得随意倾倒、堆放、丢弃、遗撒污泥的义务,因此也应包括在污泥处理处置链条的诸主体中。

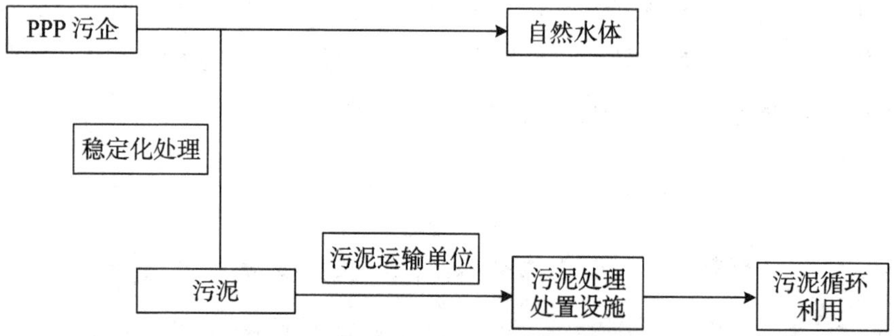

图 6－1 污泥处理处置链条示意

(一)污泥产生环节

1. 污泥处理工艺限制了安全化处理目标的实现

污泥的产生,是指包括 PPP 污企在内的污水处理单位在污水处理的过程中,产生的大量固体悬浮物质,是由有机残片、细菌菌体、无机颗粒、胶体等组成的极其复杂的非均质体。由处理工艺所决定,污水处理单位的污泥主要由粗格栅和细格栅渣、沉砂池渣、初沉池污泥和二沉池生物污泥等构成。粗格栅和细格栅渣呈现垃圾状,沉砂池渣中密度较大的无机颗粒含量较高,因此二者一般作为垃圾处理。初沉池污泥含有病原体、重金属化合物、虫卵等。二沉池生物污泥基本上由微生物机体构成,含水率、含有机质率高且数量多。[1] 由于二者富含有机物,容易腐化发臭且造成环境污染,必须妥善处理处置。有学者借鉴德国厄尔里克(Ehrlich)教授提出的"环境高山"理论,对我国污泥产量进行了预测,结果表明我国污泥产量随着我国人均 GDP 的持续增长而迅猛增加,并没有跨过"环境高山"而仍处于上坡阶段,在未来的一段时间里仍将继续增加。[2] 与之形成对照的是,我国目前的污水处理单位主要采用浓缩脱水来处理污泥,而采用稳定化处理的污水处理单位不到总数的 20%,这就给污泥的最终处置提出了更高的要求。[3] 也就是说,目前污水处理单位完成的主要是污泥处理的

[1] 参见刘莹:《城市污水处理厂污泥处理处置现状与技术研究》,载《节能与环保》2019 年第 1 期。
[2] 参见刘鑫、惠秀娟等:《我国典型城市污泥产生量处理处置现状及经济学趋势分析》,载《环境保护与循环经济》2021 年第 4 期。
[3] 参见伊学农、付彩霞等:《污水处理厂技术与工艺管理》,化学工业出版社 2021 年版,第 89 页。

“减容化”(从污水处理末端降低污泥含水率)任务,由于技术工艺的限制无法全面实现“安全化”处理的目标。

2. 进水水质对污泥产量的“减量化”有较大扰动

前文已提到,进水水质是否达标会影响污水处理单位的出水水质是否达标。不仅如此,进水水质也会对污泥产量有直接影响。已有研究表明,在污水处理过程中,进水浓度越高,微生物生长量也就越高,随之污泥产量也就越高。[1] 因此,要从源头实现污泥的“减量化”,就要通过化学或生物等方法降低活性污泥产率和利用污泥中的微生物自身的内源呼吸作用对有机物进行氧化分解,使整个污水处理单位向外排放的剩余污泥量达到最小。[2] 然而,在“雨污混流”“生活污水与工业污水混流”仍然存在、排污许可对排污单位的全覆盖和精细化管理仍需加强的背景下,进水水质的稳定达标以及与污水处理单位运行负荷的匹配仍然是处于不断完善的过程中。此时,进水水质仍然是污泥产量“减量化”的扰动因素,同时进水水质还会影响后续的处理处置环节,成为“安全化”处理处置目标实现的掣肘。

(二)污泥处理和处置环节

1. 运输作为连接处理和处置环节的枢纽运转不畅

污水处理单位在采用浓缩脱水等措施处理污泥后,需要具备资质的污泥运输单位派遣合格车辆,将污泥拉运至污泥处置单位,通过堆肥、焚烧、建材利用等各类方式达到无害化、资源化处置。目前,各地都是采用污泥转移联单制度进行管控的。然而,一些污泥处理单位或污泥处置单位为了节省成本,常与污泥运输单位共谋,通过擅自倾倒、堆放、丢弃、遗撒或通过与不具备污泥处置资质的单位或个人订立合同违法填埋等方式处理处置污泥。污泥转移联单制度看似环环相扣,实际上在实践中常常沦为摆设,无法发挥其应有的监管作用。

2. 处置方式的瓶颈加大了责任风险的概率

根据住房和城乡建设部全国污水处理信息系统截至 2015 年的统计,我国

---

〔1〕 参见张亚:《污水处理厂产泥量与进水水质关系的研究》,载《北方环境》2011 年第 7 期。

〔2〕 参见汤玉强、李清伟等:《污泥源头减量化技术研究进展》,载《中国环境管理干部学院学报》2018 年第 6 期。

约有 51.9% 的污泥采取填埋方式处置。然而，污泥的卫生填埋需要大面积的场地和大量的运输费用，填埋场地基需作防渗处理等措施以免污染地下水，在我国多数城市面临“垃圾围城”的背景下，打破以填埋为污泥处理处置的主要方式已经迫在眉睫。[1] 2018 年全国环境统计表显示，目前全国城镇污水处理厂的污泥只有 10% 左右通过堆肥制肥等技术处理处置后回用到土地。[2] 污泥农用在我国并没有得到推广，主要原因是使用后的土地板结、作物减产明显。中国农业科学研究院与中国农业大学研究发现，由于我国污泥中含盐量、重金属含量较高，农用地污泥造成土壤中重金属富集、土壤矿化度升高，污泥农用在国内逐步退出。从相关法规、标准来看，我国对于污泥农用也持谨慎态度。比如，农业农村部于 2021 年 5 月 7 日公布的农业行业标准《有机肥料》(NY/T 525—2021)就明文规定，“禁止选用粉煤灰、钢渣、污泥、生活垃圾(经分类陈化后的厨余废弃物除外)、含有外来入侵物种物料和法律法规禁止的物料等存在安全隐患的禁用类原料”。又如，2021 年 11 月 1 日起施行的《天津市乡村振兴促进条例》规定，“禁止向农用地排放重金属或者其他有毒有害物质含量超标的污水、污泥以及可能造成土壤污染的清淤底泥、尾矿、矿渣等”。因此，污泥目前作为园林绿化、矿山修复、沙漠化土壤改良等营养基质在有限使用。从污泥焚烧来看，焚烧法要求污泥的含水率非常低以达到燃点，但此种方式产生的“二噁英”对空气质量影响非常大。[3] 此外，不时出现的“邻僻效应”是影响污泥焚烧挥之不去的主要障碍。因此，以上处置方式的瓶颈问题，无形中加大了责任风险发生的概率。另外，“重水轻泥”的认识误区，也导致针对污泥处理的投资不足，又进一步激化了躲避监管违法违规处理处置污泥的案例与日俱增，如北京门头沟永定镇上岸村等地约 6000 吨污泥非法倾倒、四川省遂宁市因长期放任企业非法处置污泥被中央生态环保督察组通报批评、中央第二生态环保督察组督察发现辽宁省朝阳市大量污泥长期违法临时堆存问题等。

---

〔1〕 参见李雄伟、李俊等:《我国污泥处理处置技术应用现状及发展趋势探讨》，载《中国给水排水》2016 年第 16 期。

〔2〕 参见覃思宇、王丹丹:《关于我国城镇污水处理厂污泥处理处置的现状分析》，载《化工管理》2020 年第 15 期。

〔3〕 参见洪磊、张智:《小城镇污水处理厂污泥处理方法探讨》，载《市政技术》2009 年第 2 期。

二、污泥处理处置 PPP 模式运营的法律关系情形

（一）污泥达标处理处置行政监管关系

污泥达标处理处置行政监管关系，即污水处理单位、污泥处理单位、污泥处置单位、污泥运输单位以及任何单位和个人[1]与政府有关主管部门之间，围绕污泥的达标处理处置所结成的行政法律关系。从中华环保联合会（以下简称环保联合会）诉国电东北环保产业集团有限公司（以下简称国电集团）等六被告环境污染责任纠纷案（以下简称环保联合会诉国电集团案）来看，诉辩双方争议的焦点之一是，沈阳宏成运输有限公司作为污泥运输单位，实施违法堆放污泥的行为而受到行政处罚，能否免除国电集团等六被告作为污泥排放、贮存责任主体的法律责任。从立法的发展演变来看，在 2014 年《城镇排水与污水处理条例》颁布实施之前，污泥并未作为一个明确的法律关系客体被规定在立法中，而是根据原环保部制定的行政解释，比照《固体废物污染环境防治法》中有关工业固体废物的规制条款来设定权利义务及责任分配。2004 年经过修订的《固体废物污染环境防治法》中除政府有关主管部门外，出现了“产生、收集、贮存、运输、利用、处置”等固体废弃物处理处置的责任主体。在法律责任的表述中，将“擅自倾倒、堆放、丢弃、遗撒固体废物”作为归责情形并规定了相应的法律责任。然而，该法中并没有污泥“排放”主体的概念表述。可见，在环保联合会诉国电集团案中，环保联合会将污水处理单位作为污泥的排放主体要求追究其法律责任并没有明确的法律依据。在 2014 年《城镇排水与污水处理条例》颁布实施之后，污泥首次作为一个明确的法律关系客体被规定在立法中。《城镇排水与污水处理条例》第 30 条、第 53 条在污泥处理处置责任主体的表述中，除规定“城镇排水主管部门”“环境保护主管部门”等政府有关主管部门外，还出现了“城镇污水处理设施维护运营单位”“污泥处理处置单位”“任何单位和个人”三个责任主体。

值得注意的是，法条在对前两个责任主体的表达中使用了“或者”作为连

[1] 根据《城镇排水与污水处理条例》第 30 条的规定，“……任何单位和个人不得擅自倾倒、堆放、丢弃、遗撒污泥”。

接,并在具体的归责情形中连续使用了三个逗号,意味着安全处理处置污泥、处理处置后的污泥符合国家有关标准、对产生的污泥以及处理处置情况进行跟踪记录、向有关主管部门报告等四项归责情形并不必然全部由两个责任主体中的任何一方单独承担,其潜在内涵是要视这两个责任主体在污泥处理处置链条中的分工而定。只有在出现"擅自倾倒、堆放、丢弃、遗撒污泥"这第五种归责情形时,前两个责任主体方才需要无差别地承担相应的法律责任。这一点在西安市利生污泥处理有限公司诉铜川市耀州区环境保护局不服环保管理案[1]中可以得到清晰的印证。此外,在这种归责情形出现时,《城镇排水与污水处理条例》已经将责任主体的范围做了最大幅度的延展,即"任何单位和个人"都可以作为该种归责情形项下的责任主体。至于环保联合会提出的国电集团等六被告应作为污泥的"贮存"主体承担相应法律责任的诉讼请求,纵观立法的发展演变,除在2004年的《固体废物污染环境防治法》中出现有相关表述外,无论是在《城镇排水与污水处理条例》还是2017年的《水污染防治法》抑或2020年的《固体废物污染环境防治法》中,均没有相关的概念表述。究其原因,乃是"贮存"作为连接污泥的"产生"和"处理"以及"处理"和"处置"之间的中间环节,可以被"产生"、"处理"和"处置"所吸收,即污泥的"产生主体"、"处理主体"和"处置主体"均应具备一定的污泥临时贮存能力,并采取措施确保污泥贮存不产生环境危害。

(二)特许经营合同关系

特许经营合同关系,即污水处理单位、污泥处理处置单位与政府有关主管部门通过达成特许经营合同而实现对权利义务和责任分配的安排。鉴于污水处理与污泥处理处置的特许经营权是由政府有关主管部门通过不同的特许经营合同授予相关经营者的,因此这种特许经营合同关系可细分为两种:

第一,污水处理单位与政府有关主管部门之间的特许经营合同关系。根据《城镇排水与污水处理条例》第6条、第28条的规定,城镇排水主管部门代表政府采取特许经营、政府购买服务等多种形式选择污水处理单位作为城镇污水处理设施的运营单位,并与其签订特许经营协议以及城镇污水处理设施维护运营

---

[1] 陕西省铜川市中级人民法院行政判决书,(2019)陕02行终4号。

合同。前文已提到，在此种特许经营合同关系项下，根据《行政协议司法解释》第2条的规定，PPP污企与政府有关主管部门之间签订的合同关系性质属于行政合同。结合《行政协议司法解释》第12条和原《合同法》第52条的规定来看，特许经营合同对PPP污企污泥处理处置责任约定是不能与《城镇排水与污水处理条例》第30条、第53条的规定相冲突的，即特许经营合同约定不能与现行法律规范中的管理性、强制性规定相冲突，否则合同当事人需要依据法律或者行政法规的规定承担相应的行政责任。然而，结合上文对污泥安全、达标处理处置行政监管关系的分析来看，PPP污企并不必然要对全部五种污泥处理处置的归责情形承担责任。可见，环保联合会依据特许经营合同认定PPP污企负有合同约定义务进而主张其承担法律责任缺乏依据。原因有两点：其一，上文已提到，现行法律规范中没有污泥"排放"主体的概念表述。其二，PPP污企是否承担责任要结合特许经营合同的授权来看，如果其拿到的只是污水处理的特许经营权，要其承担污泥处理处置的相应法律责任显然有失公平。

第二，污泥处理处置单位与政府有关主管部门之间的特许经营合同关系。虽然《城镇排水与污水处理条例》第6条、第28条并未出现污泥处理处置字样，但鉴于污泥属于污水处理中产生的副产品，广义上的城镇排水与污水处理设施理应包括污泥处理处置设施，因此，实践中城镇排水主管部门仍然是依据上述法条代表政府采取特许经营、政府购买服务等多种形式选择污泥处理处置单位，并与其签订特许经营合同以明确权利义务及责任分配。值得注意的是，此种合同是由政府有关主管部门而非污水处理单位与污泥处理处置单位订立，因此，污泥处理处置单位所需污泥"保底量"[1]的保证义务、处理处置所需污泥的持续供应义务等均由政府有关主管部门承担，而污泥处理处置单位则根据《城镇排水与污水处理条例》第30条、第53条的规定承担责任。只要不出现原《合同法》第52条规定的合同无效情形、《行政诉讼法》第78条第1款规定的约定解除情形等，协议任何一方均需履行协议约定义务否则将承担违约责任。这一点在深圳市合泰水务技术有限公司与深圳市水务局行政合同纠纷案[2]中得到

[1] 所谓"保底量"，即在特许经营合同中，政府有关主管部门对相应期限内供应给污泥处理处置单位基本泥量的约定。

[2] 广东省深圳市中级人民法院行政判决书，(2016)粤03行终651号。

清晰的印证。

由此可见，PPP 污企并不因其作为污泥的产生主体而必然要承担法律责任，责任的承担要结合 PPP 污企获得的是污水处理的特许经营权还是连带了污泥处理处置的特许经营权。实际上，从现有的法律规范和特许经营合同约定来看，无论是追究 PPP 污企还是污泥处理处置单位的责任并非难事，反倒是政府及其有关主管部门在污泥处理处置中的责任是不容忽视的环节，因为从污泥处理处置的全链条来看，只有实现了污泥处置方式的多样化和路径的通畅，才可成全污泥处理和处置的无缝衔接，反过来消弭在污泥的产生、处理和处置以及相互之间的衔接中产生的责任风险。然而，从现行立法来看，在污泥处理处置中关于政府责任的制度设计尚付阙如。

（三）污泥委托运输处置民事合同关系

污泥委托运输处置民事合同关系，即 PPP 污企与污泥处理处置单位之间通过签订民事合同而实现对权利义务和责任分配的安排。此种合同是在 PPP 污企未获得污泥处理处置特许经营权的前提下，与有资质的污泥处理处置单位之间，围绕污泥的运输、处置所产生的权利义务与责任分配所达成的约定。此种合同一般约定，“污泥处理处置单位负责污泥的运输及处置，污水处理单位从污水处理服务费中向其支付污泥运输费及处置费。污泥运输及处置过程中所发生的任何风险与污水处理单位无关，由污泥处理处置单位承担全部责任”。前文已提到，PPP 污企是否承担责任要综合现行法律规范的强制性规定以及特许经营合同约定综合看待，既然此种合同是在 PPP 污企未获得特许经营权的前提下签订的，则 PPP 污企承担的义务只是按照法律规定和标准要求将污泥处理至安全、达标即可。因此，看似此合同中“污泥运输及处置过程中所发生的任何风险与污水处理单位无关”的条款是 PPP 污企在不当撇清其应当承担的责任。然而，实际上是通过合同对其承担义务和责任边界的一种宣示行为。至于污泥处理处置单位是否要按合同约定“承担全部责任”，则要看其是否按照法律规定和标准要求以及政府指令的处置场所进行了规范的运输、处置，有无擅自倾倒、堆放、丢弃、遗撒等行为。

三、污泥处理处置 PPP 模式运营中责任分配的基点

从上文对于污泥处理处置实际运行情形的阐述和分析来看，在污泥的产生环节，污泥处理工艺限制了“安全化”处理目标的实现，进水水质对污泥产量的“减量化”有较大扰动。在污泥的处理和处置环节，运输作为连接处理和处置环节的枢纽运转不畅，处置方式的瓶颈加大了责任风险的概率。也就是说，支撑污泥处理处置公平归责的前提和基础并不稳固且仍待加强。从污泥处理处置链条形成闭环运行的角度而言，其至少应该满足以下要件：其一，实现 PPP 污企运行负荷与上游排污单位达标排放之间的匹配。其二，实现 PPP 污企对其所产生污泥的达标处理。其三，实现污泥从 PPP 污企到污泥运输单位再到污泥处置单位的过程中，其去向、用途、用量、处置结果等全程可跟踪、可记录、可回溯。其四，政府及其有关主管部门在污泥处理处置中尽职履责，能够通过规划、建设等多种措施的采取提供满足污泥处置需求的设施和场所。事实上，近年来，从中央到地方出台的行政规范性文件中的制度设计，都在从制度层面不断推动着污泥处理处置链条闭环运行的实现。比如，“水十条”和《提质增效方案(2019—2021)》中规定的禁止不达标污泥进入耕地、一律取缔非法污泥堆放点、完成污泥处理处置设施的达标改造等。然而，正如前文中所提到的，我国大部分城市仍然处于“合流制”向“分流制”转变的过程中，加之目前能够有效处理污泥的大型污水处理厂相对较少，即使建设有污泥处理设备也可能因为运行费用较高而难以正常运行，[1] 因此，污泥处理处置链条形成闭环运行尚需时日。从污泥处理处置的法律关系情形来看，现有的法律规范是建构在两项基础之上的：其一，位于污泥处理处置源头的污水处理链条闭环运行；其二，在污泥处理处置的末端，政府及其有关主管部门能够提供满足污泥处置需求的设施和场所。显然，在污泥处理处置的法律关系情形与实际运行情形之间存在不小的鸿沟，用建构在污泥处理处置前端和末端理想状态之下的现行立法，去解决污泥处理处置链条开环运行下出现的责任分配问题，必然会导致规制错配。

---

[1] 参见刘双柳、徐顺青等：《城镇污水治理设施补短板现状及对策》，载《中国给水排水》2020 年第 22 期。

(一)规制错配的根本原因

导致规制错配的根本原因在于对PPP污企主体身份属性以及行为能力边界认知的不足。前文已提到,PPP污企兼具排污者和治污者的双重身份属性。作为治污者,其完成的是上游排污单位排放污水的处理任务;作为排污者,其完成的是对处理后排放进入自然水体的出水水质的达标排放任务。诚然,PPP污企在污水处理中会产生污泥,而其对产生的污泥也确实要进行相应的"处理",即将污水处理设施运行产生的初沉污泥和剩余污泥排入集泥池,经提升至污泥浓缩池或浓缩设备处理后进入消化池,经浓缩或消化后的污泥机械脱水后在污泥堆放车间经过除臭后等待外运处置。对于运出PPP污企厂界的污泥,污泥处理处置单位仍然需要进行深度处理,以满足填埋、农用、焚烧、园林绿化等不同污泥处置方式的技术要求。由此,PPP污企对污泥的处理可称为"预处理"或"一次处理",而污泥处理处置单位对污泥的处理则是有别于此的"深度处理"或"二次处理"。然而,由于现行立法未对处理的概念进行分级界定并在此基础上进行相应的责任制度设计,加之按照《排污许可管理条例》的规定,PPP污企的身份属性也是排污者,因此就容易形成以下错误逻辑,即既然污泥是PPP污企产生的,作为排污者与那些在生产过程中产生污染物私自排放造成周边生态环境污染的经营者没有本质上的区别。因此,PPP污企理应对污泥处理处置的全生命周期承担责任而不应有所例外。

(二)规制错配的现实表征

1. 污泥在运出PPP污企厂界前无法兼顾实现"减量化"与"减容化"

现有研究已表明,污泥的"减量化"与"减容化"具有不同的内涵:前者是指从源头上减少污泥产量,后者是污水处理单位降低污泥含水率而达到污泥减量的目的。二者虽然均可实现减少污泥的体积从而提高利用率和减少后续运输成本的目的,但存在本质上的区别。原因在于"减容化"下污泥中的生物量几乎无减少。[1] 因此,"减量化"是对污泥实现源头控制的治本之道。然而,"减量

---

〔1〕 参见汤玉强、李清伟等:《污泥源头减量化技术研究进展》,载《中国环境管理干部学院学报》2018年第6期。

化”并非单靠污水处理单位一方即可实现，其有赖于上游排污单位排放进入污水处理单位的进水水质的高低。进水浓度越高，微生物生长量就越高，随之污泥量也就越高。其中，化学需氧量和悬浮物等指标对污泥产量影响尤为明显。[1] 鉴于我国的排水模式正处于“合流制”向“分流制”过渡的特殊时期，在上游排污单位出现“私设暗管”“不定时偷排”等情形时，污水处理单位除依据《城镇排水与污水处理条例》第31条的规定向政府有关主管部门报告外，难以举证“自证清白”，实际上是在承担了上游排污单位的超标排污责任外，又额外增加了污泥处理负担。

2. 政府责任的缺失加剧了污泥处置负荷与需求之间的矛盾

首先，填埋作为污泥处理处置的最终去向，必然要求有符合污泥安全、达标处理处置且容量充足的设施、场所。因此，为污水处理单位指定污泥临时堆放场地或污泥处置地点是否是政府及有关主管部门的法定职责就成为问题的关键。对于《城镇排水与污水处理条例》第30条的理解，在钦州市国润环境工程有限公司诉钦州市人民政府行政不作为案[2]中有一种意见认为，既然污泥的去向是“安全处理处置”的内容和必经程序，污水处理单位理应负责污泥的去向问题即污泥处置地点，并援引《城镇排水与污水处理条例》第5条规定认为，现行立法并未明文规定政府及有关主管部门对污水处理负担的监管职责包括“指定污泥处置地点”。为了进一步说明此观点，又援引了《关于加强城镇污水处理厂污泥污染防治工作的通知》（已失效）和《城镇污水处理厂污泥处理处置及污染防治技术政策（试行）》，用以说明污水处理单位应对污泥承担处理处置责任，其法定代表人或者主要负责人是污泥污染防治第一责任人。然而，上述两个文件是否足以作为认定污泥处置责任主体的法律依据值得商榷。此外，无论是2014年《环境保护法》第51条还是2020年《固体废物污染环境防治法》第71条第2款，都明确并细化政府及其有关主管部门在污泥处理处置设施规划、建设中的法定职责。因此，由于污水处理单位需向政府有关主管部门报告污泥的去向，而将污泥处置地点的规划、选点一并作为污水处理单位需要承担的法定义务，与立法精神是否吻合显然有待商榷。

---

[1] 参见张亚：《污水处理厂产泥量与进水水质关系的研究》，载《北方环境》2011年第7期。

[2] 广西壮族自治区高级人民法院行政判决书，（2018）桂行终246号。

其次,生产有机肥料、制砖、绿化及土壤改良等作为污泥处理处置的最终去向,必然要求污泥处理处置单位在符合国家用地要求的前提下,通过规范运输做到污泥的“日送日清”,并将污泥足量用于以上处理处置去向并达到国家相关标准要求,不能出现“擅自倾倒、堆放、丢弃、遗撒污泥”的法定归责情形。然而,实践中出现的突出问题是,作为监管重要抓手的污泥转运处置联单常常沦为装点。在西安市利生污泥处理有限公司与铜川市耀州区环境保护局不服环保管理案[1]中,污泥处理处置单位常通过与村民订立私下协议非目的地转运、违法倾倒污泥逃避监管。以 2020 年《固体废物污染环境防治法》第 108 条为代表的现行立法虽大幅度提高了行政处罚的上限,但因监管技术的落后和手段的单一,对污泥处理处置全链条的监管实际上无法做到闭环运行,也就更无法做到对污泥安全、达标处理处置责任风险点的全面管控。

最后,干化焚烧作为污泥处理处置的最终去向,必然要求政府有关主管部门按特许经营协议约定,向经过竞争性程序选定的污泥处理处置单位持续供应污泥,后者应按国家和地方标准对污泥进行安全、达标处理处置,尤其是废气排放达标。然而,实践中出现的突出问题是“邻僻效应”,即污泥处理处置单位所排放废气引发所在区域周边居民的投诉甚至群体性事件。在深圳市合泰水务技术有限公司诉深圳市水务局行政合同纠纷案[2]中,政府及有关主管部门在此种情形下,一方面要求污泥处理处置单位按比特许经营合同约定更高的环保标准升级改造,另一方面基于维稳而暂停向污泥处理处置单位供应污泥。其结果大概率会引发污泥处理处置单位对政府及有关主管部门提起特许经营合同违约之诉。然而,随着我国城市化进程的加快,无论是污水处理单位还是污泥处理处置单位都会面临同样的问题,即原选址地周边出现了居住项目,随之产生“邻僻效应”。这一方面要求政府严格执行规划,在审批居住项目时督促开发商落实卫生防护距离的规定;另一方面要求政府在签订特许经营合同时就应该在其中约定情势变更条款,即达标排放标准视社会发展情势和国家、地方排放标准的调整而调整。否则,政府有关主管部门一旦因“邻僻效应”引发群体性事件而停止供泥,不但与合同主体应具有的契约精神相悖,而且不利于污泥处理

[1] 陕西省铜川市中级人民法院行政判决书,(2019)陕 02 行终 4 号。
[2] 广东省高级人民法院行政裁定书,(2020)粤行终 170 号。

处置链条的顺畅运转，到头来损及的仍然是社会公共利益。

第二节　污泥达标处理处置中责任分配的调整

与污水处理中责任分配的调整相似，只有切实矫正规制错配，才能站稳污泥处理处置中责任分配的基点进而实现责任分配的调整。然而，如何正确矫正规制错配需要正确的方向指引。体现实质法治要求的环境正义理论与体现程序法治要求的环境法基本原则的配合，依然可以作为指引污泥处理处置中责任分配调整的法理依据。当然，鉴于污泥处理处置与污水处理在实质内容上的差异性，污泥处理处置中责任分配的法理依据以及规范调整的具体构成也有异于污水处理。

一、污泥处理处置 PPP 模式运营中责任分配的法理依据

根据《环境保护法》第 5 条的规定，“损害担责原则”、“预防为主、综合治理原则”、“保护优先原则”和“公众参与原则”是环境法的四大基本原则〔1〕。这些原则对污泥处理处置中责任分配的发挥指引作用。

(一) 损害担责原则

从污泥处理处置中的责任分配来看，首先，应该对 PPP 污企与上游排污单位相比治污者属性大于排污者属性的特殊性给予必要的关注，在责任核定上对政府有关主管部门和 PPP 污企做出明确的制度安排，这样才能让真正的污染“元凶”为其污染行为承担责任，切实避免 PPP 污企陷入兜底式责任的窘境，通过“减量化”对污泥实现源头控制。其次，应该夯实责任界分的前提和基础，即

〔1〕 鉴于上文在污水处理责任分配法理依据的阐述中，已经涉及了学术界有关环境法四大基本原则内涵、外延的探讨，在此不再赘述，而是直接切入四大基本原则对污泥处理处置责任分配具体指引的阐述中。

由于污泥处理[1]与污泥处置[2]是污泥进入环境之前和之后的两个不同阶段。二者的关系是处置决定处理,处理必须满足处置要求。[3] 因此,应该特别对"污泥处理"的概念进行一级和二级的分级界定,这样可给清晰的责任界定扫清障碍,即污水处理单位因特许经营权的授予和自身工艺技术的特点,一般只是对污水中的有毒有害物质的一种富集或转化,而不是完全的处理过程,其所承担的是污泥的一级处理义务,即污泥的"减容化"。至于满足污泥处置要求的污泥的二级处理,可与污泥处置一道,通过竞争性选择机制,将污泥处理处置特许经营权[4]授予适格的经营者,由其最终完成污泥的处理处置。

(二)预防为主、综合治理原则

要将预防真正贯彻于污泥处理处置过程中,有赖于对致害风险点的清晰识别。从城市污泥处理处置链条来看,污泥在固体废弃物和危险废弃物之间的属性界定[5]、污水处理单位在厂区的污泥堆放行为、污泥运输单位在污泥转运中的污泥处置行为、污泥处理处置单位的污泥处理处置行为是四个主要的致害风险点。这些风险点致害的背后因素在于两点:其一,在政府有关主管部门、上游排污单位、污水处理单位、污泥运输单位、污泥处理处置单位之间存在的严重的信息偏在。其二,政府及有关主管部门在污泥处理处置设施和场地的协调、指示等方面法定职责的含混不清。因此,一方面,在我国已进入新型基础设施建设、智慧城市高速发展的时代背景下,凭借技术和数据打破信息偏在,则可有效防范风险产生;另一方面,对政府及有关主管部门的法定职责给予清晰界定,避免出现因上级机关责令下级机关做出某项工作属于行政机关内部事项不属于司法审查的范围,而出现相互之间推诿扯皮致使风险发生的不利后果。

---

[1] 污泥处理则是指为了满足污泥产物进入环境消纳要求,而要采取的必要措施,以使其在处置中不会对环境产生有害的影响。

[2] 污泥处置是指处理后的污泥产物在环境中的消纳方式,其处置方式一般有在土地中加以利用、以建材的形式被利用、在填埋场填埋等。

[3] 参见唐建国、林洁梅:《对城镇污水处理厂污泥处理处置技术路线选择的思考》,载《给水排水》2011年第9期。

[4] 此处的污泥处理处置特许经营权实际上是包含了污泥二级处理和污泥处置的特许经营权。

[5] 生活污水处理产生的污泥不同于工业污水,前者属于固体废弃物,后者处理产生的污泥因其浸出毒性超标或者含有其他有毒有害物质和其他危险特性,绝大多数属于危险废弃物。

综合治理原则的实质是在多元共治中达至“善治”的结果，内在地要求在尊重政府权力为环境治理的核心力量、主导力量的同时，环境治理主体实现“社会化”。从上文的阐述中不难发现，在规制错配的背景下，政府有关主管部门、上游排污单位、PPP 污企、污泥处理处置单位、社会公众之间的关系存在较为明显的“对抗”色彩：其一，政府有关主管部门与 PPP 污企之间围绕污泥处理处置的全链条是否承担责任存在“对抗”。其二，上游排污单位与 PPP 污企之间围绕污泥“减量化”存在“对抗”。其三，政府有关主管部门与污泥处理处置单位之间围绕污泥的持续供应以及特许经营合同的执行存在“对抗”。其四，污泥处理处置单位与社会公众之间围绕环境权益的实现存在“对抗”。污泥堆放造成的二次污染、污泥运输过程中的擅自处置、由污泥处置产生的环境介质污染所引发的群体性事件时有发生，说明以政府有关主管部门为核心的治理体系下，上游排污单位、PPP 污企、污泥处理处置单位乃至社会公众从未真正成为治理主体的一分子，并享有与治理主体身份相适应的话语权，所以才会出现上游排污单位千方百计逃避监管，PPP 污企在兜底式责任和污泥处理处置全链条责任的重压下不堪重负，污泥处理处置单位频繁遭遇“不要建在我家后院”(Don’t build in my back yard)的“邻僻效应”的尴尬的局面。那么，如果能在污泥处理处置责任分配的调整中，通过法律关系和运营模式的创新，将相关主体的关系由“对抗”转变为“合作”，则有望在多元共治中达至“善治”。

(三)保护优先原则

前文已提到，保护优先原则在环境法中承担了风险防范原则在学理上的功能，而风险的分析由“风险评估”和“风险管理”两部分组成。因此，在污泥处理处置中，风险评估要求大量引入数字化手段，对污泥处理处置全链条中可能的责任风险点实现全覆盖，通过物联网、环境监测与检测、电子称重、GPS 卫星定位、遥感、摄像头拍摄等多种手段，将污泥处理处置全链条中产生的海量数据进行收集、分析，并通过数据建模等一系列手段，将有关危害预期的估计变成一个真正可量化和衡量的实施目标，并通过反向证明机制不断加以修正和完善。在此基础上，作为风险管理的行政决策机制仍然要处理好内外两方面的关系：其一，在内部关系的处理上，通过治理模式的创新，将不同区域政府以及各相关部门之间的合作意识通过制度规范予以外化。因为污泥的擅自倾倒、堆放、丢弃、遗撒等行为往往是跨行政区域的,这就要求政府及有关主管部门在数字监管平台构建和运行上要打破"数据孤岛""数据烟囱"。其二,在外部关系的处理上,对于"邻僻效应"的破解,需要根据《奥尔胡斯公约》在污泥处理处置中体系化地落实环境知情权、环境决策参与权和司法救济权,打破政府及有关主管部门、污水处理单位、污泥处理处置单位、污泥运输单位与社会公众之间存在的严重"信息偏在"。

(四)公众参与原则

公众参与原则作为环境法的基本原则之一,有学者甚至称其为"环境法的精髓和灵魂"[1],其要旨就是必须让公众参与环境保护的法治化进程,并成为推动和实践这一进程的生力军。在污泥处理处置中引入公众参与原则作为指引来展开相应的制度设计,其原因在于:首先,破除"邻僻效应"的客观需要[2]。其次,打破"信息偏在"的客观要求。从本质上说,污泥并非 PPP 污企产生的污染物,而是在处理排污单位和排水户排放的污水过程中产生的半固态或固态物质。污泥处置单位在提供有偿污泥处理处置服务后,污泥通过"稳定化""无害化""资源化",成为人人均能享有的良好环境的组成部分,这同样与其他有偿提供的商品或服务最终惠及购买者个体是有明显不同的。鉴于污泥处理处置链条涉及的主体众多,引入公众参与原则的意义在于将污水产生单位、污泥处理单位、污泥处置单位、污泥运输单位等的污泥处理处置行为,以及政府及有关部门的监管行为纳入公众知情和监督的视野,当出现损及公众环境权益的事件时方便公众寻求司法救济。

二、污泥处理处置 PPP 模式运营中责任分配的规范调整

在污泥处理处置责任分配的调整中,以《水污染防治法》《固体废物污染环境防治法》《城镇排水与污水处理条例》为代表的法律、行政法规有明显的局限

---

〔1〕 蔡守秋:《当代环境法发展的特点和趋势》,载陈乃蔚主编:《新世纪法学前沿》,上海交通大学出版社 2002 年版。

〔2〕 这一点在上文中已多次提到,在此不再赘述。

性。因此,与污水处理中的责任分配相类似,污泥处理处置责任分配的调整也应以环境法四大基本原则为法理依据,作为法律规范调整的指引。在这一过程中,既需要在法律系统内部通过增补和调整政府有关主管部门、上游排污单位、PPP污企、污泥处理处置单位、污泥运输单位等法律关系主体之间的权利义务和责任分配实现"环境正义",也需要在法律系统外部通过行政规范性文件的制定,构建与法律规范相匹配的配套机制,以发挥弥补、增强法律制度的功能和优势的作用。

(一)在法律系统内部构建的责任分配机制

从现行立法来看,2020年《固体废物污染环境防治法》比2017年《水污染防治法》和《城镇排水与污水处理条例》,在一定程度上解决了以安全处理处置污泥作为污水处理单位和污泥处理处置单位承担义务的笼统性称谓问题[1]。特别值得注意的是,该法已经将污泥处理单位从2017年《水污染防治法》和《城镇排水与污水处理条例》中"污泥处理处置单位"的法律关系主体表述中抽离出来进行了单独表述,这恰恰意味着在仔细甄别污泥的处理与处置基础上细化法律关系主体分类已成为立法的新动向。然而,2020年《固体废物污染环境防治法》第71条的制度规定仅涉及了污泥的处理环节而并未涉及处置环节,实际上只完成了一半的责任分配任务。事实上,目前全国已有10个省、直辖市和2个省会城市[2]制定了以"城镇污水处理厂污泥处理处置工作实施方案/意见"命名的规范性文件,已有2个省、3个省会城市和1个地级城市[3]制定了以"城镇污水处理厂污泥处理处置管理暂行规定/办法"命名的规范性文件。虽然这些规范性文件从地方实践层面对于污泥的处理处置积累了一定的经验,但普遍存在2017年《水污染防治法》和《城镇排水与污水处理条例》在污泥处理处置责任分配上的制度短板。另外,污泥的处理处置涉及的部门多、监管协调难度大,亟

---

〔1〕 通过《固体废物污染环境防治法》第71条与《水污染防治法》第51条和《城镇排水与污水处理条例》第30条的对比可知。

〔2〕 以时间为序,包括福建省(2011年)、厦门市(2011年)、安徽省(2012年)、江西省(2012年)、浙江省(2013年)、海南省(2015年)、天津市(2015年)、重庆市(2016年)、山东省(2016年)、河北省(2016年)、湖南省(2017年)、湖北省(2010年)、西安市(2019年)。

〔3〕 以时间为序,包括青岛市(2012年)、甘肃省(2015年)、济南市(2016年)、南宁市(2017年)、河南省(2019年)、广东省(2019年)、天津市(2015年)、眉山市(2020年)。

待由发改、住建、环保、农业、质监等政府主管部门通过联合制定以“城镇污水处理厂污泥集中处理处置管理办法”(以下简称“污泥处置管理办法”)命名的部委规章,并以环境法基本原则为指引来进行具体的制度设计。

第一,以损害担责原则为指引,明晰污水处理单位、污泥处理单位、污泥处置单位与政府有关主管部门之间的责任分配[1]。其一,明晰“污泥处理”和“污泥处置”的概念,即“污泥处理”是指对污泥进行稳定化、减量化和无害化处理的过程,分为一级处理和二级处理两类。一级处理是对污水中的有毒有害物质富集或转化的过程。二级处理是能够满足污泥处置要求的深度处理过程。“污泥处置”是指对深度处理后污泥进行消纳的过程。其二,明确污水处理单位、污泥处理单位与政府有关主管部门之间的责任分配。可对 2020 年《固体废物污染环境防治法》第 71 条第 1 款进行微调,修改后的条款可表述为:“污水处理单位或污泥处理单位应当安全处理污泥,保证处理后的污泥符合国家有关标准,对处理后的污泥的流向、用途、用量等进行跟踪、记录,并报告排水主管部门、环保部门。”这样调整的目的,是对污水处理单位和污泥处理单位负有的报告义务范围进行精准限缩,即只针对“处理后的污泥”而非“处置后的污泥”。其三,明确污泥处置单位的责任核定条款。可在 2020 年《固体废物污染环境防治法》第 71 条第 1 款的基础上增加表述为:“污泥处置单位应当安全处置污泥,保证处置后的污泥符合国家有关标准,对处置后的污泥去向、用途、用量等进行跟踪、记录,并向城镇排水主管部门、环境保护主管部门报告。”这样调整的目的,是通过对污泥处置单位责任核定条款的单独表述,在法律条款设计中真正贯穿污泥的处理与处置是污泥进入环境之前和之后的两个不同阶段的本源技术属性,更可为相关法律关系主体之间公平归责去提供直接确实的制度依据。其四,对污泥处理处置特许经营权予以单列。应该对《城镇排水与污水处理条例》第 6 条第 1 款、第 16 条第 1 款进行修改,对第 6 条第 1 款的修改可表述为:“国家鼓励采取特许经营、政府购买服务等多种行使,吸引社会资金参与投资、建设和运营城镇排水与污水处理设施以及城镇污泥集中处理处置设施。”第 16

---

[1] 由于法条所针对的是普遍意义上的“污泥处理处置单位”,既包括了采取特许经营模式的污泥处理处置单位,也包括了采取其他模式的污泥处理处置单位。因此,严谨起见,下文中所有涉及法条表述的地方均采用“污泥处理处置单位”这种一般性称谓。

条第1款可修改为:“城镇排水与污水处理设施以及城镇污泥集中处理处置设施竣工验收合格后,由城镇排水主管部门通过招标投标、委托等方式确定符合条件的设施维护运营单位负责管理……”这样调整的目的,一是贯彻“泥水并重”原则,二是将污泥处理处置特许经营权与污水处理特许经营权并列,以与相关主体责任调整的制度条款相呼应。

最后,在新制定的“污泥处置管理办法”中增加地方人民政府及有关主管部门和人员的责任核定条款。该条款可表述为:“省、市、县人民政府及其负有污泥处理处置监督管理职责的部门在工作中,有下列情形之一的,由其所在单位、上级主管部门责令改正,对直接负责的主管人员和其他直接责任人员依法给予处分:(一)接到污水处理单位、污泥处理单位、污泥处置单位要求指定污泥处理处置地点或污泥临时堆放场地的报告不及时采取措施协调处理的;(二)接到对擅自倾倒、堆放、丢弃、遗撒污泥的举报不及时采取措施调查处理的;(三)对污水处理单位、污泥处理单位、污泥处置单位不履行污泥的安全处理义务、安全处置义务、记录义务、报告义务等不采取措施予以查处的;(四)对因污水处理单位、污泥处理单位、污泥处置单位不履行义务造成污泥处理、处置严重污染环境逾期不采取治理措施的情形,不及时指定有治理能力的单位代为治理的;(五)因监管不力造成污水处理单位、污泥处理单位、污泥处置单位污泥长期或严重超标处理、处置的;(六)不按污泥处理处置特许经营协议向污泥处理单位、污泥处置单位拨付污泥处理、处置服务费的。”这样调整的目的,是通过政府的责任追究填补污泥处理处置责任分配的缺口,进一步帮助责任分配形成闭环的运行结构。

第二,以预防为主、综合治理原则为指引,明晰污泥处理单位与污泥处置单位的责任承担。其一,应新增污泥处理单位和污泥处置单位的“持续运营义务”,即二者应当随时接收转运污泥,不得拒收。因自身原因不能正常生产时,应当提前向主管部门书面报告有关情况。之所以设定该项义务,是因为污泥处理处置关乎社会公众环境权益的实现,具有鲜明的公益性特征,如果不对污泥处理单位和污泥处置单位在污泥处理处置中的主体责任予以加强和明确,势必有碍于整个污泥处理处置链条的顺畅运转。此外,在依损害担责原则增加了政府及有关主管部门的责任核定条款后,已经从制度层面消除了污泥处理单位和污泥处置单位履行“持续运营义务”的“后顾之忧”,即在设施、场地、经费支撑等方面可能遇到的掣肘。其二,应新增污泥处理单位和污泥处置单位的“临时堆场设置报告义务”,即以上两方在“来泥”[1]超过处理处置能力时,应共同向排水主管部门提出申请,经同意后方可设置污泥临时堆放场地。临时堆场应做好防护措施、设置警示标志、做好登记,待污泥处理、处置产能建设满足后应对临时堆场进行处理、处置并向排水主管部门报告。之所以设定该项义务,一方面是因为在“合流制”向“分流制”转换的过程中,从源头实现污泥的“减量化”尚需时日,位于污泥处理处置链条末端的集中处置设施的建设、负荷与污泥的产量之间尚不匹配。既然实践中存在设置临时堆场的需求,那么在制度中对此给予回应就是非常必要的。另一方面是切实减少污泥的擅自倾倒、堆放、丢弃、遗撒的风险出现的概率。之所以会出现以上风险,其中一个重要原因是在污泥的产生与处理处置之间缺乏充当应急角色的中间地带。由于在制度设计中缺失了对特殊情形的关照,风险的出现实际上是污泥处理处置单位躲避主管部门行政处罚趋利避害的必然选择。

在罚则的设定中,对于“持续运营义务”的违反可表述为:“城镇污泥处理处置设施维护运营单位擅自停运城镇污泥处理处置设施,未按照规定事先报告或者采取应急处理措施的,由城镇排水主管部门责令改正,给予警告;逾期不改正或者造成严重后果的,处 10 万元以上 50 万元以下罚款;造成损失的,依法承担赔偿责任。”对于“临时堆场设置报告义务”的违反可表述为:“城镇污泥处理处置设施维护运营单位擅自设置污泥临时堆场的,比照擅自倾倒、堆放、丢弃、遗撒污泥追究其法律责任。城镇污泥处理处置设施维护运营单位经报批同意设置的污泥临时堆场不符合要求,由城镇排水主管部门责令改正,给予警告;逾期不改正或者造成严重后果的,处 10 万元以上 50 万元以下罚款;造成损失的,依法承担赔偿责任。”

第三,以公众参与原则为指引,明晰污泥处理处置主体和污泥处理处置监督管理主体的信息公开责任。鉴于 2020 年《固体废物污染环境防治法》已在第 16 条中明确了固体废物污染环境防治信息平台的建设任务[2],在新制定的污

---

[1] 此处的“来泥”是指污水处理单位产生并转运至污泥处理单位的污泥。

[2] 《固体废物污染环境防治法》第 16 条规定:“国务院生态环境主管部门应当会同国务院有关部门建立全国危险废物等固体废物污染环境防治信息平台,推进固体废物收集、转移、处置等全过程监控和信息化追溯。”

泥处置管理办法中对应该条款,明确设定污泥处理处置信息公开条款,即"污泥的产生、收集、贮存、运输、处理、处置主体应当如实在全国固体废物污染环境防治信息平台上公开信息。公开的信息应该包括污泥处理处置的管理台账信息(包括污泥的种类、数量、流向、贮存、处理、处置等)、减少污泥产生及促进综合利用的具体措施及成效等信息"。对于违反该条款的责任设定可表述为:"对于未按照全国固体废物污染环境防治信息平台要求公开或不如实公开信息的,由污泥处理处置主管部门责令改正,处 2 万元以上 20 万元以下罚款;拒不改正的,责令停产整治。"

目前,有关污泥处理处置监督管理信息公开的力度还偏弱。从有关污泥处理处置监督管理的行政规范性文件来看,信息公开呈现以下两点问题:首先,现有的信息公开类别可整合进入信息平台。信息公开的内容主要集中于对污泥处理处置单位投诉举报调查处理结果的信息公开以及污泥产生、处理、处置等情况的信息公开两类。实际上,这些信息完全可以整合进入全国固体废物污染环境防治信息平台,通过平台内相应模块的设置向公众予以公开。其次,现有的信息公开缺乏涵盖污泥处理处置链条的整体性绩效评价。虽然南宁市制定的行政规范性文件中有对考核情况的信息公开的规定,但是,污泥处理处置链条涵盖的主体众多,除作为经营者的污泥处理处置单位外,还有地方政府及其主管部门的履职尽责情况(见表 6－2)。从上文的阐述中不难发现,污泥是否能够得到妥善的处理处置,地方人民政府及其主管部门对污泥处理处置地点的指示和对污泥去向的协调不容忽视。换言之,绩效评估不仅应包括对经营者的绩效评估,也应涵盖对政府的绩效评估。因此,应该在新制定的"污泥处置管理办法"中明文规定:"城镇污水主管部门应按季度和年度,通过信息化手段向社会公众公布对辖区内污泥处理处置单位的绩效评价结果。绩效评价文本参照示范文本制作,绩效评价流程参照相应技术规范执行。"另外,可明文规定:"鼓励省级人民政府通过政府采购等多种方式,开展对辖区内各级人民政府及所属部门履行污泥处理处置责任的政府绩效评估。评估结果作为绩效考评和奖励核定的重要依据。"

表6-2 污泥处理处置监督管理的行政规范性文件中有关信息公开的制度设计

行政规范性文件名称及制定主体	有关信息公开的制度设计
《青岛市污水处理厂污泥集中处理处置管理暂行规定》(青岛市市政公用局、青岛市环境保护局)(2012年12月)	第33条:"环保部门、排水行政主管部门,接到污水处理厂及其工作人员违反本规定的投诉和举报后,应当及时调查核实,依法做出处理,并将处理结果及时公布。" 第37条:"环保部门应当每半年对污泥集中处置单位污染物排放和周边环境进行监督监测,定期向社会公开发布本地区污水处理厂污泥产生、处理、处置情况等相关信息。"
甘肃省环境保护厅《关于加强城镇污水处理厂污泥监督管理工作的通知》(甘肃省环境保护厅)(2015年5月)	六、实施信息公开。辖区环保主管部门应督促城镇污水处理厂将污泥年产生量和处置情况同污水接收、处理信息一并向社会公布。市州环保部门……将本地区污水处理厂污泥产生、处置等信息,同固体废物污染防治其他信息一并向社会发布。
《南宁市城镇生活污水处理厂污泥处理处置暂行管理办法》(南宁市人民政府)(2017年8月)	第33条:"建设部门……每年对污泥产生单位、污泥处置单位运营情况进行考核,并将考核情况向社会公布。" 第34条:"环保部门……每年将污泥产生、处理、处置等信息向社会公布。"
《河南省城镇污水处理厂污泥集中处理处置管理办法(试行)》(河南省住房和城乡建设厅)(2019年2月)	第28条:"城镇排水主管部门接到对污泥处置单位、污泥产生单位及其工作人员违反本规定的投诉和举报后,应当根据职责分工及时会同有关部门调查核实,依法作出处理,并及时公布处理结果。"

注:根据有关行政规范性文件整理而得。

(二)在法律系统外部构建的配套机制

配套机制构建的目的,是在法律系统外部通过规范性文件的制定发挥弥补、增强法律制度功能和优势的作用。因此,配套机制的构建一定要对新的时代背景下现代化的环境治理要求给予回应:首先,污泥处理处置的特许经营尚处于摸索期,与污水处理的特许经营一样面临项目落地难、运营难、社会资本踌躇不前等一系列问题而亟待制度创新。其次,我国自2009年提出并探索"智慧城市"以来,伴随物联网、大数据、区块链等新技术的使用,智慧城市建设已走向快车道。2018~2020年,全国各省级人民政府密集出台了以"新型基础设施建设三年行动计划(2020~2022年)""加快推进新型智慧城市建设的指导意见"命名的规范性文件。如何以智慧城市理念为指引,加快智能中枢建设,深化大数据智能化应用,推动污泥的“智慧化”处理、处置成为下一步重点推进的发展方向。鉴于此,配套机制的构建应从以下三个方面入手。

第一,以保护优先原则为指引,加快制定出台促进智慧污泥处理处置的规范性文件。目前各地方政府提出的智慧城市建设方案均围绕着“五横两纵”的架构展开,即基础资源层、数据汇聚层、数据管理层、应用支撑层和智慧应用层的所谓“五横”,标准规范和安全保障、政策法规和管理制度的所谓“两纵”。因此,加快智慧污泥处理、处置的规范性文件的制定,应将现有立法中出现的污泥处理、处置信息化、数据化条款予以细化。比如,应当将现行制度设计中出现的分散于不同政府主管部门管理的排污许可证管理信息、排水许可证管理信息、污泥处理处置在线监控信息等数据整合到数据汇聚层中。通过加装传感器、电子锁、GPS 定位装置、视频监控装置等形成物联网,将污泥泥质及污泥副产品检测检验信息、污泥转运联单交接单信息、污泥的称重、交接时间、最终去向信息等数据进行一体整合。在此基础上通过数据管理层的城市大脑对各类数据进行科学分析、研判和风险点的合理预测。对于经过城市大脑处理的数据通过智慧应用层向排水单位、排污单位、污水处理单位、污泥处理单位、污泥处置单位和执法单位反馈,实现指挥调度、处置突发事件、辅助行政执法等目标。此外,通过城市大脑对各类污泥处理、处置数据的深度分析,辅助有关政府主管部门统筹协调污泥处理处置设施与污水处理设施的同步建设、协同处理,真正做到以“减量化、稳定化、无害化、资源化”为基本原则的污泥处理、处置链条各环节的无缝衔接、闭环运行和风险防范。

第二,以预防为主、综合治理原则为指引,依托现有的污泥处理处置监督管理的规范性文件创新制度设计。首先,从源头控制入手实现污泥的“减量化”。通过污泥处置服务费的动态调整,挖掘污水处理单位的技术潜力,通过污水处理工艺的优化实现污泥的“减量化”。由于现有研究已经表明,在国家提高污水处理单位出水水质标准的背景下,污水处理单位根据进水水质和季节对处理工艺及运行参数的优化调整,是可以在保证出水水质稳定达标的同时实现降低能耗和污泥产量的目标的。因此,依托智慧污泥处理、处置数据的分析研判,可以实现对污水处理单位在污泥的减量化、稳定化、无害化方面的运营绩效的动态评价,并将之与污水处理服务费的动态核定挂钩。其次,鼓励污水处理单位通过技术、设备和投资的迭代升级实现与污泥处置的匹配。换言之,若污水处理单位可将污泥处理至满足要求的标准，则不仅可免缴污泥处置费，而且可以按照一定的比例与污泥处置单位分享污泥处置服务费。最后，可以出台规范性文件，在有条件的地方试点以民事合同代替特许经营协议，直接由污水处理单位与污泥处理单位、污泥处置单位签订污泥处理、处置合同，双方协商确定污泥泥质标准并据此核定污泥处理、处置服务费，由污水处理单位直接将费用交付污泥处理处置单位。这样有利于促进污泥处理处置单位向污水处理单位提供"一厂一策"式的精准服务并大幅提升协同处置能力。

第三，以公众参与原则为指引，实现信息之间的无缝衔接，防止"信息孤岛"和"数据烟囱"的出现。污泥处理处置自身的特点决定其必然涉及"府际关系"和"部门关系"的协调和处理。所谓"府际关系"，是指在污泥的处理处置特别是转运过程中，一旦出现擅自倾倒、丢放、丢弃、遗撒等行为，很可能涉及地市之间、省域之间有关污泥处理处置监管的协调和配合。所谓"部门关系"，是指在污泥的处理处置中，由于涉及污泥处理处置链条的不同节点而分属不同政府主管部门的业务管辖，所产生的部门之间围绕污泥处理处置监管的协调和配合。比如，生态环境主管部门掌握排污许可数据，城镇排水主管部门掌握排水许可数据和污泥处理处置台账和执法数据，交通运输主管部门掌握污泥运输单位运输资格审核和运输过程中的超限、超载等交通违法行为查处数据，农业农村主管部门和市场监督管理部门掌握污泥资源化产品在质量和应用方面的监督管理数据，园林主管部门掌握污泥资源化产品用于园林绿化的监督管理数据，自然资源主管部门掌握污泥施用于土壤造成环境影响的监督管理数据等。因此，以公众参与原则为指引的信息公开必须关照到"府际关系"和"部门关系"的协调和处理。

首先，应该坚持从国家层面建设相应的信息管理平台并实现平台之间的兼容与衔接。比如，对于污泥处理单位和污泥处置单位，可以在全国固体废物污染环境防治信息平台中查询到其处理处置污泥的来源、类别、主要污染物种类、处理处置执行的标准、监测要求、处理处置信息、执行（守法）报告要求、环境管理台账记录要求等信息。以污泥处理单位和污泥处置单位为中心向下延展，可以通过与农业农村主管部门、市场监督管理部门、园林主管部门、自然资源主管部门的信息管理平台的兼容与衔接，查询到污泥资源化和无害化后的情况信息。以污泥处理单位和污泥处置单位为中心向上延展，可以在交通运输主管部门的交通职业资格管理信息平台中查询到污泥运输单位的资质等信息，可以在生态环境主管部门的全国排污许可证管理信息平台上查询到排污单位的排污信息和污泥产生单位的污泥处理信息，还可以在全国排水许可证管理信息平台上查询到排水户的排水信息等。以上信息均可通过集成在GPS地图上的相关点位，借由不同信息管理平台的兼容和无缝衔接，实现覆盖污泥处理处置全链条的信息共享。

其次，应该在省一级制定以“污泥处理处置信息归集应用管理办法”命名的行政规范性文件，为打破“信息孤岛”和“数据烟囱”打下坚实的制度基础。之所以要制定专门的行政规范性文件，是因为污泥处理处置涉及的领域具有“点多面广”的特点，涉及的部门众多且协调难度较大。该办法可以按“谁产生、谁提供，谁提供、谁负责”的原则，要求牵涉污泥处理处置的各有关主管部门按照一定的标准和规范，将能够归集于各部委所属全国性管理信息平台之外的涉泥数据信息统一归集于省级平台。省级平台数据信息与全国固体废物污染环境防治信息平台实现兼容与联通，这样做的目的是最大限度地实现涉泥信息的归集应用，弥补各部委所属的全国性信息管理平台在对污泥处理处置监管的覆盖中存在的漏洞，从而满足公众对涉泥信息时效性、全面性等方面的要求。

第七章　再生水达标利用中的责任分配

在探讨城市污水再生利用中的责任分配问题之前，有必要对“城市污水再生利用”的概念予以明确。无论是理论研究还是立法实践，一般都将“再生水”作为对“城市污水再生利用”的专业性称谓。从学理上讲，再生水是指“污水（废水）经过适当的处理，达到要求的（规定的）水质标准，在一定范围内能够再次被有益利用的水。这里所说的污水（亦称废水）是在生产与生活活动中排放的水的总称，它包括生活污水、工业废水、农业污水、被污染的雨水等”[1]。从这一概念界定中可以发现，再生水具有以下特征：首先，作为再生水“水源”的水是污水（废水），即在工农业生产、日常生活等活动中受到污染的水。其次，再生水是标准化产品，即经过加工、处理的污水必须满足相应的水质标准方可成为再生水。最后，再生水是一种水资源，能够在一定范围内被有益利用。然而，此种学理上的概念能否直接拿来作为立法界定还需斟酌。换言之，作为法律关系客体出现的再生水概念，必须廓清其与污水、供水、饮用水、水资源等概念之间的关系。然而，从目前的立法实践来看，有关再生水的界定并不清晰。

---

〔1〕 胡洪营等：《再生水水质安全评价与保障原理》，科学出版社 2011 年版，第 1 页。

从中央层面来看，出现再生水提法的有《水法》《循环经济促进法》《抗旱条例》《城镇排水与污水处理条例》等，然而这些法律、行政法规中并没有再生水的概念。从地方层面来看，有关再生水的制度设计散见于水资源立法、节约用水立法、城市供水立法、排水与污水处理立法、循环经济促进立法、抗旱立法等 11 种立法体例中，还有一些城市通过制定政府规章、行政规范性文件等形式对再生水利用做出专门的制度安排。以上制度设计中不乏对再生水的界定，但仍有一些问题有待廓清。

其一，关于再生水与中水的概念混用[1]。中水的概念滥觞于日本，日本市政工程领域将自来水称为“上水”，自来水管网称为“上水道”。城市污水称为“下水”，排水管网称为“下水道”。限于建筑给排水，介于建筑物生活给水与排水之间的杂用供水被称为中水。“中水”概念被引入我国后成为一个俗称，并没有明确的定义。[2] 因此，由再生水的标准化特征所决定[3]，立法中不应再将中水与再生水概念混用，应弃用前者而保留后者。

其二，关于再生水的水资源属性。水资源有常规水资源和非常规水资源之分。前者一般是指地表水和地下水；后者包括再生水、雨水、矿井（坑）水、洪水、施工降排水、微咸水、海水、循环水等。虽然《水法》第 2 条中对于水资源的界定仅仅包括了常规水资源，但从地方性立法来看，将再生水等非常规水资源的开发利用纳入水资源统一配置已经成为通行的做法[4]，《节约用水条例（征求意见稿）》第 38 条中也对这一点予以了明确。因此，作为非常规水资源的组成部

---

〔1〕 出现混用情况的立法有：《辽宁省节约用水条例》第 27 条、《内蒙古自治区节约用水条例》第 34 条、《山东省水资源条例》第 54 条、《山西省水资源管理条例》第 40 条、《江苏省水资源管理条例》第 11 条、《江苏省节约用水条例》第 24 条、《浙江省水资源条例》第 22 条、《海南经济特区水条例》第 31 条等。

〔2〕 薛亮：《公私合作（PPP）背景下城市污水再生利用法律问题研究——以西北地区为例》，中国政法大学出版社 2018 年版，第 11 页。

〔3〕 我国目前关于再生水利用的国家标准已制定有《城市污水再生利用分类》（GB/T 18919—2002）、《城市污水再生利用城市杂用水水质》（GB/T 18920—2020）、《城市污水再生利用景观环境用水水质》（GB/T 18921—2019）、《城市污水再生利用地下水回灌水质》（GB/T 19772—2005）、《城市污水再生利用工业用水水质》（GB/T 19923—2005）、《城市污水再生利用农田灌溉用水水质》（GB 20922—2007）。结束征求意见环节的有《城市污水再生利用工业用水水质（征求意见稿）》。

〔4〕 黑龙江省、内蒙古自治区、河北省、山东省、甘肃省、青海省、重庆市、安徽省、湖南省、江苏省、广西壮族自治区、福建省等制定的节约用水立法以及山东省、重庆市、浙江省、上海市等制定的水资源管理立法中都有相应规定。

分,再生水与其他非常规水资源类别理应有不同的内涵,即再生水的“水源”可以包括雨水,但必须是经过使用被污染的雨水而非雨水本身。那么,直接将雨水放置在再生水的概念表述中显然是不严谨的[1]。

其三,关于能够作为再生水“水源水”的污水(废水)的界定。是否所有的污水(废水)都能够作为再生水的“水源水”,显然需要清晰界定。原因在于再生水无论是在生产环节还是利用环节都有风险存在。在生产环节,理想化状态的“水源水”应该是建立在“分流制”的基础上,即生活污水和工业废水分立排放、收集和处理。然而,前文已提到,我国目前仍处于“合流制”向“分流制”的转化过程中,鉴于工业废水与生活污水的成分、毒性和危害都有很大不同,二者混杂作为“水源水”必然会对再生水的利用产生风险。在利用环节,鉴于我国目前并没有再生水直接用于饮用的实例和相应国家标准,避免再生水利用对人体健康所造成的危害也呼唤风险控制。因此,从消极层面划定再生水“水源水”的禁止范围就显得非常必要。应明确界定下列污水(废水)不得作为再生水的“水源水”:(1)电镀、化工、印染、冶金等生产企业排放的污水;(2)医院、实验室等单位排放的有毒有害废水;(3)其他有毒有害污水。

其四,关于再生水“非饮用性”的特征界定。根据《城市供水条例》第2条的规定,城市供水分为城市公共供水和自建设施供水。前者是指城市自来水供水企业以公共供水管道及其附属设施向单位和居民的生活、生产和其他各项建设提供用水。后者是指城市的用水单位以其自选建设的供水管道及其附属设施主要向本单位的生活、生产和其他各项建设提供用水。根据城市供水的生产供应的不同节点,还可细分为出厂水、管网水、末梢水等。然而,无论如何细分,城市供水由于直接面向社会公众与人体接触,具备鲜明的可饮用性特征。与城市供水以地表水和地下水等常规水资源为水源水不同,再生水是以污水(废水)为水源水,加上现有的技术、成本收益等条件所决定,再生水的水质标准与城市供水不可同日而语,因此,有必要对再生水的非饮用性特征加以明晰,以防止再生水与城市供水的混接混用对人体健康带来的风险。

综上,立法上一个完整的再生水概念应该由内涵和外延构成。关于内涵,再生水是指污水(废水)经过再生工艺处理后达到不同水质标准,满足相应使用

---

[1] 有相关表述的立法有《青海省节约用水管理办法》第34条和《湖南省节约用水管理办法》第30条。

功能,可以进行使用的非饮用水。关于外延,应明确规定三类水源不得作为再生水水源[1]。

第一节　再生水达标利用中责任分配的基点

我国城市污水处理业 PPP 模式在再生水利用[2]中呈现了两种情形:一种是再生水利用的实际运行情形,即再生水利用的客观事实。另一种是再生水利用的法律关系情形,即对法律关系主体之间权利义务安排的一种概括性、抽象性描述。

一、再生水达标利用 PPP 模式运营的实际运行情形

通过对再生水利用工艺流程的考察会发现,再生水利用链条主要由再生水的生产、输配和利用三个环节构成,会出现"水源水""水厂水""管网水""末梢水"等不同节点[3](见图 7－1)。

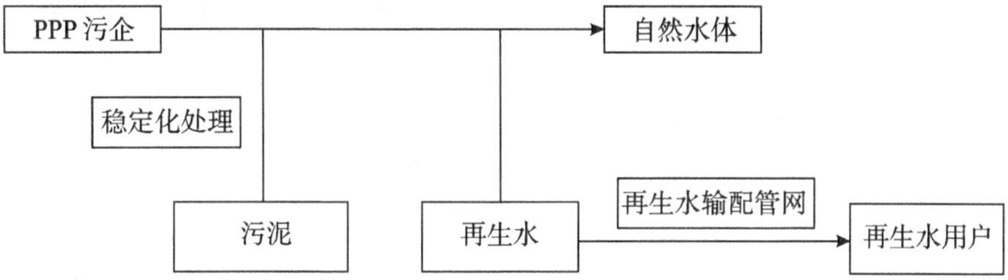

图 7－1　再生水利用链条示意

---

〔1〕 上文中已有表述,在此不再赘述。

〔2〕 实践中,再生水利用分为集中式与分散式两种,前者是指包括 PPP 污企在内的污水处理单位对污水(废水)经过再生处理工艺后达到不同水质标准,满足相应使用功能的利用模式。后者是指再生水用户自建再生水设施对自身生产、生活等活动中产生的污水(废水)进行加工、处理达到相应水质标准,满足自身使用的利用模式。本书中的再生水利用是指集中式再生水利用。

〔3〕 所谓"水源水",是指作为再生水加工处理源头的污水(废水)。"水厂水"是指经过再生水运营单位加工处理达到相应水质标准,满足相应使用功能可以进行使用的水。"管网水"是指经过再生水利用设施从再生水运营单位输配至再生水用户的再生水。"末梢水"是指再生水用户取用的再生水。

(一)再生水的生产环节

1.“水源水”水质和水量的波动影响了再生水的“足质足量”

再生水的生产环节与利用环节环环相扣,由再生水利用“安全、高效”的原则[1]所决定,再生水运营单位必须向再生水用户供应“足质足量”的再生水。要做到“足质足量”,则要从生产环节上溯到再生水的“水源水”环节,即供再生水运营单位加工、处理的污水(废水)是否“足质足量”。前文已提到,我国目前正处于“合流制”向“分流制”转化的过程中,生活污水与工业污水没有完全做到分流,雨水与污水没有完全做到分流。加上受到排水管网和截污管网对排水户和排污单位的覆盖还不到位、排污许可和排水许可尚需精细化管理等一系列因素的掣肘,在“私设暗管”“不定时偷排”等现象的影响下,作为再生水“水源水”的污水(废水)无论是“质”还是“量”都存在较大波动。虽然近年来我国的城市污水处理率一直处于节节攀升的态势下,但城市污水处理达标率一直未列入政府及有关主管部门官方发布的统计数据之列。因此,近年来,已有地方政府通过发布“总河长令”等形式,要求所在地开展提升污水收集率、污水处理率和处理达标率的专项行动。[2] 可见,在切实提升“三率”之前,再生水“足质足量”的基础就不稳固。一旦缺乏了这个基础,再生水的生产与利用环节就无法顺畅衔接。

2. 再生水规划的滞后限制了再生水生产与利用环节的衔接

除少数地方立法外,有关再生水的制度设计散见于水资源立法、节约用水立法、城市供水立法、排水与污水处理立法等立法体例中,再生水是被纳入诸如水资源规划、节约用水规划、排水与污水处理规划等规划之中的。这种现状会造成再生水规划编制、出台的规范要求不明以及再生水规划与相关规划衔接不到位等问题。首先,各地出台的再生水规划指导性不足,对再生水发展重点把握不够,没有有效反映水资源禀赋、需求等差异,对再生水利用发展总体目标、

[1] 在很多再生水利用的专门性立法中,均将“安全、高效”作为再生水利用的原则,比如《天津市再生水利用管理办法》第 20 条。

[2] 参见《重庆市总河长令第 3 号 关于在全市开展提升污水收集率、污水处理率和处理达标率专项行动的决定》,载重庆市水利局网 2022 年 6 月 8 日,http://slj.cq.gov.cn/zwgk_250/zfxxgkml/zcfg/qtxx/202206/t20220608_10789221.html。

阶段性目标、发展重点领域和重点区域等不明确。[1] 其次,再生水规划与相关规划不衔接。再生水设施建设用地没有预留,在批复投资建设项目可行性研究报告和初步设计时没有根据再生水建设目标和技术指标进行审查,再生水管网建设没有纳入城乡建设规划,建设污水集中排放和处理设施没有考虑再生水利用需求,区域建设和改造中没有同时建设自来水和再生水输配管网等问题比较突出,容易出现"有水无需,有需无水"的不合理现象。很多地方再生水管网建设不能满足需要,覆盖范围难以企及自来水管网的辐射程度。可以说,由再生水规划的滞后造成的"厂网不匹配"问题,已经成为严重制约再生水生产与利用环节顺畅衔接的"堵点""痛点"问题。

3. 再生水生产风险规制的缺位为再生水利用埋下了安全隐患

再生水生产环节的风险点可概括为以下几个方面:首先,工程风险,即由于再生水工程设计中存在的缺陷,导致运行不稳定造成的水质水量波动。其次,工艺技术风险,即由于再生水不同的处理工艺流程、单元技术导致运行不稳定,引起的部分指标水质波动。再次,设备风险,即由于检修、停电、其他突发事件影响设备运行,导致水质水量波动。最后,需求风险,即再生水运营单位往往针对的是多元而非单一再生水用户,不同用户对再生水水质的需求不同,对再生水运营单位应对"水源水"水质、水量不稳定风险的能力也不同,由此会导致水质产生波动。目前,政府及有关主管部门的监管重点主要集中于作为再生水"水源水"的污水(废水)上,但对于再生水生产环节水质水量的风险规制普遍缺位,这就给再生水利用埋下了安全隐患。

(二)再生水的输配环节

1. 再生水配置中的难点成为再生水输配的掣肘

再生水配置与再生水输配是不同的概念。前者是指地方人民政府在水资源短缺的情况下将再生水补充进入水资源并且设置完好;后者是指从再生水运营单位出水到再生水用户前端的全过程。再生水配置与再生水输配之间呈现的是宏观与微观的关系,前者是后者的前提、基础、方向和指引。从现行各地方

---

[1] 参见李肇桀等编著:《再生水利用政策法规与制度建设》,中国水利水电出版社 2020 年版,第 67 页。

制定的节约用水立法和水资源立法来看，地方人民政府将包括再生水在内的非常规水资源纳入水资源统一配置已成为通例，这一点在《节约用水条例（征求意见稿）》第 38 条中也有所体现。然而，再生水配置中的难点仍在掣肘再生水输配："区域式"再生水配置模式与水资源统一配置的要求不符。按照《水法》第 14 条和第 15 条的规定，水资源配置应当制定流域规划和区域规划，流域范围内的区域规划应当服从流域规划。反观目前的实践，对再生水的配置呈现鲜明的"地方色彩"，水资源在上下游之间被一个个区域分割，无法连接成为一个整体实现配置。例如，上游城市产生的污水被加工处理后成为再生水，被纳入当地水资源配置中大量使用，充分降低了该城市的供水压力，却导致下游城市因地表水资源减少而陷入水资源短缺的境地。

此外，虽然实践中已经将纳入取水许可管理的单位和其他用水大户（以下简称计划用水单位）的用水实行计划用水管理，但在节水管理中存在以下问题：首先，将再生水水源纳入计划用水管理不足。对计划用水单位下达用水计划时，没有充分考虑再生水水源。对于具备再生水利用条件的区域，没有按照可利用量，控制和减少常规水源利用计划指标，导致下达计划指标和审批取水许可时，没有将再生水充分配置和利用。其次，缺乏再生水利用与计划用水管理的衔接。对于具备再生水利用条件而不利用的计划用水单位，并没有采取诸如减少其计划用水量、不批准新增取水许可、核减取水量等措施，导致计划用水管理没有起到对再生水利用的促进作用，反过来减少了潜在的再生水用户数量，不仅影响再生水的输配，更制约了再生水生产。

2. 再生水设施的管护责任分配成为再生水输配风险的主要来源

再生水的输配风险主要有以下几点：首先，水质风险。在输配过程中，再生水中的无机盐、铁、氯离子、悬浮物、病原微生物等会造成管壁腐蚀、结构和管网末端堵塞，从而诱发水质变化。另外，再生水管网进入再生水用户所在区域，由于装修或物业施工导致再生水管道与供水管道错接、乱接，因水质问题对人体健康造成损害。其次，水量风险。再生水在输配过程中需要储存、加压，因供电中断、工程建设和管线敷设、爆破、钻探、打桩、顶进、挖掘、取土等造成再生水设施破坏，导致再生水供水水量中断。以上风险存在于以再生水管网为载体的再生水输配链条中。此链条以单位再生水用户或居民再生水用户为分界点，之前为再生水公共管网，其管护责任主体为再生水运营单位。由再生水与城市供水一样所具有的持续不间断供应特征所决定,再生水运营单位负有持续不间断供应义务。然而实践中出现的问题是,再生水管网屡遭破坏,对设施的抢修及安全防护措施的采取需要公安、交通运输、城市管理、供水、供热、燃气、电力、通信等有关部门和单位的配合,仅靠再生水运营单位一家不可能在短时间内完成,而一旦迁延日久会对再生水用户造成影响甚至损失。此外,从再生水输配链条的下游来看,实践中往往是以单位再生水用户注册水表或居民再生水用户住宅小区管道与公共管网对接点为分界点,以前部分由再生水运营单位管护,以后部分由单位用户或业主共同负责管护。然而,鉴于再生水输配中存在的风险,将再生水运营单位的管护责任止步于分界点造成的不利影响是,再生水输配的"最后一公里"没有打通,再生水的输配风险仍然留给了没有专业技术能力的再生水用户,反过来制约了再生水利用范围的扩大。

3. 再生水设施"三同时"的滞后成为限缩再生水输配范围的主因

从各地现行的节约用水立法和水资源立法来看,一般都要求在新建、改建、扩建建设项目时制定节水措施方案,配套建设节水设施。节水设施应当与主体工程同时设计、同时施工、同时投产("三同时")。然而,实践中新建、改建、扩建建设项目除一些节水器具的配套外,并没有更多的节水设施配套的实际举措。原因在于绝大多数各地现行立法并没有对节水设施进行界定,对于再生水设施是否属于节水设施,何种体量的新建、改建、扩建项目需要配套何种规模的节水设施,在立法中均无法找到明确的规定。此外,即便明确规定在新建、改建、扩建项目时应当按照再生水利用规划及相关技术标准,执行再生水设施的"三同时",但是,对于没有执行"三同时"的建设单位应该给予何种处理也没有相应的制度条款予以接续,这就造成实践中再生水设施的"三同时"仍然滞后,一方面,限缩了再生水的输配范围。另一方面,导致分散式再生水利用与集中式再生水利用无法配合实现再生水的高效利用。

(三)再生水的利用环节

1. 再生水质量的"信息黑箱"为再生水的推广利用埋下了隐患

从目前制定的城市污水再生利用系列标准来看,城市杂用水、城市景观环境用水、地下水回灌、农田灌溉用水等领域的再生水利用,都对人体健康具有潜在风险。在风险社会中,信息沟通作为规制工具具有独特的比较优势。[1] 作为再生水用户,首先应充分保障其知情权,打破在再生水运营单位、政府及有关主管部门以及再生水用户之间所广泛存在的"信息偏在",才有可能打破"信息黑箱",为再生水的推广利用奠定坚实的信息基础。所谓再生水用户知情权,是指在再生水利用领域,再生水用户享有知悉其购买、使用或接受的再生水产品或服务真实情况的权利。从外延上讲,再生水用户有权要求再生水运营单位提供除国家秘密和商业秘密以外,覆盖水源水、出厂水、管网水、末梢水等再生水各节点的相关信息。鉴于不可召回性[2]和弱替代性[3]是再生水与普通商品或服务的显著区别,再生水用户是否可得知悉水质、水量等信息,对于有效防范安全风险、切实维护自身权益具有重要意义。然而,目前的再生水质量信息在再生水运营单位、政府及有关主管部门以及再生水用户之间呈现逐层递减趋势。实践中,在牵涉再生水用户的各种再生水利用具体场景中,都很难觅得再生水质量信息的踪迹。再生水用户知情权的缺失造成了选择权、公平交易权、安全权等一系列权利的保障缺失了其所依托的前提和基础。

2. 再生水水质标准的不完善制约了再生水的推广利用

首先,特定领域的再生水水质标准仍显宽松。比如,我国目前制定了《城市污水再生利用　农田灌溉用水水质》(GB 20922—2007)(以下简称《农田灌溉再生水标准》),对应灌溉作物种类规定了基本控制项目和选择控制项目。基本控制项目是经过处理的城市污水再利用于农田灌溉必须满足的一系列指标范围,选择控制项目将根据农田灌溉用水类型和作物种类要求确定。然而,在基本控制项目上的水质要求还不够严格,较之于欧盟标准,我国的要求要低得多。

其次,再生水水质标准仍需细化和扩充。从细化角度而言,仍以《农田灌溉再生水标准》为例。欧盟对喂养产奶或产肉动物的作物设立了对应的水质标准和灌溉方式,也对用于牧草或饲料灌溉的再生水设定了专门的指标范围,而我国标准并未体现对特定动物的保护。实际上,之所以要突出对特定动物的保

[1] 参见金自宁:《风险规制中的信息沟通及其制度建构》,载《北京行政学院学报》2012年第5期。

[2] 不可召回性是指再生水产品或服务一旦发生缺陷,即会引致再生水用户人身、财产损害,届时再生水运营单位只能选择暂停生产供应以排除缺陷。

[3] 弱替代性是指再生水产品或服务要求持续供应,再生水用户在断供情况下即便可以选择其他产品或服务加以替代,也要面对成本支出的大幅增加。

护,是考虑到人处于食物链的顶端,保护特定动物也就是保护了人的生命健康和安全。从扩充角度而言,我国再生水水质系列标准也需要进一步扩充范围。原因在于很多地方的再生水立法中都规定,当再生水利用系统的出水有多种用途时,水质标准应当按照最高使用标准确定。然而在实践中,这一条的适用很难把握。比如,对于一些有稻田鱼养殖习惯的地区,现有的《农田灌溉再生水标准》中有关水田谷物水质指标最大限值的规定能否适用于鱼类养殖? 由于缺乏以城市污水再生利用鱼类养殖用水水质命名的标准,虽然此种情况下再生水有农田灌溉和鱼类养殖两种用途,但水质标准的确定无法实操。然而,已有文献研究表明再生水用于鱼类养殖风险处于可接受水平。[1] 那么,或者制定城市污水再生利用鱼类养殖用水水质以扩充标准范围,或者禁止再生水用于稻田鱼这一特定范围,无论选择哪一种路径,都需要给出确定的答案,否则,再生水的推广利用就会受到制约。

3. 再生水利用仍然"柔性有余而刚性不足"

近年来,各地均划定了再生水优先利用的领域,如火力发电、钢铁、纺织、造纸、石化和化工等高耗水企业,城乡绿化、环境卫生、道路清扫等市政用水,观赏性景观、生态湿地等生态用水,有条件使用再生水的建筑施工,单体建筑面积超过两万平方米的新建公共建筑等。然而,对于有条件优先使用再生水而不使用的,没有相应责任制度的配套,使得再生水利用仍然"柔性有余而刚性不足"。其结果是应该被纳入再生水用户范围的企事业单位和其他经营者仍然逸出,无形中增加了地下水违法开采和使用自备井的风险。特别是近年来地下水违法开采屡禁不止,[2]无论是央企还是地方企业都裹挟其中,[3]甚至有地方政府借引黄灌溉、民生供水行"人工造湖"之实,迫使农田灌区只能使用地下水灌溉。[4] 以上实例都说明,不能将再生水等非常规水资源真正纳入水资源统一

---

〔1〕 参见马挺军、林炳荣等:《再生水养殖鱼体内重金属残留及食用风险分析》,载《中国农学通报》2010 年第 5 期。

〔2〕 参见郗建荣:《生态环保督察直戳央企下属企业痛点》,载中国经济网,http://bgimg.ce.cn/cysc/stwm/gd/202102/03/t20210203_36285451.shtml。

〔3〕 参见木子:《河南扶沟在非法开采地下水的破窗效应下　官方何去何从》,载大河网 2019 年 6 月 19 日,https://dhh.dahe.cn/con/0619095326。

〔4〕 参见姜雪颖:《中央环保督察反馈河南:被群众多次举报违法问题整改仍浮于表面》,载网易新闻 2021 年 7 月 15 日,https://www.163.com/dy/article/GEVM06R60514R9KU.html。

配置,并辅之以强有力的责任制度予以配合,则不仅再生水利用是“镜花水月”,而且会对常规水资源的保护和使用以及水污染防治造成恶劣影响。

二、再生水达标利用 PPP 模式运营的法律关系情形

(一)再生水达标利用行政监管关系

再生水达标利用行政监管关系,即再生水运营单位[1]、建设单位、再生水用户[2]、任何单位和个人与政府及有关主管部门之间,围绕再生水的安全、高效利用所结成的行政监管法律关系。根据监管内容的不同,该行政监管法律关系又可细分为四种:其一,在再生水运营单位与政府及有关主管部门之间存在的是,围绕再生水的水质、水量、水压是否达标以及再生水设施维护管理是否达标所结成的行政监管关系。其二,在建设单位与政府及有关主管部门之间存在的是,围绕建设项目再生水设施的配套以及公共再生水设施的正常运行所结成的行政监管关系。其三,在再生水用户与政府及有关主管部门之间存在的是,围绕在具备条件的情况下是否依法依规使用再生水所结成的行政监管关系。其四,在任何单位和个人与政府及有关主管部门之间存在的是,围绕是否有危及再生水设施运转、供水、计量所结成的行政监管关系。

在第一种关系项下,对于再生水利用行政监管的主体(以下简称再生水主管部门)及职责,除少数城市制定的再生水立法及行政规范性文件予以明确外,包括节约用水立法、水资源立法、循环经济促进立法、城市供水立法、排水与污水处理立法等立法体例在内的大部分地方立法均未予明确。从现有制度设计来看,此种关系项下的权利义务安排是放置在囊括生产、输配和利用等节点在内的再生水利用链条中展开的(见表 7-1)。

---

[1] 再生水运营单位,是指具备再生水生产输配设施、运营资金、专业技术力量、应急抢险队伍及设备,具有完善的安全生产管理制度和服务规范,具备有关法律、法规规定证照的单位。

[2] 再生水用户,是指从公共再生水利用设施取用水的单位和个人。

表 7-1　第一种关系项下的权利义务安排

再生水利用环节	再生水运营单位	政府有关主管部门
生产环节	(1)再生水厂建设"三同时"义务① (2)数据共享义务②	
输配环节	(1)设施启用/重启消杀检测义务③ (2)设施管护巡查义务④ (3)制定应急预案及演练义务	建立"网路同步"或"网网同步"制度⑤
利用环节	(1)再生水利用设施标识义务⑥ (2)持续供应义务⑦	(1)建立再生水纳入水资源统一配置制度⑧ (2)建立再生水利用突发事件应急预案制度 (3)建立再生水利用应急预警临时接管制度⑨ (4)建立再生水利用设施安全保护制度⑩

① 所谓"再生水厂建设'三同时'义务",是指在新建、改建、扩建再生水厂应当配套建设的进出水水质、水量自动监测与中控系统与主体工程同时设计、同时建设、同时投产使用。对于已经投入运行但未建设自动监测与中控系统的再生水厂,应当补建自动监测与中控系统。

② 所谓"数据共享义务",是指再生水厂配套建设的自动监测系统,应当与主管部门联网实现数据共享。

③ 所谓"设施启用/重启消杀检测义务",是指对已建成准备投入使用的或已运行要重新启用的产水设施或供水管道,再生水运营单位必须打压冲洗消毒,并经水质监测合格。

④ 所谓"设施管护巡查义务",是指再生水运营单位应当健全安全生产管理制度,并按照相关技术标准加强对设施的养护、维修、管理及巡查,发现危及设施正常运行的行为及时制止、纠正,制止无效时报告主管部门予以解决。

⑤ 该制度是指再生水管网建设应当结合市政道路建设或城市供水管网建设同步实施。

⑥ 所谓"再生水利用设施标识义务",是指再生水运营单位应当在再生水取水口和公共用水区域设置再生水标志。

⑦ 所谓"持续供应义务",是指再生水运营单位应当持续、不间断向再生水用户供水。确因设备改造、维修、更新或者工艺重大调整等,需要临时停止供水的应向主管部门报告,并提前48小时告知用户并在限定事件内恢复供水。

⑧ 该制度是指由主管部门将再生水纳入水资源统一配置体系,实现包括常规水资源和非常规水资源在内的多水源优化配置。

⑨ 该制度是指主管部门应建立应急预警机制,在紧急情况下依法接管再生水项目设施和经营。

⑩ 该制度是指主管部门应当划定再生水利用设施的安全保护范围,未经批准不得在安全保护范围内进行建设活动。

此外,在两个法律关系主体之间,还存在一些贯穿再生水利用链条始终的权利义务安排:其一,再生水运营单位应承担运营情况报告义务[1]、水质定期

---

[1] "运营情况报告义务",是指再生水运营单位应当向主管部门提交水质、水量、水压和再生水利用设施运行、维护等情况。

检测义务[1]、安全生产管理义务[2]和管线信息提供义务[3]。其二,再生水主管部门应当建立再生水水质监督管理制度[4]。

在第二种关系项下,再生水主管部门对建设单位的监管主要存在于两个方面:其一,建设单位在新建、改建、扩建项目的过程中,是否按要求配套建设了再生水利用设施。其二,建设单位在从事爆破、钻探、打桩、顶进、挖掘、取土等建设行为时,是否对公共再生水利用设施的正常运转产生了影响。从现有制度设计来看,此种关系项下的权利义务安排也主要是围绕以上两点展开(见表7-2)。

表7-2 第二种关系项下的权利义务安排

法律关系主体	权利义务安排围绕的领域	
	再生水利用设施的配套	公共再生水利用设施的正常运转
建设单位	(1)建设项目“三同时”义务① (2)配套建设义务② (3)再生水利用系统设计方案报批义务③ (4)施工图报批义务④ (5)管道连接申请备案义务⑤	建设行为影响再生水设施报备妥处义务⑥
政府有关主管部门	再生水建设工程质量监督管理制度⑦	建立再生水利用设施安全保护制度

① “建设项目‘三同时’义务”,是指新建、改建、扩建建设项目应当按照再生水利用规划、规划条件及相关技术标准配套建设再生水设施,再生水设施与主体工程同步设计、同步建设、同步投入使用。

② “配套建设义务”,是指新建、扩建、改建的建设项目,在再生水管网覆盖范围内的,应当建设再生水利用设施;不在再生水覆盖范围内的,鼓励自建再生水利用设施。

③ “再生水利用系统设计方案报批义务”,是指建设单位在申请办理建设工程规划许可证时,应当按照规定提交再生水利用系统设计方案以便政府主管部门审查。

④ “施工图报批义务”,是指建设单位组织编制工程建设项目规划方案、可行性研究报告、初步设计时,应编制再生水建设设计专篇并报批和组织建设工程施工图设计。

⑤ “管道连接申请备案义务”,是指新建管道与现状管道连接的,建设单位应当提前向再生水运营单位提出申请,并提供资料经现场查勘后确定方案,经再生水运营单位同意后上报主管部门备案。

---

[1] “水质定期检测义务”,是指再生水运营单位应当按照相关标准规定的检测项目、频率和方法,对水质进行定期检测并上报主管部门。

[2] “安全生产管理义务”,是指再生水运营单位应当建立健全各项管理制度,建立相应的应急抢险队伍,配备相应的专业技术人员,落实安全生产管理责任。

[3] “管线信息提供义务”,是指再生水运营单位应当按照规定向建设单位提供现场有关再生水供水管线的信息。

[4] “再生水监督管理制度”一般应包括对再生水水质的定期监测和对再生水运营单位的日常水质检测数据的核查等内容。

⑥ “建设行为影响再生水设施报备妥处义务”,是指建设单位实施的开挖、打桩等行为可能影响再生水设施正常运行的,应向主管部门和再生水运营单位报备,且在施工中不应对再生水设施造成破坏否则承担损失。

⑦ “再生水建设工程质量监督管理制度”,是指有关主管部门对建设项目的再生水建设工程质量进行监督管理并在工程竣工后进行验收。

从现行制度设计来看,第三种关系与第四种关系在监管内容上存在很大的重合之处,即无论是再生水用户还是任何单位和个人,都应承担不得做出以下行为的义务:(1)不得实施破坏再生水设施的行为;(2)不得实施可能对再生水利用设施的正常运转产生影响的行为;(3)不得擅自私装、拆改、损毁再生水利用计量设施或影响正常计量;(4)不得擅自接入再生水管网,转供、扩大再生水使用范围或者改变再生水用途;(5)向再生水管网排放污(废)水、有毒有害有腐蚀性物质、废弃物、易燃易爆物质;(6)将再生水与自来水供水管网连接;(7)擅自改动、操作公共再生水利用设施;(8)未经同意在公共再生水管网上直接取水,或者绕过计量装置直接取水;(9)其他损害再生水利用设施和危害使用安全的行为。

(二)特许经营合同关系

特许经营合同关系,即再生水运营单位与政府及有关主管部门之间,通过达成特许经营合同而实现对权利义务和责任分配的安排。现行制度设计普遍规定,在再生水利用中应积极推广 PPP 模式,鼓励社会资本投资再生水利用设施建设项目。鉴于管网配套是目前影响再生水利用的“堵点”“痛点”,现行的再生水利用地方性立法或行政规范性文件中有两个亮点值得关注:其一,在再生水利用特许经营中突出了厂网一体化,即政府可以采取特许经营等方式,吸引社会力量参与公共再生水利用设施的建设和运营,推进厂网一体化运营维护模式。[1] 其二,特许经营期内的管网移交,即对于政府已投资建设的集中式再生水供水管网,可以在实施特许经营时移交给经营者使用,由经营者在特许经营期内自行承担管理与维护费用。[2]

(三)再生水达标利用民事合同关系

再生水达标利用民事合同关系,即再生水运营单位与再生水用户之间通过

---

〔1〕 参见《宁波市城市排水和再生水利用条例》第 34 条。

〔2〕 参见《深圳市再生水利用管理办法》第 13 条。

签订民事合同而实现对权利义务和责任分配的安排。从合同内容来看,水质、水量、水压等仍然是不可回避的重要组成部分。现行制度设计关于民事合同关系主要突出的是对再生水用户安全保障权和公平交易权的要求。原因是除排入自然水体作为补给水的再生水外,再生水的生产加工都是为了满足特定用户的需要并且以自用为目的。因此,从安全保障权来看,再生水运营单位不仅应当按照法律法规和标准的要求向再生水用户提供再生水,合同另有约定的应从其约定。从公平交易权来看,再生水运营单位应装表计量并保证计量设施正常运转。当然,再生水用户享有的以上权利也并非没有权利边界,即从安全保障权来看,再生水用户应承担依约使用再生水义务,即应当严格按照再生水供用水等有关合同约定使用再生水,违反合同改变再生水用途的应依法承担违约责任。从公平交易权来看,再生水用户应承担不得擅自私装、拆改、损毁再生水利用计量设施或影响正常计量的义务。

三、再生水达标利用 PPP 模式运营中责任分配的基点

从上文对于再生水利用实际运行情形的阐述和分析来看,在再生水的生产环节,水源水水质和水量的波动影响了再生水的足质足量,再生水规划的滞后限制了再生水生产与利用环节的衔接,再生水生产风险规制的缺位为再生水利用埋下了安全隐患。在再生水的输配环节,再生水配置中的难点成为再生水输配的掣肘,再生水设施的管护责任分配成为再生水输配风险的主要来源,再生水设施“三同时”的滞后成为限缩再生水输配范围的主因。在再生水利用环节,再生水质量的“信息黑箱”为再生水的推广利用埋下了隐患,再生水水质标准的不完善制约了再生水的推广利用,再生水利用仍然“柔性有余而刚性不足”。由此可见,再生水利用链条远未形成一个闭环运行的结构,而要形成闭环结构至少应该满足以下要件:其一,根据各地不同的水资源禀赋、水环境承载力、发展需求和经济技术水平等因素开展再生水利用,以缺水地区和水环境敏感区域为重点,实施差别化措施。其二,明确再生水的水资源属性,将其纳入水资源统一配置并予以切实执行。其三,切实提高污水处理“三率”,保证再生水水源水的足质足量。其四,制定再生水利用专项规划并与其他规划相衔接,以解决再生水利用中的用地、用途、用量等问题。其五,保证在整个再生水利用链条中的水

质、水量、水压达标，设施运转安全、高效。其六，确保再生水设施的建设与配套，以及再生水对有条件使用区域的全覆盖。其七，政府及有关主管部门在再生水利用中尽职尽责，并构筑起包括第三方监督、公众参与在内的再生水利用绩效评价制度。

事实上，近年来从中央到地方出台的行政规范性文件，都在从制度层面不断推动着再生水利用链条闭环运行的实现。比如，国家发展改革委等十部委于2021 年 1 月制定发布的《关于推进污水资源化利用的指导意见》就在基本原则、总体目标、着力推进重点领域的污水资源化利用、实施污水资源化利用重点工程、健全污水资源化利用体制机制等方面，对再生水利用做出了统筹安排。然而，再生水利用实际运行情形中很多问题的解决并非一蹴而就的。比如，鉴于我国目前正处于“合流制”向“分流制”转变的过程中，加上“私设暗管”“不定时偷排”等违法行为时有发生，污水处理“三率”还需提高，再生水水源水的足质足量并非一朝一夕即可实现。从再生水利用的法律关系情形来看，虽然现行制度设计对于再生水利用链条闭环运行结构中的七点问题都有涉及，但实际上并未完成与闭环结构相匹配的顶层设计。与污水处理和污泥处理处置中法律关系情形与实际运行情形之间存在的规制错配不同，再生水利用中存在的问题是，法律关系情形本身就没有建构在再生水利用形成闭环运行结构的基础之上，用建构在再生水利用非理想状态之下的制度设计，去解决再生水利用链条开环运行下出现的责任分配问题，必然会导致规制的“先天不足”与“能力缺失”问题。

(一) 规制“先天不足”与“能力缺失”的根本原因

规制的“先天不足”与“能力缺失”的根本原因在于再生水立法的“碎片化”和偏低的法律位阶。关于再生水立法的“碎片化”，前文已提到，现行有关再生水的制度设计散见于水资源立法、节约用水立法、城市供水立法、排水与污水处理立法、循环经济促进立法、抗旱立法等至少六类立法体例中，这就给再生水利用的法律依据和法律适用带来了以下问题：

其一，再生水的水资源属性不明，将其纳入水资源统一配置缺乏逻辑前提。作为水资源开发、利用、节约和保护的基础性立法，《水法》中的水资源仅指常规水资源,即地表水和地下水。[1] 有关的用水总量控制和定额管理相结合制度、取水许可制度和水资源有偿使用等制度都是围绕常规水资源展开。既然《水法》并未对再生水的水资源属性加以明确,那么将其纳入水资源统一配置是否切实可行也就成了所谓的“模糊地带”。从现行地方立法来看,几乎所有的地方节约用水立法和水资源立法都明确规定将再生水纳入水资源统一配置[2],但极少有立法在取水许可、计划用水管理等制度中,通过明确的责任条款将再生水纳入水资源统一配置执行到位。

其二,少有立法能够完整将再生水利用链条中产生的法律关系作为对象加以调整。由再生水自身的水资源属性、作为污水(废水)处理的衍生品属性、作为城市分质供水的“水喉”属性等决定,再生水被放置在至少六类立法体例中。姑且不论在六类立法体例中诸如鼓励使用再生水之类的条款叠床架屋,这种立法的“碎片化”不可避免地带来了制度与制度之间的衔接不畅问题。诚然,在不同的立法体例中制定有关再生水利用的条款无可厚非,但问题的关键是,不同的立法体例是否能够相互衔接,形成一个覆盖再生水利用闭环运行结构的法律保障体系。从宏观角度而言,这个法律保障体系能够覆盖再生水利用链条的各个环节和节点且运行良好有序。从微观角度而言,这个法律保障体系能够针对某一具体问题,在不同法律关系主体之间形成“权利—义务—责任”的完整架构。比如,在有的地方制定的再生水利用专门性立法中,对再生水优先利用的领域作出了界定。然而,对于有条件使用再生水而未使用的单位或个人应科以何种责任并未指明,即便查询该地所在省制定的立法,也没有相应的责任条款予以接续,这事实上造就了再生水利用立法“柔性有余而刚性不足”的特性。

关于再生水立法偏低的法律位阶,大多数专门性再生水立法的位阶是地方政府规章和地方行政规范性文件(见表 7 - 3),这种偏低的法律位阶带来的问题是:其一,以地方行政规范性文件为基础构建的再生水利用行政管理秩序“先天不足”。行政规范性文件通过对公民、法人或其他组织权利义务的设定,建构起了再生水利用的行政管理秩序。然而,根据《行政处罚法》第 16 条的规定,除法律、法

[1] 参见《水法》第 2 条第 2 款。

[2] 在节约用水立法中明确规定将再生水纳入水资源统一配置的省、自治区、直辖市有:黑龙江、内蒙古、河北、山东、甘肃、青海、重庆、安徽、湖南、江苏、广西和福建等。在水资源立法中明确规定将再生水纳入水资源统一配置的省、自治区、直辖市有:山东、重庆、浙江和上海等。

规、规章外，其他规范性文件不得设定行政处罚。因此，对于再生水利用行政管理秩序的违反，由于缺乏了相应行政处罚制度的接续，无法起到对违法行为的威慑和吓阻作用。其二，以地方政府规章为基础构建的再生水利用行政管理秩序规制力不足、覆盖面有限。较之于行政规范性文件，地方政府规章根据《行政处罚法》第 14 条的规定，可以设定警告、通报批评或者一定数额罚款的行政处罚。然而，现行地方政府规章设定的行政处罚所针对的违法情形主要集中于水质、水压、水量和设施运转的安全、高效上（见表 7－4），对比再生水利用闭环运行结构所应包括的七个环节，至多只覆盖了其中的第六项和第七项，且第七项对于政府及有关主管部门违法情形的罗列还较为单薄。另外，法条本身缺乏对社会公众、第三方服务机构等法律关系主体权利义务的安排，法律责任中也就缺失了与之相因应的制度设计，造成了主要以行政处罚为主的较为单一的责任追究模式。

表 7－3　现行的再生水专门性立法

地方行政法规	地方政府规章	地方行政规范性文件
《宁波市城市排水和再生水利用条例》（2008 年 3 月 1 日施行、2021 年修订）	《青岛市城市再生水利用管理办法》（2004 年 2 月 1 日施行）	《阳泉市再生水利用管理办法》（2014 年 5 月 7 日施行）
《西安市城市污水处理和再生水利用条例》（2012 年 12 月 1 日施行，2017 年、2018 年、2021 年修正）	《北京市排水和再生水管理办法》（2010 年 1 月 1 日施行）	《深圳市再生水利用管理办法》（2014 年 1 月 22 日施行）
《呼和浩特市再生水利用管理条例》（2020 年 1 月 1 日施行）	《昆明市再生水管理办法》（2010 年 10 月 1 日施行）	
	《合肥市再生水利用管理办法》（2018 年 10 月 1 日施行）	
	《邯郸市城市再生水利用管理办法》（2020 年 2 月 1 日施行）	

注：根据有关法规、规章、行政规范性文件整理而得。

表 7-4　再生水利用地方政府规章中有关法律责任的规定

立法名称	违法情形	法律责任
《青岛市城市再生水利用管理办法》	新建、改建、扩建工程项目的再生水利用设施未建成或者未达到国家规定要求,擅自投入使用的	责令停止使用,限期改正,处以 50,000～100,000 元罚款
	水质不达标或者擅自停止供水的	处以 10,000 元罚款
	供水水压不达标的	处以 5000 元罚款
	未履行停水通知义务的	处以 3000 元罚款
《北京市排水和再生水管理办法》	再生水水质、水压不符合标准的	给予警告,责令限期改正,并可处 10,000～30,000 元罚款
	损害再生水设施的	责令限期改正,并可处 10,000～30,000 元罚款
《昆明市再生水管理办法》	违反本办法规定的行为	由有关主管部门按照管理范围依法处罚
《合肥市再生水利用管理办法》	应当使用再生水而未使用的	责令限期改正,逾期未改正的,处以 3000～10,000 元罚款
	再生水厂运营单位、再生水输配管网维护管理单位未履行相应职责的	责令限期改正,逾期未改正的,处以 5000～30,000 元罚款
	实施危及再生水利用安全行为的	责令停止违法行为,消除危害,或者采取其他补救措施,并对单位处以 2000～10,000 元罚款,对个人处以 200～1000 元罚款,造成损失的,应当依法赔偿。涉嫌犯罪的,依法移送司法机关追究刑事责任
	再生水管理部门及其工作人员玩忽职守、滥用职权或者徇私舞弊的	对负有责任的领导人员和直接责任人员依法给予处理
《邯郸市城市再生水利用管理办法》	应当使用再生水而不使用或不充分使用的	限期改正,逾期不改的,对个人处以 1000～5000 元罚款,对单位处以 10,000～30,000 元罚款
	危及再生水使用安全的	限期改正,逾期不改的,对个人处以 10,000～30,000 元罚款,对单位处以 50,000～100,000 元罚款

(二)规制的“先天不足”与“能力缺失”的现实表征

1.将再生水纳入水资源统一配置缺乏执行措施的配套

将再生水纳入水资源统一配置,不仅意味着在水资源的配置中,再生水是不能回避的水资源组成部分,更为重要的是,一定要有相应的执行措施将这种配置落到实处。这就意味着至少在以下环节中,要对再生水的利用作出明确的制度安排。

其一,用水总量和用水效率控制。现行地方性立法大多规定,有关区域实行用水总量和用水效率控制制度,由上一级政府有关主管部门下达区域用水总量控制指标和用水效率控制指标(以下简称水量水效双指标)。那么,既然已经将再生水等非常规水资源纳入水资源统一配置,就理应严格执行水量水效双指标,对于达到或者超过指标的行政区域采取诸如“区域限批”等措施,倒逼对非常规水资源的使用。然而,现行地方性立法罕有这样的制度条款予以接续。

其二,取水许可。对于直接以地表水和地下水作为取用水资源的单位和个人,现行地方性立法大多规定,主管部门应在核发取水许可证时对其确定再生水配置方案。然而,令人遗憾的是,当发生以上单位和个人拒不执行再生水配置方案的情形时,大多数现行地方性立法并没有诸如对取水许可证持有人的取水量予以控制的条款予以接续。特别是当其中一些具备再生水使用条件但未充分利用的高耗水项目申请新增取水许可时,也没有相应的制度条款予以制约。

其三,计划用水管理。对于纳入取水许可管理的单位和用水大户,现行地方性立法大多将其纳入计划用水管理,由主管部门按照取水许可管理权限下达用水计划。然而,对于计划用水单位具备利用再生水的条件而不利用的,大多数现行地方性立法并没有诸如减少其计划用水总量或核减用水计划指标等措施予以制约。

2.再生水利用缺乏规划的指引、约束以及实施规划的保障措施

再生水利用规划,是规范污水资源的合理利用、弥补城市水资源不足等活动的规定及程序的总称。由于目前我国制定再生水利用专项规划的城市还不多,再生水规划一般是以排水和再生水利用规划或污水处理和再生水利用规划的形式反映出来的。根据《北京市排水和再生水管理办法》第6条第2款、第3

款的规定,排水和再生水规划应当包括现状分析、排水量预测、排水模式、污水处理原则、设施布局和规模、再生水利用目标、污泥处置和资源化等内容。该规划应当与国民经济和社会发展规划以及土地利用总体规划、城市总体规划、环境保护规划、水资源规划和防洪规划等相协调。从中不难发现,再生水利用规划中应该对再生水利用发展的总体目标、阶段性目标、发展重点领域和重点区域予以明确,特别是要与其他规划相协调,以解决再生水利用中的用地、用途、用量等问题。然而,从国家层面来看,《水法》《水污染防治法》等法律中没有涉及再生水利用规划的条款,仅在《城镇排水与污水处理条例》中提到应该在城镇排水与污水处理规划中包括污水处理与再生利用的内容。从地方层面来看,制定出台专门的再生水专项规划的地区还很少。与再生水立法的"碎片化"相呼应,在规划的编制中,再生水也是作为排水、污水处理、节约用水、水资源、循环经济促进、抗旱等规划的组成部分而存在,缺乏独立、完整、统一的再生水利用专项规划,而之所以应该采行"再生水利用专项规划模式",是因为以下几点:首先,排水直接关联的是作为再生水水源水的污(废)水质量。其次,再生水作为污水处理的衍生品,已经成了一种全新的水资源形式。再次,与其他非常规水资源相比,再生水具有产生源头稳定、产量大、受时间空间制约性小等特点。最后,由用途的多样性特点所决定,作为多领域立法交汇点的再生水宜单列而不应被包含。

在目前以"再生水利用非专项规划模式"为主的规划现状下,再生水的利用面临着以下问题:

其一,再生水利用规划编制主体模糊。与再生水立法的"碎片化"相呼应,在再生水利用中体现出来的大多是"分工负责"而无"统一管理",这就造成了再生水利用规划的编制同样也呈现"碎片化"特征。实际上,中央和地方政府架构中的相关主管部门有发展改革、财政等综合性部门,也有住建、环保、水利等专业性部门,从水资源统一配置、统一调度、统一管理以及城市涉水事务一体化管理的角度来看,如果不能架构"1+1+N"[1]的管理模式,则再生水利用规划的编制主体就无法理顺。

其二,再生水利用规划与其他规划的关系不明。要处理好再生水利用规划

---

[1] 即1个综合性部门加上1个专业性部门再加上若干个专业性部门。

与其他规划之间的关系，必须对以下问题予以明确：首先，再生水利用规划的编制依据。再生水作为一种非常规水资源，一方面，对其开发利用必然应满足国民经济和社会发展的需求；另一方面，对其开发利用必然应放置在国家的领土及其存在的所有客观形式中，换言之，再生水利用必然应与国土空间和资源合理利用、科学划分、充分利用相吻合。现行立法对此或语焉不详或避而不谈或建立在旧的规划体系基础上〔1〕。其次，与再生水利用规划相衔接的规划范围。以再生水利用链条为主线，因其涵盖生产、输配和利用等环节，必然牵涉排水、污水处理、供水等领域，因此再生水规划必然应与以上领域的专项规划相衔接。以再生水用途为主线，因其涵盖工业、城市杂用、地下水回灌、农田灌溉、景观环境等领域，再生水规划必然应与产业规划、水资源规划、节约用水规划、景观环境规划、环境卫生规划、农业农村规划等专项规划相衔接。现行立法对此或语焉不详或有所遗漏或碍于偏低的法律位阶而统合力不足。最后，再生水利用规划任务的分解和落实。鉴于再生水用途涉及的领域众多，除制定专门的再生水利用规划外（见表7－5），应当由这些领域所牵涉的政府有关主管部门和企事业单位等按照再生水利用规划制订具体的再生水利用计划，配套相应的再生水利用设施，以实现再生水利用规划任务的层层分解和落实。

表7－5　制定出台再生水利用专项规划的地区

时间	再生水专项规划名称
2007年1月	《无锡市再生水利用规划》
2015年6月	《深圳市再生水布局规划》
2018年10月	《乌鲁木齐市再生水综合利用规划——蓝绿网络系统规划》
2018年10月	《天津市再生水利用规划》
2021年10月	《沈阳市“十四五”再生水利用规划》
	《宁夏回族自治区非常规水源利用规划（2021—2025年）》

其三，再生水利用规划实施的保障措施匮乏。再生水利用作为多领域规划的交汇节点，其实施需要一系列保障措施的配套：首先，再生水利用规划需要政

〔1〕 国土空间规划是对原来由发展改革部门负责的主体功能区规划、国土部门负责的国土规划和土地利用总体规划、住房和城乡建设部门负责的城乡规划、海洋部门负责的海洋功能区规划的一次整合和重构，意味着我国的规划体系进入了“节约优先、保护优先、自然恢复为主”的新时代。

府主管部门之间建立协调机制，以畅通再生水利用规划的编制、与其他专项规划的衔接以及规划任务的分解和落实。其次，需要建立健全涵盖考核评价、约谈、问责等在内的再生水利用规划实施考核评价制度，并将其作为地方人民政府的政绩考核内容。最后，需要建设全国再生水利用规划信息管理系统，及时收集再生水利用数据信息，并在此基础上开发完善相关子系统，以此实现对各行政区域内的再生水利用数据的调阅、查询和分析。然而，现行立法不仅缺乏对编制和执行再生水利用专项规划的制度设计，即便有相应的制度条款，也缺乏系列保障措施的配套，其结果是再生水规划在实施中往往大打折扣，难以真正实现其对再生水利用的指引和约束作用。

3. 再生水安全利用的基础并不稳固

再生水安全利用是一个内涵丰富的概念，从内容上讲，包括水质、水量、水压和设施的安全。从环节上讲，包括了水源水、水厂水、管网水和末梢水的安全。从现行立法来看，虽然围绕再生水安全利用有一系列权利义务和责任分配的制度设计，但并未真正形成能够支撑再生水安全利用的基础，原因如下：

其一，支撑水源水安全的基础并不稳固。作为再生水安全利用的源头，影响水源水安全的风险点主要包括排污单位和排水户排放的污(废)水的水质是否稳定达标、市政排水管网对于排污单位和排水户的截污纳污是否做到全覆盖、进入 PPP 污企的进水水质和水量是否稳定达标、有无来自上游排污单位的“私设暗管”和“不定时偷排”等行为的发生等。虽然《水污染防治法》《城镇排水与污水处理条例》等法律法规都对 PPP 污企的出水水质达标做出了强制性规定，但是，正如前文中所指出的，由于我国正处于“合流制”向“分流制”转变的过程中、排污许可仍需精细化管理、污水“三率”的提升尚需时日等多重因素的掣肘，支撑水源水安全的基础并不稳固[1]。

其二，支撑水厂水安全的基础并不稳固。从现行再生水利用专门性立法来看，明确规定再生水运营单位应当承担“再生水厂‘三同时’义务”和“数据共享义务”的地方还很少[2]。鉴于《水污染防治法》《城镇排水与污水处理条例》等

〔1〕 在前文中“污水处理中的责任分配”一节中已有详细阐述，在此不再赘述。

〔2〕 目前只有《天津市再生水利用管理办法》《合肥市再生水利用管理办法》《昆明市再生水管理办法》规定有“再生水厂‘三同时’义务”，只有《天津市再生水利用管理办法》规定有“数据共享义务”。

法律法规要求PPP污企承担的“配套建设义务”[1]和“数据共享义务”是着眼于出水水质和水量环节的，对于再生水运营单位并不适用，况且在这些立法中都没有找到再生水运营单位违反以上义务应当承担何种法律责任的制度条款，这就造成了水厂水安全有逸出于政府监管范围的风险。

其三，支撑管网水安全的基础并不稳固。从现行再生水利用专门性立法来看，大多数规定了再生水运营单位应当承担的“设施管护巡查义务”。然而，对于该义务的界定存在立法和实践的衔接问题。再生水利用设施[2]中既包括由再生水用户自建的用于自身利用的分散式再生水利用设施，也包括由政府投资兴建或通过特许经营、政府购买服务等方式建设的集中式再生水利用设施。因此，理应在立法中对实践中出现的两种模式的再生水利用设施予以区别对待。对于分散式再生水利用设施，在通过竣工验收投入运行后如果继续由产权单位、业主或者物业管理公司管理，由于资质和专业能力的缺乏，势必会如城市供水一样出现因设施运行维护管理不到位而造成的“最后一公里”问题，而且鉴于再生水与自来水相比对利用环节具有更高的要求，“最后一公里”问题对人体健康造成的影响尤甚。对于集中式再生水利用设施，也应在通过竣工验收投入运行前，通过招投标或者委托等方式确定运营维护单位妥善管理。尤其是在以PPP污企为圆点的特定地域范围内，再生水输配管网等设施不属于PPP污企管护，造成“厂网分离”，人为分割了再生水运营单位的“设施管护巡查义务”，给再生水安全利用埋下了设施隐患。

此外，对于通过竣工验收投入使用的或已经运行又重新启用的再生水产水设施或输配管网，罕有立法规定再生水运营单位应当承担的“设施启用或重启消杀检测义务”[3]，这就会因再生水自身的特征对管网造成影响进而引起“管网水”的水质劣化而威胁利用安全。另外，即便规定以上义务的现行立法也因缺失对再生水运营单位违反水质保证义务的法律责任，造成管网水安全有逸出

[1] 即在污水集中处理设施建设时应当配套安装自动监测设备。

[2] 根据《天津市再生水利用管理办法》第3条第2款的规定，再生水利用设施是指再生水厂站、输配水管网、加压泵站和其他相关设施，以及用于一般河道生态、湿地及农业用水的再生水输水河道、泵站和相关调度、调蓄工程设施等。

[3] 目前只有《天津市再生水利用管理办法》明确规定了“设施启用消杀检测义务”，《阳泉市再生水利用管理办法》规定了“设施启用消杀检测义务”。

于政府监管范围的风险。

另外,从现行再生水利用专门性立法来看,大多数规定了再生水运营单位应当承担的"制定应急预案及演练义务"以及政府有关主管部门应当建立"突发事件应急预案制度",然而,有两点问题值得注意:首先,制定应急预案并非目的,在突发事件等紧急情况出现时,公安、交通运输、城市管理等有关主管部门以及供水、供电、供热、燃气、通信等有关公用企业必须积极配合通力合作,保证除险抢修工作的顺利进行。因此,在法律责任条款中除规定政府有关部门及人员的责任外,理应把公用企业责任也纳入责任追究之列。其次,在紧急情况下是否能够接管再生水利用项目需要明确的制度设计。紧急情况的列举、接管需要履行什么程序、在紧急情况消除后是移交回原运营单位还是重新选择运营单位等问题,都需要有明确的制度设计,否则就有借临时接管而行侵害再生水运营单位权益之嫌。

其四,支撑末梢水安全的基础并不稳固。从现行再生水利用专门性立法来看,大多数规定了再生水运营单位应当承担"再生水设施标识保护义务"、"持续供应义务"和"水质定期检测义务",然而,立法有关以上三项义务的界定存在漏洞有待完善。

首先,关于"再生水设施标识保护义务"。该义务是否仅限于再生水利用设施产权单位在自再生水取水口和公共用水区域设置再生水标志即告完成有待商榷。上文已指出,再生水具有"非饮用性"特征,与其他常规水资源相比,其利用具有更高的风险性。因此,完整的"再生水设施标识保护义务"应该涵盖文字、标志、颜色和防护措施,这样既便于识别并起到说明和警示作用,也有利于避免因管道错接造成的再生水利用风险。

其次,关于"持续供应义务"。现行再生水利用专门性立法的界定大多集中于再生水运营单位在何种原因出现、履行了何种手续后可以临时停止供水以及何时恢复。然而,"持续供应义务"应该由"不得拒绝供应"、"特殊情形下的停止供应"以及"有期限地恢复供应"所构成。鉴于再生水已纳入水资源统一配置并成为城市供水之外的"水喉",再生水运营单位兼具"营利性"和"公益性"。由其"公益性"所决定,对于再生水用户的用水申请,再生水运营单位无正当理由不得拒绝、无特殊情形不得临时停止供水。当然,关于特殊情形的完整列举就成为避免责任畸形分担的前提。现行立法一般将特殊情形界定为工程施工、设备改造、维修、更新或者工艺重大调整等，实际上，此种界定存在漏洞。一般而言，能够引致临时停止供水的原因都应该有一个总的原则，即不是由再生水运营单位在再生水生产、供应中的主观过错所导致。那么，能够归结在特殊情形之下的，一是来自排污单位和排水户、再生水用户、任何单位和个人等主体的行为，包括因排污单位和排水户的超标排污行为导致的再生水水质低于国家规定标准、再生水用户无正当理由拒不缴纳再生水水费、任何单位和个人损害再生水利用设施正常运转的行为，二是源于其他突发事件，三是来自再生水运营单位自身的技术、设备、工艺的调整和升级等。如果不能对以上情形作出清晰界定的话，无论是对再生水运营单位还是其他主体都存在责任分配不公问题，进而对再生水利用造成影响。

最后，关于“水质定期检测义务”。现行再生水利用专门性立法大多与此义务相配套，规定政府有关主管部门应当建立再生水水质监督管理制度，即开展再生水水质定期监测，并对再生水运营单位的日常水质检测数据进行核查。然而，鉴于再生水用途的广泛性，再生水用户、任何单位和个人都有直接接触再生水的机会，因此就会产生再生水的安全利用问题。实际上，再生水用户以及任何单位和个人是否享有知情权在某种意义上比安全权更为重要，因为只有知悉与再生水利用有关的真实情况，才能够趋利避害更好地保障安全。然而，令人遗憾的是，现行立法罕有关于保障再生水利用知情权的条款〔1〕，且缺乏相应的法律责任条款与之相配套。

4. 建设项目配套再生水利用设施缺乏成体系的行政审批保障

从现行再生水利用专门性立法来看，大多数规定了建设项目“三同时”义务，然而，有些地方对于此项义务的制度设计并没有考虑到“厂网配套”和覆盖范围问题。“厂网配套”即新建、改建、扩建的项目只有位于公共再生水管网的覆盖范围之内，建设项目“三同时”义务才有落实的前提和基础。覆盖范围即是否所有的新建、改建、扩建项目都应该执行建设项目“三同时”义务。从目前再生水利用实践来看，只有具备一定规模的公共建筑、设施才适宜执行此项义务，原因在于：首先，来自成本收益的考量。再生水利用设施投资巨大，只有利用规

〔1〕 只有《深圳市再生水利用管理办法》第14条第5项以及《青岛市城市再生水利用管理办法》第12条有相关规定。

模与建设规模相匹配,方可在保本的基础上实现一定空间的盈利。其次,逐步配套的可行性。对于具备一定规模且已经投入使用的公共建筑、设施,产权人是机关、事业单位和其他经营者,机关和事业单位负有在执行节约用水法律、法规、政策中率先垂范的责任,其他经营者由于已纳入取水许可和计划用水管理,外在压力倒逼其具有利用再生水的内生动力。居民住宅小区等由于牵涉的业主众多,加之再生水本身的技术特点,大规模面向业主利用会带来较多的安全风险。显然,在未对以上情形进行综合、细致考量的基础上制定的条款在实践中会遇到操作层面的瓶颈。

此外,建设项目"三同时"义务仅仅是解决了建设项目是否配套了再生水利用设施的问题,对于配套建设的再生水利用设施的设计是否符合法律、法规和规划要求,再生水设施的建设质量是否符合标准,竣工的再生水设施能否正常运行等问题,必然需要相应制度设计的配套,以便建设项目"三同时"义务真正转化为再生水利用链条中高效运转的环节。现行再生水利用专门性立法大都是通过行政审批制度来督促该项义务的落实。比如,在建设工程规划许可审批中落实对再生水利用系统设计方案的审查,在施工图审查中落实对再生水利用设施设计的审查,在建设项目竣工查验中落实对再生水利用设施建设是否符合规划方案要求的审查等。然而,这些列举仍然有"挂一漏万"之嫌,没有能够在再生水利用设施配套建设及投入运行的全生命周期中,通过一系列行政审批制度建构起强有力的程序保障。比如,要实现对再生水利用设施的设计、建设、施工、监理、竣工验收等的全过程保障,除前述列举的行政审批制度外,还应该在建设项目环境影响评价、商品房预售许可、房屋产权证办理等行政审批过程中严格把关,对建设单位在报批中出现弄虚作假等情形时应规定相应的法律责任,以确保建设项目"三同时"义务真正落到实处。

5. 再生水利用缺乏第三方监督机制的构建

鉴于再生水本身的技术特点及其利用可能带来的安全风险,除政府及其主管部门在再生水利用的行政监管中尽职尽责,社会公众充分享有对再生水利用的知情权外,还应该通过有资质的第三方服务机构提供专业化服务,实现对再生水质量和运营绩效的评价:首先,现行立法罕有关于再生水质量的知情权条款,对于再生水质量信息公开的内容、范围、频次等都处于空白状态,这就使有资质的第三方服务机构提供再生水质量监测服务失去了前提和基础。比如,对于景观环境再生水利用，如果能有第三方服务机构对再生水质量按照技术标准规定的时间、频次进行监测，树立专门的指示标牌对监测的再生水水质指标的变化情况予以公开，就会通过社会公众的监督倒逼再生水运营单位采取技术措施，保证景观环境再生水水质符合标准而不致对人体健康造成影响。其次，现行立法罕有关于再生水运营绩效的知情权条款。虽然现行再生水利用的专门性立法中普遍规定，再生水运营单位应承担"运营情况报告义务"，但此项义务仅限于运营单位向主管部门提交水质、水量、水压和再生水利用设施运行、维护等情况，即只是对于运营事实的一种反映并不涉及结果的评价。一方面，社会公众对再生水利用缺乏来自第三方评价产生的客观认识；另一方面，再生水利用无法与特许经营权的授予形成衔接。目前已有一些城市尝试在污水处理特许经营权之外，独立出再生水利用特许经营权，[1]而是否授予某一再生水运营单位以特许经营权、在特许经营权到期时原特许经营者能否享有优先权等问题，都需要依托再生水经营绩效评价结果。

第二节　再生水达标利用中责任分配的调整

与污水处理和污泥处理处置中责任分配的调整不同，只有切实矫正规制的"先天不足"与"能力缺失"问题，才能站稳再生水利用中责任分配的基点进而实现责任分配的调整。然而，矫正规制的"先天不足"与"能力缺失"需要正确的方向指引。体现实质法治要求的环境正义理论与体现程序法治要求的环境法基本原则的配合，依然可以作为指引再生水利用中责任分配调整的法理依据。当然，鉴于再生水利用与污水处理以及污泥处理处置在实质内容上的差异性，再生水利用中责任分配的法理依据以及规范调整的具体构成也有异于污水处理以及污泥处理处置。

[1] 冉光雯：《昆明再生水水质标准领先西部》，载光明网，https://m.gmw.cn/2020-08/11/content_1301445836.html。

一、再生水利用 PPP 模式运营中责任分配的法理依据

根据《环境保护法》第 5 条的规定,“损害担责原则”、“预防为主、综合治理原则”、“保护优先原则”和“公众参与原则”是环境法的四大基本原则[1]。这些原则对再生水利用中责任分配发挥指引作用。

(一)损害担责原则

从损害担责原则的内涵来看,鉴于再生水鲜明的水资源属性,再生水利用主要应涉及损害担责原则内涵中的利用者补偿和开发者保护,即开发利用资源者应当按照国家有关规定承担经济补偿的责任,有权开发利用资源的单位和个人同时承担保护资源的义务。

从再生水利用中的责任分配来看,损害担责原则主要体现在对将再生水纳入水资源统一配置和再生水利用领域的指引上:(1)对将再生水纳入水资源统一配置的指引。首先,应该从区域层面严格执行用水总量控制指标,对达到或者超过控制指标的行政区域追究其责任,倒逼大量开发利用常规水资源的建设项目主动利用再生水,降低对常规水资源的开发利用强度以实现保护的目的。其次,应该对直接将地表水和地下水作为取用水资源的单位和个人核发取水许可时,确定再生水配置方案。对于拒不执行的单位和个人追究其法律责任,以实现对常规水资源的保护目的。最后,对于纳入计划用水管理的用水单位,有条件使用再生水但拒不使用的追究其法律责任,以实现对常规水资源的保护目的。(2)对再生水利用领域的指引。对再生水优先利用的领域有条件使用而未使用而将城镇供水等用于再生水优先利用领域的,应当综合运用价格杠杆、行政处罚、吊销行政许可等多种手段追究其法律责任,以实现利用者补偿的目的。

(二)预防为主、综合治理原则

预防为主原则意味着在再生水利用中要把防止产生再生水安全风险问题

---

[1] 鉴于上文在污水处理责任分配法理依据的阐述中,已经涉及了学术界有关环境法四大基本原则内涵、外延的探讨,在此不再赘述,而是直接切入四大基本原则对再生水利用责任分配具体指引的阐述中。

放在首位,事先采取预防措施,防止在利用活动中对生态环境和人体健康造成不利影响。预防为主原则的实施需要在以下方面明确责任分配:其一,合理规划、有计划地开发利用再生水。再生水利用需要明确规划编制主体,处理好再生水利用规划与其他规划之间的关系,配套相应的保障措施以保证再生水利用规划落地实施,解决好再生水利用中的用地、用途、用量等问题。其二,运用再生水利用标准控制和减少再生水利用安全风险。一方面,细化和扩充现有的再生水利用标准,使再生水利用标准能够满足更多的场景需要。另一方面,严格特定领域的再生水利用标准以有效防止再生水利用安全风险。其三,在再生水利用全链条中,通过再生水厂"三同时"义务、数据共享义务、设施管护巡查义务、设施启用或重启消杀检测义务、制定应急预案及演练义务、建设项目"三同时"义务、再生水设施标识保护义务、持续供应义务、水质定期检测义务等一系列义务及其配套责任制度的完善,有效管控再生水安全利用的风险点并构筑起安全屏障。

综合治理原则意味着在再生水利用中,任何单位和个人都不能置身事外,应通过行政的、市场的和自治的等各种机制和手段,安全、高效地利用再生水。因此,在责任分配中应注意以下问题:其一,应构筑起"统一管理、分工负责"相结合的管理体制,在再生水利用中明确各有关主管部门的职责分工并避免监管漏洞的产生。其二,应构筑起"多元共治"的治理格局,除政府及其主管部门、再生水运营单位外,任何单位和个人在再生水利用中应当承担的责任、再生水用户应当承担的义务等应当给予清晰明确的界定。其三,应构建第三方监督机制,通过开展对再生水质量的监测和运营绩效的评价,提高再生水利用监督的公信力。

(三)保护优先原则

保护优先原则在环境法中承担了风险防范原则在学理上的功能,而风险的分析由风险评估和风险管理两部分组成。因此,在再生水利用中,首先,应当建立再生水利用安全风险监测制度,对再生水中的有害因素进行监测。国家和地方的再生水主管部门应当制定再生水安全风险监测计划和监测方案。承担再生水安全风险监测的技术机构应当按照监测计划和监测方案开展监测工作。再生水安全风险监测结果表明存在安全隐患的,再生水主管部门应当组织开展进一步调查。其次，应当建立再生水利用安全风险评估制度，运用科学方法，根据再生水利用安全风险监测信息、科学数据以及有关信息，对再生水中的有害因素进行风险评估。进入风险管理环节，对于经过再生水利用安全风险评估得出再生水用于某种用途不安全结论的，再生水主管部门应当立即向社会公告，并采取措施确保禁用。最后，应当以再生水利用安全风险评估结果为依据制定、修订再生水利用标准并采取措施确保在相关主体间再生水利用安全风险评估信息和再生水利用安全监督管理信息的交流沟通。

（四）公众参与原则

在再生水利用中引入公众参与原则作为指引来展开相应的制度设计，其原因在于：首先，风险规制的客观需要。在“水源水—水厂水—管网水—末梢水”的再生水利用链条中，存在水质、水压、水量、健康、生态等多种风险类型。在风险社会中，信息沟通作为规制工具具有独特的比较优势，而公众参与是风险沟通过程持续运作的动力机制。风险决定不只涉及科学判断也涉及价值选择，作为风险决定后果承担者的公众才有资格正当地作出这种风险决定。[1] 在再生水利用中引入公众参与，会起到对政府及有关主管部门、再生水运营单位、建设单位、第三方服务机构、专家等主体强有力的监督和制约作用。其次，贯通制度设计的客观要求。公众参与的基础是知情，而对社会公众知情权的保护要求政府及有关主管部门、再生水运营单位、建设单位、第三方服务机构等主体承担和履行相应的信息公开义务。虽然此种信息公开义务的履行可能会因其所涉及的再生水利用链条的不同节点而有不同，如牵涉国家秘密和商业秘密的水厂水和管网水的信息可以不予公开，但水源水和末梢水的信息必须向社会公众公开，因为这“一头一尾”直接牵涉人体健康和生态安全。但是，此种信息公开会把镶嵌在再生水的生产、输配、利用各环节中的规划、建设、管理、利用、安全与应急管理等各项制度设计有机串联在一起，通过信息公开倒逼相关主体积极履行义务。比如，用于景观环境的“末梢”再生水质量的信息公开，倒逼政府及其有关主管部门、再生水运营单位及时掌握再生水质量的变化情况，在质量发生改变时回溯找到风险点及原因并加以消除，实质上对再生水厂“三同时”义务、

---

〔1〕 参见金自宁：《风险规制中的信息沟通及其制度建构》，载《北京行政学院学报》2012 年第 5 期。

数据共享义务、设施管护巡查义务、设施启用或重启消杀检测义务、制定应急预案及演练义务、建设项目“三同时”义务、再生水设施标识保护义务、持续供应义务、水质定期检测义务等一系列义务的履行效果进行检验。

二、再生水利用 PPP 模式运营中责任分配的规范调整

在再生水利用责任分配的调整中，鉴于目前规制的“先天不足”与“能力缺失”，再生水利用责任散见于水资源立法、节约用水立法、城市供水立法、排水与污水处理立法、循环经济促进立法、抗旱立法等至少六类立法体例的现状有明显的局限性。因此，再生水利用责任分配的调整亟须以环境法四大基本原则为法理依据、为法律规范调整的指引。在展开相应的规范调整之前，应该立足于现行立法，理顺再生水利用制度体系架构的构建问题：其一，鼓励有条件[1]的城市制定再生水利用专门性立法或行政规范性文件，对再生水利用作出专门的制度安排。其二，对于没有立法权的城市或者仅制定了行政规范性文件的城市，应该在省级立法中对以下几项重点内容作出制度安排，以实现制度之间的顺畅衔接：首先，在水资源立法、节约用水立法和城市供水立法中，体现出再生水纳入水资源统一配置、再生水优先利用领域等制度并辅之以相应的法律责任以保障落地实施。其次，在循环经济促进立法、抗旱立法中体现出再生水优先利用领域制度并辅之以相应的法律责任以保障落地实施。最后，在排水与污水处理立法中，围绕 PPP 污企达标排污设置科学合理的责任制度，以保证作为再生水水源水的污(废)水水质、水量稳定。

在这一过程中，既需要在法律系统内部通过增补和调整政府及其有关主管部门、再生水运营单位、建设单位、第三方服务机构、再生水用户等法律关系主体之间的权利义务和责任分配以实现“环境正义”，也需要在法律系统外部通过行政规范性文件的制定，构建与法律规范相匹配的配套机制，以发挥弥补、增强法律制度的功能和优势的作用。

---

[1] 这里所指的条件包括该城市属于缺水地区和水环境敏感区域，并享有地方立法权。

(一)在法律系统内部构建的责任分配机制

从现行立法来看,采用专门性再生水立法的城市数量还很有限,特别是能够上升到地方行政法规层面的城市更是凤毛麟角。然而,从长远来看,处于缺水地区和水环境敏感地区的城市采用地方行政法规的立法位阶是大势所趋。这一方面是因为再生水利用处于多个立法领域的交汇点,处理不好容易形成所谓的“三不管地带”;另一方面是鉴于我国所面临的严峻的水资源形式,只有“长出牙齿的立法”才能保证再生水利用真正落到实处,从而有助于常规水资源的保护。另外,再生水利用本身系统性强,涉及的部门多、协调难度大,通过立法实现对再生水利用监管架构、协调机制和责任分工的搭建,对于保障再生水利用行稳致远意义重大。退一步而言,即便不能上升到地方行政法规的层面,也应从地方政府规章的层面对再生水利用作出专门的制度安排,或是在涉及再生水利用的相关立法体例中,对以下问题作出明确安排,并以环境法基本原则为指引来进行具体的制度设计。

第一,以损害担责原则为指引,明晰再生水运营单位、建设单位、取水单位、计划用水管理单位与政府有关主管部门之间的责任分配。其一,在《水法》修订中对水资源的界定加以修正,即“本法所称水资源,包括地表水、地下水等常规水资源以及再生水、雨水、海水、微咸水、矿井水等非常规水资源”。这样做的目的,是在法律层面对再生水的水资源属性予以肯定,以此与节约用水立法中将再生水等非常规水源的开发利用纳入水资源统一配置形成衔接。其二,增加将再生水纳入水资源统一配置的配套责任条款。首先,在省级节约用水立法或水资源立法中,配合用水总量和用水效率控制制度增加区域限批制度,即“对常规水资源用水总量接近控制指标的行政区域,限制审批建设项目新增取用水;达到或者超过控制指标的行政区域,暂停审批建设项目新增取用水”。其次,在省级节约用水立法或水资源立法中,配合取水许可制度增加再生水配置制度,即“对于直接以常规水资源为取用水资源的单位和个人申请领取许可证时,县级以上人民政府水行政主管部门按照国家有关规定确定再生水配置方案。取水许可证持有人拒不执行再生水配置方案的,可以对其取水量予以核减或者限制[1]”。最

---

〔1〕 这里的“限制”包括不得批准其新增取水许可。

后,在省级节约用水立法或水资源立法中,配合计划用水管理制度增加再生水配置制度,即"对于纳入计划用水管理的单位,具备利用再生水等非常规水资源条件而不利用的,县级以上人民政府水行政主管部门在核定用水计划时核减其计划用水总量"。其三,在再生水利用专门性立法中增加再生水利用领域的法律责任条款,即"在再生水供水区域内有条件使用再生水而拒不使用的,由县级以上人民政府水行政主管部门责令限期改正,处一万元以上十万元以下罚款。拒不改正的,责令停止取水或者吊销取水许可证"。

第二,以预防为主、综合治理原则为指引,明晰再生水运营单位、再生水用户、第三方服务机构等与政府有关主管部门之间的责任分配。

其一,以预防原则为指引,在再生水利用专门性立法中增加再生水规划条款,即"市水行政主管部门依据国民经济和社会发展规划、国土空间总体规划等,会同有关部门组织编制再生水利用规划,由市水行政主管部门会同有关部门组织相关专业人员审查,并经市规划资源部门综合平衡后,报市人民政府批准实施。全市再生水利用规划应当做好与供水、排水、水资源保护、节约用水、循环经济发展、抗旱等专项规划的衔接。住房和城乡建设、林业、规划资源、工业和信息化、农业农村等有关部门在编制各项规划时,应当结合再生水利用规划,统筹安排,合理布局,按照职责分工制定再生水利用计划,配套相应再生水利用设施,并组织实施"。

其二,以预防原则为指引,在再生水利用专门性立法中,对再生水安全利用的系列义务进行细化或增加法律责任条款,有效管控再生水安全利用的风险点并构筑起安全屏障。

首先,在生产环节,对再生水运营单位承担的再生水厂"三同时"义务和数据共享义务的法律责任进行增补,应规定:"对于新建、改建、扩建再生水厂配套建设进出水水质、水量自动监测与中控系统的'三同时'以及数据共享,由水行政主管部门负责验收,验收不合格的不得投入运营。"

其次,在输配环节,对再生水运营单位或其他产权单位承担的设施管护巡查义务进行更加细致的界定,即"政府投资建设的集中式再生水利用设施通过招投标、委托等方式确定具有水务设施运营资质的经营者负责设施运营维护管理。分散式再生水利用设施通过竣工验收投入运行后,产权单位、住宅小区业主或者物业管理公司应当委托具有水务设施运营资质的经营者负责设施运营维护管理。鼓励城镇供水等企业参与再生水利用管理,实现再生水与城镇供水统一规划、统一设计、统一调度和统一运营管理”。此外,应当将设施启用/重启消杀检测义务和制定应急预案和演练义务的履行情况纳入水行政主管部门对再生水运营单位开展的年度考核中,考核结果应当向社会公开。

最后,在利用环节,对再生水运营单位承担的再生水设施标识保护义务和持续供应义务进行细化并完善其法律责任。对于前者应规定,“再生水利用的外部设施(包括管道、水箱等)表面应当涂装为浅绿色并加注专门的再生水利用标识。再生水利用设施的取水口、排水口应当采取防护措施,并必须标注有‘非饮用水’字样”。对于后者应规定,“使用再生水应当向再生水运营单位提出申请,再生水运营单位应自接到用水申请之日起十五日内决定是否受理。无正当理由再生水运营单位不得拒绝用户的用水申请。再生水运营单位应当保证不间断供水。因设备改造、维修、更新或者再生水生产工艺重大调整等非主观过错原因,需要临时停止向用户供水的,应当向水行政主管部门报告,提前四十八小时告知用户暂停供水时间,并在限定的时间内恢复供水。发现再生水水质超标情况时,再生水运营单位应当停止供水,及时通知再生水用户并向水行政主管部门报告。因灾害、事故、突发事件等紧急情况需要暂停向用户供水的,再生水运营单位应当立即向水行政主管部门报告,同时及时告知受影响的用户,并采取相应措施,尽快恢复供水。再生水用户应当在用水缴费通知单确认之日起十五日内缴纳水费。经再生水运营单位催缴逾期一个月以上不缴纳水费的,可暂停或者限制供水。用户缴清欠费后,再生水运营单位应当在二十四小时内恢复供水”。

此外,在贯穿再生水生产、输配、利用的全链条中,应当对再生水运营单位承担的运营情况报告义务和水质定期检测义务进行细化并完善法律责任。对于前者应规定,“再生水运营单位应当定期向水行政主管部门提交运营情况报告,报告中应包括:(一)安全生产管理责任落实情况;(二)再生水利用设施、设备运行维护管理台账;(三)再生水质量情况(包括水质、水压、水量等);(四)停止供水、临时停止供水或暂停供水的处置情况;(五)其他需要报告的事项”。对于后者应规定,“再生水运营单位应当按照国家和地方规定的检测项目、检测频率和检测方法,对水质进行定期检测,按时向水行政主管部门上报检测数据。不能自检或不具备自检能力的再生水运营单位,应按国家和地方标准的要求,委托有相应检测资质的机构进行检测。再生水运营单位应加强对末梢水水质的检测,并将检测结果及时向社会公开。对于在数据报送和信息公开中弄虚作假的再生水运营单位,由水行政主管部门依法依规处理并纳入企业信用档案”。

其三,以综合治理原则为指引,在再生水利用专门性立法中,对政府有关主管部门、再生水用户等主体的义务进行细化,并增补相应的法律责任。

首先,应构筑起统一管理、分工负责相结合的再生水利用监管体制,并明确各有关主管部门的职责分工,即“水行政主管部门负责再生水利用管理工作,拟定再生水利用政策,组织编制再生水利用规划并监督实施,组织制定有关标准。发展和改革部门负责再生水利用规划与国民经济和社会发展规划的衔接,指导再生水水价工作。自然资源部门负责再生水利用规划的综合平衡。住房和城乡建设部门、市场监督管理部门、农业农村部门根据再生水利用政策、规划和标准,制定所属领域再生水利用标准。财政、生态环境、卫生健康、应急管理、林业和草原、公安、交通、城市管理综合执法、园林、国有资产管理等部门按照各自职责协同做好再生水利用的管理工作。再生水利用纳入节约用水工作部际协调机制,统筹研究和协调解决再生水利用工作中的重大问题”。

其次,应通过细化政府有关主管部门、再生水运营单位的信息公开义务保障再生水用户乃至于任何单位和个人的知情权。应在现行立法中增加一个有关末梢水环节再生水运营单位的信息公开条款,即“再生水运营单位应根据城市污水再生利用系列标准,结合不同的利用场景并采取可行的方法,向社会公布末梢环节再生水的水质、水量和水压等信息,由水行政主管部门定期巡查。对于在信息公开中有弄虚作假等行为的再生水运营单位,由水行政主管部门依法依规处理并纳入企业信用档案”。另外,还应当增加一个有关末梢水环节政府有关主管部门的信息公开条款,即“水行政主管部门应依托在线监测数据共享机制,受理任何单位和个人对再生水利用末梢环节质量监测信息的查询、投诉。对于存疑的监测数据和点位进行检查,并将检查结果纳入对再生水运营单位的年度考核、评价中。考核、评价结果应当及时向社会公开”。

最后,应当专门增加一个有关第三方监督机制的条款,即“市和区县(市)人民政府应当采取招标、政府采购等竞争性选择方式,择优确定第三方机构开展所在辖区再生水利用绩效的年度考核、评价。考核、评价应包括对水行政主管部门和其他有关部门实施再生水利用专项规划、履行再生水利用监管职责的情况以及对再生水运营单位自身的运营绩效等情况。考核、评价结果应当及时向再生水利用有关主管部门和再生水运营单位反馈,并由市和区县(市)人民政府督查部门会同水行政主管部门跟踪整改落实情况并及时向社会公开”。

其四,以保护优先原则为指引,在再生水利用专门性立法中,对政府有关主管部门、再生水运营单位等主体的义务进行细化,并增加相应的法律责任。

首先,应当建立再生水利用安全风险监测制度。该制度应该由以下几个部分构成:(1)构建再生水利用安全风险监测体系架构,即“国务院水行政主管部门会同有关主管部门制定再生水利用安全风险监测指南,对再生水中有害物质的监测进行指导。省、自治区、直辖市人民政府根据再生水利用安全风险监测指南,建立再生水利用安全风险监测制度。由省级人民政府水行政主管部门制定再生水利用安全风险监测计划,各市级人民政府水行政主管部门根据再生水利用安全风险监测计划,结合本行政区域的具体情况,制定、调整本行政区域的再生水利用安全风险监测方案,报省级人民政府水行政主管部门备案并负责实施。市级再生水利用相关主管部门获知有关再生水利用安全风险信息后,应当立即核实并向市级人民政府水行政主管部门通报。对有关部门通报的再生水利用安全风险信息,市级人民政府水行政主管部门应当上报省级人民政府水行政主管部门分析研究,认为必要的,及时调整再生水利用安全风险监测计划”。(2)构建再生水利用安全风险监测运行机制,一方面,明确再生水利用安全风险监测技术机构的工作机制,即“承担再生水利用安全风险监测工作的技术机构应当根据再生水利用安全风险监测计划和监测方案开展监测工作,保证监测数据真实、准确,并按照再生水利用安全风险监测计划和监测方案的要求报送监测数据和分析结果。再生水领域安全风险监测工作人员有权进入相关再生水利用场所采集样品、收集相关数据”。另一方面,明确再生水利用安全风险监测结果的运用,即“再生水利用安全风险监测结果表明可能存在再生水利用安全隐患的,县级以上人民政府水行政主管部门应当及时将相关信息通报同级再生水利用相关主管部门,并报告本级人民政府和上级水行政主管部门,相关部门应当组织开展进一步调查”。

其次,应当建立再生水利用安全风险评估制度。该制度应当由以下几个部分构成:(1)构建再生水利用安全风险评估体系架构,即“国家建立再生水利用安全风险评估制度,运用科学方法,根据再生水利用安全风险监测信息、科学数据以及有关信息，对再生水中的有害物质进行风险评估。国务院水行政主管部门负责组织再生水利用安全风险评估工作，成立由农业、生物、环境等方面的专家组成的再生水利用安全风险评估专家委员会进行再生水利用安全风险评估。再生水利用安全风险评估结果由国务院水行政主管部门公布。国务院农业行政、生态环境等部门在监督管理工作中发现需要进行再生水利用安全风险评估的，应当向国务院水行政主管部门提出再生水利用安全风险评估的建议，并提供风险来源、相关检验数据和结论等信息、资料”。(2)构建再生水利用安全风险评估运行机制，一方面，明确再生水利用安全风险监测和评估结果的信息交流机制，即“承担再生水利用安全监督管理的相关主管部门应当及时相互通报再生水利用安全风险监测信息和再生水利用安全风险评估结果信息”；另一方面，明确再生水利用安全风险评估结果的运用，即“再生水利用安全风险评估结果是制定、修订城市污水再生利用标准和实施再生水利用安全监督管理的科学依据。经再生水利用安全风险评估得出不安全结论的，国务院水行政主管等部门应当依据各自职责立即向社会公告，告知单位和个人停止利用或采取相应措施限制特定用途使用；需要制定、修订相关城市污水再生利用标准的，国务院水行政部门应当会同相关部门立即制定、修订”。

再次，应当建立与再生水利用安全风险监测与评估制度相衔接的城市污水再生利用标准制度。一方面，应明确城市污水再生利用标准的制定主体，即“城市污水再生利用标准由国务院水行政主管部门、市场监督管理部门会同再生水利用相关主管部门制定、公布，国务院标准化行政部门提供国家标准编号”；另一方面，应明确城市污水再生利用标准的制定依据和流程，即“制定城市污水再生利用标准，应当依据再生水利用安全风险评估结果，参照相关的国际标准和国际再生水利用安全风险评估结果，并将城市污水再生利用标准草案向社会公布，广泛听取再生水运营单位、再生水用户、单位和个人、有关部门等方面的意见。城市污水再生利用标准应当经国务院水行政主管部门组织的城市污水再生利用国家标准评审委员会审查通过。城市污水再生利用国家标准评审委员会由农业、生物、环境等方面的专家以及国务院有关部门、行业协会、消费者协会的代表组成，对城市污水再生利用国家标准草案的科学性和实用性等进行审查”。

最后，应当明确对城市污水再生利用标准实施的跟踪评价，即“省级以上人民政府水行政主管部门应当会同同级再生水利用安全监督管理部门,对城市污水再生利用国家标准的执行情况进行跟踪评价,并根据评价结果及时修订城市污水再生利用国家标准。省级以上再生水利用安全监督管理部门应当对城市污水再生利用国家标准执行中存在的问题进行收集、汇总,并及时向同级水行政主管部门通报。再生水运营单位、再生水用户等发现在城市污水再生利用国家标准执行中存在问题的,应当立即向水行政主管部门报告”。

其五,以公众参与原则为指引,在再生水利用专门性立法中,对政府有关主管部门、再生水运营单位等主体的义务进行细化,并增加相应的法律责任。

首先,应当通过明晰政府有关主管部门承担的义务,实现覆盖再生水利用全链条的公众全过程参与。应规定:“省级人民政府水行政主管部门应当会同有关部门建立健全全省再生水质量监测网,对再生水质量进行监测。市、县级人民政府应当组织有关部门监测、检测、评估再生水的水源水、出厂水、管网水和末梢水的质量状况。各地方政府水行政主管部门应当加强对再生水质量的监督监测,建立再生水质量监测信息发布制度,每季度在当地政府网站和其他主要新闻媒体发布再生水质量监测信息。县级以上人民政府水行政主管部门应当每年定期开展再生水质量督查工作,并邀请再生水用户、第三方机构等代表参加。督查结果报本级人民政府和上级水行政主管部门并向受邀代表反馈并听取意见。”“水行政主管部门根据特许经营协议,定期组织第三方机构、专家、再生水用户等对再生水运营单位的运营情况进行监测评估,保障再生水利用的质量和效率,评价结果应当及时以便于社会公众知晓的方式公布。对于用户投诉集中的再生水运营单位,在特许经营期限届满后,在特许经营权的招投标中不享有优先权。再生水运营单位在末梢水环节水质发生异常时,拒绝向用户提供水质监测数据、水质检测数据和供水设施清洗消毒数据,或者对提供的数据弄虚作假的,县级以上人民政府水行政主管部门应当终止特许经营协议,并组织实施临时接管。”

其次,应当通过明晰再生水用户的权利和再生水运营单位的义务和责任,实现覆盖再生水利用全链条的公众全过程参与。(1)明晰再生水用户的知情权、监督批评权和举报权,并注意划定知情权的权利行使边界。应规定:“再生水用户有权向水行政主管部门查询再生水水质情况,被查询部门应当如实提供水质检测数据。”“再生水用户对供水服务有异议的,可以向县级以上人民政府水行政主管部门以及其他有关部门投诉。再生水水质严重危害公共健康安全的,再生水用户可以直接向检察机关举报,由检察机关依法提起公益诉讼。”关于知情权的权利行使边界的划定及相应的法律责任条款可表述为:“任何单位和个人,不得擅自通过新闻媒体、社交媒体、自媒体、网络、手机短信、公开信等可得让不特定人知晓的方式发布再生水水质情况。违者由水行政主管部门处以十万元以上三十万元以下罚款,并计入单位和个人诚信档案。”(2)明晰再生水运营单位的信息公开义务、受理投诉义务以及相应的法律责任。应规定:“再生水运营单位应当建立经营服务信息公开制度,通过实体营业厅、网络等渠道公开业务受理范围、办事程序和水质、水量、水压、水价等相关信息,接受公众监督。再生水运营单位应当建立投诉、查询专线和投诉处理机制,向用户提供‘一站式’服务,及时答复、处理再生水用户反映的问题,不予受理的应当明确告知理由。”“再生水运营单位有下列行为之一的,由县级以上地方人民政府水行政主管部门责令限期改正,处以三万元以上十万元以下罚款:(一)未按照规定对再生水供水设施进行清洗、消毒的;(二)未履行通知义务擅自停止供水或者在供水设施发生故障后未及时抢修的;(三)未按照规定开展水质检测工作的;(四)未按照规定开展末梢环节再生水水质监测工作的;(五)在末梢环节再生水水质发生异常时,拒绝向用户提供水质监测数据、水质检测数据和供水设施清洗消毒数据,或者对提供的数据弄虚作假的。”除增加以上行政法律责任的规定之外,还应增加再生水运营单位违反信息告知义务的民事责任,相关条款可表述为:“再生水运营单位明知水质存在缺陷,仍然向用户提供,造成用户或者其他受害人死亡或者健康严重损害的,受害人有权要求再生水运营单位赔偿损失,并有权要求所受损失二倍以下的惩罚性赔偿。”

(二)在法律系统外部构建的配套机制

配套机制构建的目的,是在法律系统外部通过规范性文件的制定发挥弥补、增强法律制度功能和优势的作用。因此,配套机制的构建一定要对新的时代背景下现代化的环境治理要求给予回应:首先,再生水利用的特许经营尚处于摸索期,鉴于再生水属于污水处理的衍生品,如何协调处理污水处理特许经营与再生水特许经营之间的关系等问题亟待制度创新。其次,我国自 2009 年提出并探索“智慧城市”以来,伴随物联网、大数据、区块链等新技术的使用,智慧城市建设已走向快车道。2018～2020 年,全国各省级人民政府密集出台了以"新型基础设施建设三年行动计划(2020～2022 年)""加快推进新型智慧城市建设的指导意见"命名的规范性文件。如何以智慧城市理念为指引,加快智能中枢建设,深化大数据智能化应用,推动再生水的"智慧化"利用成为下一步重点推进的发展方向。鉴于此,配套机制的构建应从以下两个方面入手。

第一,以保护优先原则为指引,加快制定出台促进智慧再生水利用的规范性文件。目前各地方政府提出的智慧城市建设方案,均围绕"五横两纵"的架构展开,即基础资源层、数据汇聚层、数据管理层、应用支撑层和智慧应用层的所谓"五横",标准规范和安全保障、政策法规和管理制度的所谓"两纵"。因此,加快智慧再生水利用规范性文件的制定,应将现有立法中出现的信息化、数据化条款予以细化。比如,已有地方性立法规定[1],公共供水企业应当逐步将用水管控平台与水行政主管部门管理平台对接,县级以上人民政府水行政主管部门应当建立完善水资源管理信息系统,实现对水资源的科学和精细管理。由此可见,将再生水纳入水资源统一配置已经有了具体技术条款的配套。然而,这只涉及了再生水利用链条中的一个环节,要从整体上实现再生水利用的智慧化,应当将现行制度设计中出现的分散于不同政府主管部门管理的排污许可证管理信息、排水许可证管理信息等数据整合到数据汇聚层中。通过加装传感器、GPS 定位装置、视频监控装置等形成物联网,将再生水的水源水、出厂水、管网水、末梢水的水质、水量、水压等数据进行一体整合。在此基础上通过数据管理层的城市大脑对各类数据进行科学分析、研判和风险点的合理预测。对于经过城市大脑处理的数据通过智慧应用层向排水单位、排污单位、污水处理单位、再生水运营单位、再生水用户以及政府有关主管部门反馈,实现指挥调度、处置突发事件、辅助行政执法等目标。

第二,以公众参与原则为指引,实现信息之间的无缝衔接,防止"信息孤岛"和"数据烟囱"的出现。由再生水利用的特点所决定,其必然涉及"府际关系"和"部门关系"的协调和处理。

首先,应当坚持从国家层面建设相应的信息管理平台并实现平台之间的兼容与衔接。比如,应当从国家层面建立水资源管理信息系统,将包括地表水和

---

[1] 参见《河北省节约用水条例》第 21 条、第 22 条。

地下水在内的常规水资源，包括再生水在内的非常规水资源集合在系统里，实现对水资源配置、取水许可、用水管控等信息的查询。以再生水运营单位为中心向下延展，可以通过与农业农村主管部门、园林主管部门、城市管理部门、林业草原主管部门等信息管理平台的兼容与衔接，查询到再生水利用后的情况信息。以再生水运营单位为中心向上延展，可以在全国排污许可证管理信息平台上查询到作为再生水水源水的污水达标排放信息。以上信息均可通过集成在 GPS 地图上的相关点位，借由不同信息管理平台的兼容和无缝衔接，实现覆盖再生水利用全链条的信息共享。

其次，应该在省一级制定以“再生水利用信息归集应用管理办法（试行）”（以下简称再生水信息归集办法）命名的行政规范性文件，为打破“信息孤岛”和“数据烟囱”打下坚实的制度基础。之所以要制定专门的行政规范性文件，是因为再生水利用涉及的领域具有“点多面广”的特点，涉及的部门众多且协调难度较大。再生水利用信息归集办法可以按“谁产生、谁提供，谁提供、谁负责”的原则，要求牵涉再生水利用的各有关主管部门按照一定的标准和规范，将能够归集于各部委所属全国性管理信息平台之外的涉再生水利用的数据信息统一归集于省级平台。省级平台数据信息与全国水资源管理信息平台实现兼容与联通，这样做的目的是最大限度地实现涉再生水利用信息的归集应用，弥补各部委所属的全国性信息管理平台在对再生水利用监管的覆盖中存在的漏洞。

总　结

本书着重探讨了“城市污水处理业 PPP 模式的法律制度完善”的相关问题,从法律制度完善的基点——可运营性出发,探讨了如何通过加强利益调节制度和责任分配制度,促进污水处理 PPP 项目经济绩效和环境绩效的兼顾与优化,在适当兼顾社会资本实现个体利益的同时最大限度地实现社会公共利益。

在上述问题的研讨过程中,既有对城市污水处理业 PPP 模式及其法律制度基本理论问题的审视,又有从法律实务的视角对现行法律制度如何完善的解析,对于由此形成的若干基本认识,有必要进行简要概括和说明,并做出延伸思考,提出本书研究的局限和尚待挖掘的问题。

一、若干基本认识

经由前面各章的研讨,本书形成了以下基本认识:

在城市污水处理业中引入 PPP 模式,其意图是借助社会资本在资金、人才、技术、管理等方面的优势解决准公共物品供给难题,兼顾经济绩效与环境绩效。实际上,无论是社会资本关注的经济绩效,还是政府关切的环境绩效,均与城市污水处理业 PPP 模式的可运营性相关联。

可运营性的法学表达,意味着在政府与社会资本的合作中,前者要在对环境绩效的追求中实现社会公共利益的最大化,而后者要在对经济绩效的追求中实现个体利益的最大化。两种利益的追求并不是同向而行,其间存在的矛盾与冲突需要利益的衡平。如果把可运营性比作一架天平的话,利益调节和责任分配就是调节平衡的砝码,而砝码增减的原则是,在实现社会公共利益最大化的同时,适当兼顾个体利益的实现。“适当”一方面意味着不能罔顾个体利益而一味执着于社会公共利益的实现,因为在公私合作中,个体利益要助力社会公共利益的实现;另一方面意味着不能罔顾社会公共利益而过分放大个体利益的实现。因为在“保本微利”向“保本暴利”转化的过程中,PPP模式的本质属性——公共性也将丧失殆尽。

然而,从污水处理 PPP 项目可运营性的实践现状来看,无论是经济绩效还是环境绩效均有进一步优化的空间,设施规模的匹配和运营成本的控制是两种绩效优化中需要共同面对的问题。从经济绩效来看,支撑设施规模匹配的基础是充足、稳定的现金流和金融机构的融资支持。实现运营成本的控制则有赖于税收优惠的支持以此扩大利润空间;从环境绩效来看,设施规模是否匹配会对水污染物的削减效率产生影响,能源消耗和药剂投加则是关乎运营成本控制的主要因素。

因此,经济绩效的优化,有赖于通过利益调节制度的构建,通过激励性或诱导性措施,实现对相关利益主体的行为调节,在保障准公共物品供给的前提下,满足其作为经济人对个体利益的追求,实现保本微利;环境绩效的优化,有赖于通过责任分配制度的构建,实现对城市污水处理全链条兼具合法性与合理性的责任分配,在保障“达标”中持续改善城市水环境质量,最大限度地实现社会公共利益。

利益调节在环境保护中的一般意义是国家运用经济杠杆激励或者抑制生产活动或消费活动,以支持环境保护、抑制环境破坏,[1] 其实质是矫正经济活动对环境的负外部性,改变污染者将负外部性无偿转移给社会的传统习惯,[2] 实现外部成本的内部化。然而,在城市污水处理领域探讨公私合作下的利益调

---

〔1〕 参见曹明德、黄锡生主编:《环境资源法》,中信出版社 2004 年版,第 58 页。
〔2〕 参见刘隆亨、翟帅:《论我国以环保税法为主体的绿色税制体系建设》,载《法学杂志》2016 年第 7 期。

节,其所应立足的基点是,在优化环境绩效实现社会公共利益最大化的同时,适当关照社会资本运营的 PPP 污企对个体营利性的追求,在政府与社会资本的合作中助力后者实现保本微利。因此,价格、项目融资、税收等利益调节机制的组成部分,不仅应带有鲜明的绿色化特征,还应切实考虑城市污水处理业作为环境公用事业本身的行业特点,如成本回收期长、提供的是准公共物品、无法径行处分设定了担保的基础设施资产等。

利益调节的实施,离不开政府、社会资本和社会公众三方主体的参与。[1]所构建的利益调节法律规范因其规范的行为主体不同,也就可以分为政府调节机制、市场调节机制和社会调节机制[2]三种。

对于政府而言,根据其对利益调节影响路径的不同,可以分为直接干预和间接干预。直接干预是通过法律规范调整政府行为,直接对城市污水处理产生影响。比如:定(调)价机制与项目收入分配合理,社会资本方可获得运营污水处理 PPP 项目充足、稳定的现金流,利益调节的基础才能稳固。在税收优惠政策的制定中,应将环保行政处罚与增值税优惠相脱钩、企业所得税优惠应与城市污水处理业的营收与认定相匹配等。社会资本只有能够在部分受让依据基准税制取得的税收利益中获得利益,税收优惠才能作为利益调节的辅助,帮助社会资本方扩大利润空间;间接干预是通过提供制度、设施、标准、信息等公共物品,间接对城市污水处理产生影响。比如:在城市污水处理费的定价中,应对排水管网提质增效、排污许可应做到精细化管理、应因地制宜地确定水环境质量标准、应依法公开定价成本信息等;在再生水价格的制定中,应通过增加再生水管网的建设与配套,夯实再生水价格市场化的基础。另外,仅对市政用途的再生水执行政府指导价,尽可能给再生水经营者在价格浮动幅度范围内自主定价的权利。

对于社会资本而言,通过市场这一"看不见的手",引导社会资本调整自身行为,通过对其个体营利性追求的满足,实现社会公众对城市水环境质量的需求。比如:在再生水价格的制定中,对于一般用途的再生水价格应执行市场调

〔1〕 参见蔡守秋:《从综合生态系统到综合调整机制——构建生态文明法治基础理论的一条路径》,载《甘肃政法学院学报》2017 年第 1 期。

〔2〕 参见丁霖:《论环境法典化背景下环境法调整范围的再次厘定——以法律调整机制为视角》,载《中国地质大学学报(社会科学版)》2020 年第 2 期。

节价,再生水价格以补偿成本和合理收益为原则,结合再生水水质、用途等情况,由经营者与用户协商确定;在城市污水处理业 PPP 项目贷款融资中,应明确界定融资机构介入权行使的条件,以尽可能打消融资机构因污水处理 PPP 项目的公益性产生的收益权行使顾虑,有效防范贷款融资困局。值得注意的是,在政府与社会资本的关系处理中,应尽可能地实现政府干预行为的谦抑性,即应尽可能地发挥市场在资源配置和资本使用中的决定性作用,通过市场实现利益调节。只有在出现市场失灵的领域,政府才行使干预权。

对于社会公众而言,通过不断吸纳社会公众参与,实现对政府的"失灵"行为以及社会资本变"保本微利"为"保本暴利"行为的监督和制约。比如:在城市污水处理费的定价中,应通过明确公众参与的范围、方式、程序和责任,便利在价格成本信息公开的基础上,社会公众行使知情权、监督权、参与决策权等权利;在城市污水处理项目融资中,通过创新污水处理 REITs 等融资产品,吸纳社会公众参与向优质污水处理 PPP 项目募集资金,支持这些污水处理 PPP 项目进一步优化运营成本的控制和设施规模的匹配,除作为社会资本的私人部门参与公私合作外,实现更广泛意义上的"公私合作"。

责任分配制度解决的核心问题是围绕城市污水处理全链条的各个关键节点,政府与社会资本是否能够在合作中实现达标处理、处置和利用。

其一,对于社会资本而言,责任分配是否具有合法性与合理性的前提在于深刻认识其所扮演的环境法律关系主体与 PPP 法律关系主体的双重身份属性。从环境法律关系主体身份属性来看,社会资本运营的 PPP 污企兼具排污者与治污者的双重身份,无论是从水污染物产生中的主动性还是从达标排污责任承担的高低来看,PPP 污企比一般排污单位,治污者身份都要更加明显于排污者。从 PPP 法律关系主体身份属性来看,社会资本运营的 PPP 污企属于环境公用事业,由于其提供的准公共物品是社会公众所不可或缺的,因此必须负有持续运营义务。因此,由双重身份属性的叠加所决定,对社会资本运营的 PPP 污企开展责任分配,就不能简单地因为其处于城市污水处理链条的末端,而在全链条责任分配未能实现闭环运行的前提下,过分苛责于 PPP 污企的出水水质是否达标。此外,除考虑社会资本运营的 PPP 污企兼具排污者与治污者的双重身份外,还要考虑治污者身份属性的边界问题,即 PPP 污企是否因具备治污者身份,就应该在城市污水处理、城市污泥处理处置等污染物的治理中承担全部责任?

答案显然是否定的。首先,在城市污水处理中,PPP 污企扮演治污者的前提是,上游排污单位都能够达标排放且排放行为与 PPP 污企的运行负荷相匹配。其次,在城市污泥处理处置中,PPP 污企扮演治污者的边界在于其无法兼顾实现污泥的减量化和减容化。因此,PPP 污企获得的仅是城市污水处理而不包括城市污泥处理处置在内的特许经营权,其在污染物的治理中不是万能灵药。

其二,对于政府而言,责任分配是否具有合法性与合理性的前提在于深刻认识国家环境义务的重要性。从城市污水处理全链条各个关键节点来看,包括城市污水处理在内的环境保护是现代政府的重要职能,是政府干预的主要领域,[1]政府应当对环境负责,这在现代社会已成常识。[2] 然而,忽视对政府责任的规定,导致权力与责任严重不对称。[3] 比如:在城市污泥处理处置中,政府在指定污泥临时堆放场地或污泥处置地点、在污泥处理处置全链条监管、在污泥处置设施建设和用地规划等方面存在的责任缺失,都导致让社会资本运营的 PPP 污企承担了与其扮演的治污者不符的畸重责任,为擅自倾倒、遗撒、违法处理处置埋下了风险和隐患。当然,仅仅依靠政府责任的完善对于构建兼具合法性与合理性的责任分配机制还不充分,因为现有国家行为主体并不仅限于作为行政机关的政府,立法机关、司法机关也需要承担环境义务,与政府环境义务共同构成国家环境义务。[4] 因此,立法机关需要履行立法的环境义务,通过加大制度供给的力度,为政府履行环境义务提供足质足量的法律依据。比如:在城市污水再生利用中,立法机关应当完善再生水纳入水资源统一配置的执行措施、应当确立再生水利用专项规划的法律地位、应当增加并完善支撑再生水达标安全利用的义务条款等。这样才能从国家环境义务的高度夯实公私合作的基础,让社会资本在与政府的合作中"心服口服""安心放心""用智用力"。

---

[1] 参见李挚萍:《论政府环境法律责任——以政府对环境质量负责为基点》,载《中国地质大学学报(社会科学版)》2008 年第 2 期。

[2] 参见巩固:《政府环境责任理论基础探析》,载《中国地质大学学报(社会科学版)》2008 年第 2 期。

[3] 参见朱艳丽:《论环境治理中的政府责任》,载《西安交通大学学报(社会科学版)》2017 年第 3 期。

[4] 参见钭晓东、叶舟:《国家环境义务溯源及其规范证成》,载《苏州大学学报(哲学社会科学版)》2020 年第 1 期。

二、延伸思考

基于上述基本认识,本书试图从利益调节和责任分配视角观察和审视城市污水处理业 PPP 模式的法律制度构建,并形成 PPP 法律制度在具体领域的新的认识。为此,本书从污水处理 PPP 项目运营的经济绩效与环境绩效特征的归结出发,探讨其与利益调节和责任分配之间的关联性,进而对法律制度运行中存在的问题结合典型案例进行分析,并提出完善的对策和建议。这些研讨有助于进一步理解:为什么要在环境基础设施领域引入 PPP 模式? PPP 模式的引入对既有的法律制度体系会带来何种影响? 如何在具体领域因应 PPP 模式构建一个结构严谨完整、内容衔接顺畅的法律制度体系? 等等。对上述问题的研讨过程,对于 PPP 法律制度的理论和具体的制度建设,对于 PPP 法律制度研究方法的发展等,也会有一定的促进。为此,有必要在前述基本认识的基础上,作延伸思考。

(一)推动 PPP 法律制度理论的发展

从利益调节和责任分配的视角展开研究,可以发现其与 PPP 法律制度理论的诸多关联,有助于促进 PPP 法律制度理论的发展。

首先,利益调节与责任分配与 PPP 法律制度的产生存在内在关联。之所以在包括城市污水处理在内的基础设施和公用事业领域引入 PPP 模式,是因为这些领域具有鲜明的自然垄断属性,是通过基础管网提供准公共物品,保本微利特征明显。然而,PPP 模式的引入会带来利益冲突,即社会资本具有天然的逐利性倾向,不可避免地要实现并放大其个体利益。政府作为社会公众的代表,对社会资本提供的准公共物品负有监管责任,其责任承担的出发点和落脚点是最大限度地实现社会公共利益。因此,一方面,政府在与社会资本的合作中,要让后者真正实现保本微利;另一方面,政府在与社会资本的合作中,要对准公共物品的质量予以严格监管,而不能任由社会资本罔顾社会公共利益。因此,PPP 作为国家治理现代化的政策工具,其法治化必然要对利益调节和责任分配予以回应,并妥善解决其中存在的问题,以此真正实现“善治”。

其次,利益调节与责任分配与 PPP 法律制度的价值存在内在关联。从价值论的角度来看,利益调节与责任分配和价值直接相关,相关研究难以做到与价值无涉。如何通过利益调节和责任分配,在政府与社会资本的合作中实现效率与公平的兼顾,是 PPP 法律制度要追求的重要价值目标。PPP 法律制度要实现提高准公共物品供给质量和效率、促进社会经济持续健康发展的目标,就必须解决好利益调节和责任分配问题,平衡和化解个体营利性与社会公益性之间的矛盾和冲突,真正实现兼顾效率与公平。毕竟只有实现这些目标,才能够保障政府与社会资本的合作行稳致远,国家治理能力实现现代化。

最后,利益调节与责任分配与 PPP 法律规制的合法性直接相关。利益调节和责任分配,是与 PPP 法律制度的发展变迁直接相关的,也是任何 PPP 法律制度所无法回避的。在本书所有的制度探讨中,都关注合法性问题。凡是牵涉法律制度调整的地方,从法律依据到相关主体权利义务的调整再到与实务的匹配等问题,都给予了特别的关注。因此,无论是利益调节问题的解决,还是责任分配问题的应对,都必须无一例外地贯彻法定原则,这样,才不至于发生法治自身的危机,才能助力在引入 PPP 模式的领域实现长治久安。

(二)完善 PPP 法律制度

PPP 法律制度的基本构造是围绕 PPP 合同的订立、履行、变更和终止、争议解决等问题展开的,看似仅涉及民商法的规制问题。然而,由 PPP 合同的属性及 PPP 法律制度的法益目标所决定,对于利益调节和责任分配等问题的解决,并非一个部门法所能完成的任务。此外,能够引入 PPP 模式的基础设施和公用事业领域分布广泛,本书所研究的对象聚焦于城市污水处理这一细分领域,因此,实际上进行了扩展研究,关注了经济法、民商法、行政法、环境法的协调规制问题。

PPP 法律制度的合作治理属性要求打破部门法之间的樊篱,在平衡个体利益和社会公共利益中实现有效规制。自我国在基础设施和公用事业领域引入 PPP 模式以来,已经对经济法、行政法等部门法的发展产生了深远的影响。经济法学者认为,PPP 合同的实质是合作协议,基于 PPP 的公共性应该特别注重对社会公共利益的保护。行政法学者认为一种全景式的 PPP 治理新动向正在形成,面对 PPP 模式的兴起,应该建立与合作国家模型相匹配的行政主体论、行为论和救济论,以使我国的 PPP 治理获得最低程度的法律框架可资遵循。由此可见,对合作治理的回应已然成为跨越部门法樊篱、把国家治理能力现代化纳入法治轨道的必然要求。因此,从以《基础设施和公用事业特许经营管理办法》为代表的PPP法律制度的依据出发,在合作治理的框架下,抓紧对基础设施和公用事业各个具体领域法律制度的研究,是促进PPP法律制度完善的当务之急。

在基础设施和公用事业的具体领域中探讨对PPP模式及其法律制度的完善,应以承担该领域基础性规制作用的部门法为主导和统合。利益调节和责任分配作为PPP法律制度完善中不可或缺的组成部分,必然会涉及合同法、物权法、价格法、金融法、税法、行政处罚法、行政许可法等民商法、经济法、行政法的分支部门。然而,鉴于城市污水处理是生态环境保护中的一个细分领域,环境保护法是承担该领域基础性规制作用的部门法,民商法、经济法、行政法的各个分支部门均需因应环境保护法的规制要求,呈现绿色化面向。在对PPP模式及其法律制度的完善中,无论是利益调节还是责任分配,其法律规制理应以环境保护法的基本原则为指引来展开具体的规则制度设计,这样才能使整个的制度架构和内容浑然一体。毕竟在任何基础设施和公用事业领域中引入PPP模式,只是国家治理现代化的一种手段,至关重要的是要把合作治理的理念植入各个部门法中,而不能以PPP法律制度来代替各部门法最终落入喧宾夺主的窠臼。

三、研究局限和尚待挖掘的问题

从本书的研究内容来看,牵涉了多部门法协调规制的问题。然而,由研究主题所决定,本书把关注点更多地放在了法律制度的完善上,而没有在合作治理的框架下,更多地从理论上去探讨协调规制的机理和构造问题。

本书对利益调节和责任分配中的一些新变化、新趋势的思考和回应还不充分。在利益调节中,本书注意到了基础设施REITs产品对于拓宽污水处理PPP项目融资渠道的积极意义及其主要法律风险点的防范,但鉴于该金融产品仍在探索阶段,缺乏更多的案(实)例材料的支撑,导致对其的回应和分析既不全面也不深入。在责任分配中,本书注意到了智慧城市和新型基础设施建设对构建责任分配的配套机制带来的影响,但缺乏运用结合数据法的基本原理对构建责任分配的配套机制进行更为深入的思考和分析。

可见,从研究的广度方面,本书的探讨还远未完成,需要另外的专门研究。本书主要是从利益调节和责任分配这一角度,探讨了在城市污水处理领域引入 PPP 模式所应该匹配的法律制度,并将其与经济绩效与环境绩效的双赢、个体利益与社会公共利益的衡平相关联,这对于打赢水污染防治攻坚战、实现“人水和谐”的美丽图景也许更为重要。

后　记

在2023年的这个天朗气清、暖意融融的癸卯冬日，我终于迎来了自己第三本专著的出版，喜悦、兴奋、激动、感概交织地充溢在胸中，久久不能平静……

一路走来，首先要感谢的是我学术道路上的引路人，我的导师邱国玉教授。如若没有导师直面挑战性培养的勇气和魄力，我将无缘南国燕园的蓝天、白云、镜湖和缅栀。如若没有导师富于创新性和创造性的指导培养，我将无法在交叉学科和学科交叉的富矿中开启淘金之旅。如若没有导师的循循善诱和耐心细致，我可能还在科学问题的凝练中徘徊蹉跎、不得其解。五载北大人，一世北大情！一切的一切，都汇聚成一个笃定的执念：师恩永难忘！

回想过往，在学术征程的跋涉中，我是幸运的。因为我不仅有引路人的点拨，还有很多师长、师友的扶助。本书是我所主持的国家社科基金项目的最终成果，在项目申报的过程中，孙昊亮教授、郭富青教授对我多有帮助。在项目开展研究的过程中，杜坤老师、冯颖老师都给予了我极大的支持，在此要一并向他们表示感谢！

“羊有跪乳之恩、鸦有反哺之义。”这些年来，父亲和母亲为了支持我的学术研究付出了太多太多，时至今日，他们还在力所能及的范围内为我分担着家事，每每念及于此，我都不免泪洒衣襟。对于二老的恩情，我唯有竭尽所能地尽孝以求报答于万一！

最后，还要感谢自己的坚持。在撰写本书的过程中恰逢新冠病毒肆虐，那段日子里，一边要在线上安排各种教学管理的事宜，一边要在线上完成授课任务，还要一边照顾身体不佳的妻儿，这其中的艰辛自不必多言。书稿的撰写虽然辛苦，但能够沉浸其中所带给我的是充实与满足。每当写出一段令人满意的文字，所有的苦、累、烦、乏统统烟消云散。或许，在聪明睿智上我不及他人，但是，在坚持不懈这件事情上，我从未放弃！

本书进入出版程序并最终付梓要深深感谢法律出版社徐菲编辑、美编及各位编辑老师，是他们严谨认真和辛勤高效的工作才使本书能在尽可能短的时间内与读者见面！

崭新的 2024 年即将到来，愿我的父母、妻儿、家人与亲朋幸福安康、万事顺意、心想事成！

薛　亮

2023 年 12 月